国家出版基金项目
NATIONAL PUBLICATION FOUNDATION

刘大年全集

日记（上）

八

長江出版傳媒
湖北人民出版社

编者说明

一、《刘大年全集》第八、九卷收录的是日记。现在发现的刘大年日记从1949年开始，1949年只有一条。日记集中在1951年至1966年之间。1956年日记大约是最全的，1963—1965年日记也较全，其他年份都不很全，有的年份没有（如1957年），有的年份只有一两条。

二、刘大年日记分为工作日记和出访日记。第八卷收录工作日记。工作日记共有13个年份。工作日记值得注意的有：1. 1951年作为中国科学院学习委员会负责人，具体安排了中国科学院知识分子的思想改造工作，日记对这方面的工作有具体记录。2. 日记对中国科学院早期工作，对中国科学院哲学社会科学部的组成和三个历史研究所的成立以及1956年的十二年科学规划制定过程，都有一些记录。3. 日记还记录了不少有关中央领导人的讲话、指示等，有的是作者本人亲自在场的，大多是各种会议的传达。因为是记录稿，不一定很准确，但是对于体现时代气氛，了解时代背景，是有意义的。4. 日记对1964—1965年间参加的农村社会主义教育运动（简称“四清”运动）有较多记录，特别记录了他在甘肃张掖乌江公社对地主、长工作的调查，以及准备写作《长工传》的种种思考，尤其集中在如何用马克思主义、唯物史观、阶级斗争观点分析地主与长工的关系方面。5. 日记还记录了他对中国近代史、国际关系史、美国侵华史以及其他历史问题的思考及他的学术研究的轨迹。

三、第九卷收录刘大年先生1953—1988年之间的14次出访国外的日记。他的出访活动不止14次，1988年后也有出访，但是只发现了14次日记。除了14次出访日记外，作为附录还收录了与出访活动有关的随笔，有的已刊，有些未刊。这些日记的珍贵性是毋庸置疑的，特别是1953年3月，作者随中国科学院代表团访问苏联期间，正逢斯大林去世，日记记录了中国科学院代表团参加苏共中央在莫斯科安排的各种悼唁活动，极其珍贵。

四、日记中的俄文地名和人名等，大多数是作者自己写的，间或也有苏联人写在他的笔记本上的，整理时未加区别。日记偶尔也写有英文，都是作者手笔。在莫斯科和柏林访问，为了加深记忆，作者手绘了几处街区示意图，今天看来也是珍贵的。

五、14次出访中，第一次是作为中国科学院访苏代表团成员进行的，作者详细考察了苏联及其乌克兰、哈萨克、乌兹别克等加盟共和国的科学研究机构、大学的科研组织和研究方法等，这些对后来中国科学院的机构建设和研究工作产生了实际影响；还有两次访问澳大利亚、新西兰，一次访问西班牙、葡萄牙，都是作为全国人大常委会派出的官方访问团成员，有时担任副团长，作者还有全国人大常委会中澳友好小组组长的身份，访问对象主要是该国的总统、总理、议长等，日记中对这些官式访问只是作一般记录，对沿途所见历史地理等方面情况则多所记录，且常发表观感；其他的10次出访都是历史学者身份，有时是代表团秘书长，有时是副团长，多数是团长，这些都是中外历史学家友好交流的珍贵记录。其中，1985年出席在联邦德国举行的第十六届国际历史科学大会，作为中国史学会代表团团长在开幕式上受到该国总统接见，在闭幕式上应邀讲话，开创了中国史学会与国际历史学界交流的宝贵篇章。

六、日记大多笔迹潦草，年深日久，字迹模糊，辨认为难。有时候工作笔记与生活日记写在不同的本子上，编者在编辑时适当作了整合。

出访日记写在大小开本各不相同的笔记本上，为了旅行方便，有几本笔记本是袖珍本。有的是在火车上写的，有的是在飞机上写的，大多是在旅馆写的，字迹都很潦草，有的字难以辨认。也有同时的出访日记写在不同的本子上，编者作了适当的整理。为了方便读者阅读，编者采用了几种符号：【】符号中的字代表衍字，[]符号中的字代表改正的字，〖〗符号中的字代表漏字，□代表辨认不清。

七、第八、九卷由张海鹏、赵庆云负责整理和编辑。在整理过程中，编者本着尊重史料的原则，努力保存日记原貌。日记中有些地方写得过于随意、简省和口语化，颇为费解，整理时也未作改动。有些地方人名、地名、日期、统计数字及史实等可能记忆有误，我们对其中部分问题进行了核查订正，但囿于条件所限，未便一一核查。为了帮助读者理解，个别地方作了力所能及的注释。不妥之处，请读者指正。

目　录

一九四九年

3月[1]

二中全会决议摘录（1949年3月13日通过）

（一）辽沈、淮海、平津三战役以后，国民党军队的主力已被消灭。……今后解决这一百多万国民党军队的方式，不外天津、北平、绥远三种。

（二）人民解放军永远是一个战斗队。……我们必须把二百一十万野战军看成一个巨大的干部学校。

（三）从一九二七年到现在，我们的工作重点是在乡村，在乡村聚集力量，乡村包围城市，然后取得城市…… 从现在起，开始了由城市到乡村，并由城市领导乡村的时期。

（四）在城市斗争中，我们依靠谁的问题，有些糊涂的同志认为不是依靠工人阶级，而是依靠贫民群众。有些更糊涂的同志认为是依靠资产阶级……我们必须全心全意地依靠工人阶级，团结其他劳动群众，争取知识分子，争取尽可能多的能够和我们合作的自由资产阶级及其代表人物站在我们方面，或使他们保守中立……

（五）南方和北方的情况不同，党的工作任务也就必须有所区别。（南方主要是打垮反动统治，建立革命政权，北方主要是发展生产。）

（六）（经济政策）中国的工业和农业在国民经济中的比重，就全国范围来说，大约是工业占百分之十左右，农业占百分之九十左右。这是帝国主义制度和封建制度压迫中国的结果。这是旧中国表现为半殖民地和半封建的经济形态。这是中国革命的时期内及在革命胜利以后一个相当长的时期内一切问题的基本出发点。从这一点出发，产生了我党一系列的战略上策略上和政

---

① 以下日记写在一个本子的开头，未标明具体日期，姑且定为1949年3月。——编者注

策上的问题。第一，中国已有百分之十的现代经济，无产阶级具备领导革命的资格，否则犯右倾机会主义的错误。第二，中国还有百分之九十左右是落后的经济，不能求速，否则犯“左”倾机会主义的错误。第三，没有［收］官僚资本为国有，社会主义经济是领导成分。第四，中国私人资本主义经济，占了现代工业经济中的第二位。这是一个不可忽视的力量。……在革命胜利以后，一个相当长的时期以内，还需要尽可能地利用城市私人资本主义的积极性。……中国资本主义的存在及【在】发展不是如同资本主义国家那样不受限制，任其泛滥的，也不是如同东欧各新民主〖主义〗的国家那样被限制和缩小得非常大，而是中国型的。……限制和反限制，将是新民主主义国家内部阶级斗争的主要形式…… 第五，合作社经济。第六，人民共和国的国民经济的恢复和发展，没有对外贸易的统制政策是不可能的。……中国革命在全国胜利以后，中国尚存在着两种基本的矛盾。第一种是国内的，即无产阶级与资产阶级的矛盾。第二种是国外的，即中国与帝国主义国家的矛盾。因为这样，无产阶级领导的人民共和国的国家制度，在人民民主革命胜利以后，不是可以削弱，而是必须强化它。对内的节制资本和对外的统制贸易，是这个国家在经济斗争中的两个基本政策。……第七，中国的经济是落后的，反对悲观论。

（七）讲有步骤地摧毁帝国主义在中国的控制权。

（八）召集政协会议和与国民党谈判问题，防止孙行者钻进牛魔王肚里兴妖作怪。

（九）无产阶级领导的以工农联盟为基础的人民民主专政，要求我们党去认真地团结全体工人阶级、全体农民阶级和广大的革命知识分子，这些是这个政权的领导力量和基础力量。没有这种团结，这个政权就不能巩固……因为这样，我们党和党外民主人士长期合作的政策，必须在全党工作上和思想上确立下来。

（十）防止资产阶级的糖衣炮弹进攻。

一九五一年

11 月 17 日

彭真同志报告

钱俊瑞讲，彭讲的主要目的是将［讲］三大运动的运［文］件，将［讲］帝国主义、封建主义、官僚资本。

有关三大运动的一些问题。

三大运动对中华人民共和国是有历史意义的。没有这，国家的工业化、民主化是谈不到的。如果敌人去年过了江，我们的工业（东北）如何建设起呢？内部的土匪在百万以上，反革命猖狂。如果不镇压反革命，国家的建设和民主化无从谈起。那里广大地区没有土改，土地掌握在地主手里，封建制度还保持着，这样就不能民主化。经过三大运动后，这个面貌完全改变了。

一、抗美援朝，这个战争性质很清楚。援朝为了保家卫国。这个仗是政治仗、军事仗，也是建设的仗。

1. 军事上，①使敌人遭受了挫败（不是最后失败），保卫北朝鲜，保卫了东北，赶回了三八线；②特别〖是〗我们在军事上取得了丰富的经验，这对我〖们〗的安全与国家的地位都很有意义。因为美国是帝国主义〖中〗最强的。现在我们不仅有了进攻的经验，而且也有了〖防〗守的经验；③特别是空军，如果不是战争，空军不会这样建设和发展。

2. 政治上，敌人也是遭到了挫败，打掉了美帝国主义的骄傲自大，引起帝国主义集团内部互相争吵，在全世界人民面前讲是纸老虎，打击了美帝国主义扩大战争的阴谋，提高了中国的国际地位，所以抗美援朝是一个政治仗。

3. 如果不打这一仗，建设也没有办法。去年 12 月 25 日以前，东北沈阳机器往别处分散。现在不同了，可以不要搬家了。人为刀俎，我为鱼肉，是不能建设的。打了以后，美帝国主义都觉得直接侵入中国是不行的。当然，花钱很多。但打仗以后□。帝国主义有一个性格叫马公打豆腐，捡［拣］软的欺。

必须使帝国主义对中国人民闻风丧胆，才可以使中国人民安居乐业。同时，不打败美帝国主义也不能清除一部分人的恐美病。其中有一部分是坏人，大部分人是长期受了帝国主义的压迫的结果。这些人是看不清问题。

以上讲抗美〖援〗朝的意义。

【二、】抗美援朝的形势，是敌人弱，我们强。我们是和平阵营。敌日益弱，我日益强。一个现象，一个趋势。

在这次战争中，对和平阵营上讲，我们是部分的，敌人是主敌。北朝鲜仅900万人口，还不如我们山西。另外，中国人民武装的一部分。打了一年多的结果，是我们要攻要守都能行。美国要发动世界大战，胜负是很明显的。现在我们可以叫世界小战。美国三个弱点：1. 战线长，2. 后方远，3. 人少兵少。一个长处，铁多。他要集中力量，更要垮台。国内革命运动，殖民地都会起来，不能维持其统治。分散就要被消灭。

现在，我们还是劣势装备，对抗［方］是优势装备。但这种情况是要改的。现在相差距离愈来愈短。原子弹双方都有，也都怕。但美国比我们害怕。因为他工业集中，我们地大分散。（有人说，苏联有原子弹是吹牛，可是杜鲁门听见了，美国人害怕。奇怪？）

现在敌人是一天一天的［弱］，我们是一天一天强。美国发展的是物价高涨、罢工等。我们的强，如中华人民共和国两年成绩可以证明。

三十年来的形势，对中国一天天有利。十月革命后，去掉了七个帝国主义中的一个。我们强了，敌人弱了。第二次世界大战，又打掉了三个帝国主〖义〗。现在又出现了一个中华人民共和国。这是一种敌人日益削弱，我们日强的趋势。中国人民胜利后，帝国主义被全部赶出了中国。

过去的历史证〖明〗了这个趋势。现在抗美援朝还在证明这个趋势。

第三次大战，敌人不但要打，而且很要打。打起来后，人民□□，但最后是促进帝国主义的死亡。我们要制止世界大战：①准备自己的力量，②搞世界和平运动。朝鲜战争长期下去的可能性是有的，就是美国可以保证军火利润。但代价太大，美国能否负担是问题。因为一年死伤二十万，今后可知。长期打下去有不能克服的困难，这就是现在停战谈判的条件。我们可以打得他知难而和。这个可能性大一点。

二、土地改革。现在合起来有三亿一千万人口，农业人口共四亿。还有九千万人口没有完成。土地改革的必要性现在日益清楚，问题很简单。地主富农占人口百分之八九，大致占有土地百分之六十—七十。一般地租剥削极重，这对于国家绝没有好处。地主剥削农民，农民绝无力量和性［兴］趣改良土地。农民一年年瘦，土地也一年年瘦。中国是农业国，这样，中国就一天天穷。工业不能发展，不能〖加工〗原料，没有市场。封建土地制度是中国贫的根源、弱的根源、不能工业化的根源，是帝国主义在中国的支柱。土改后，工业化、民主化都有了基础。土改后，农产量增产百分之三四（十四？）。这就是说，土改有必要。

同时，土改还有斗争。这是一个社会财富、所有权的变更，不经过斗争是不可能的。历来统治者对于农民是残酷镇压的。地主阶级对于反抗者历来如此。现在要改变这一情况，不斗争是不可能的。当然斗争过程中，要区别一般地主、恶霸地主、开明地主。总之，和平土改是不可能的。共产党不是斗争成性，而是对于帝国主义封建势力非斗不可。

对于工商业，不斗是有好处的。中国的工商业并不是像英美帝国主义，它对我们的社会有进步作用，这种利润，是组织了生产，发展了贸易，这是客观的，不是决定于某人的主观愿望。我们对于每个阶级每个工作是根据其对于国家的作用来订［定］的，不是好恶。工商业在目前的作用谁也不能取消。

土地集中与分散问题，要看集中在什么人手里。土改分散土地是适合今天中国的农业生〖产〗力与农民生产热情的，可以提高生产力。当然不是要永远分散。将来在合作社、农业拖拉机的基础上也要集中起来，而农民也会同意的。地主经过封建的集中—土地归农民分散—社会主义集中。整个土地历史是一个集中分散过程。

三、镇压反革命，也是一个有历史意义的运动。不打倒敌人革命不能胜利。不镇压反革命，革命的胜利不能巩固，并且也可能使革命失败。这是一场很剧烈的斗争。这次消灭的土匪在一百万以上。现在还有一点，但今年冬季可以肃清。北京核实，从三月以后消灭了。然而还有反革命。镇压反革命有五个方面：1. 枪毙，死刑。2. 关，判刑。3. 管制。4. 赶走（外国〖人〗）。5. 缓刑。①土匪，②恶霸，③特务，④反动党派头子，⑤反动会道门头子。偏差也有，可杀可不杀杀了，可捉可不捉捉了。不该杀的，该杀不杀的有，很少。杀的原则：①血债，非杀难平民愤。②危害国家利益到最严重程度。

经过镇压反革命，我们的秩序巩固了。

四、从三大运动中学习什么。

1. 首先是分清敌我，站稳立场。这个问题又容易又困难。如1946、1947年土改中分了工商业，甚至侵犯中农。现在老区有一种“错斗中农”，这就是敌我不分。很多地区把富农与地主一样看待。另外又有把敌人当作朋友。蒋介石的抗战是因他是美国系统。美国所以反日，因为日本的发展妨害了美国，这就是帝国主义的矛盾，想搞同盟军。中国四个阶级□直接同盟军（有译为后备军）。利用帝国主义的矛盾，是战略上的同盟军。（战略是大阶段，策略是小阶级［段］。）其区别是反对一切美［帝］国主义。如果是，就有大民族立场。如果反帝［对］这个帝国主义，而不反对那个帝国主义，那就不是人民立场。在国家与国家之间，看是朋友是敌人，看是否与人民立场一致。

在国内是站在人民一方面，还是站在帝国主义一方面。

毛主席的阶级分析是要分清敌我。

工人阶级的立场就是人民立场，就是爱国立场。分析资产阶级比较难。今天资产阶级的立场就不是全体人民立场，其中有一部分错误的，应该抛弃。如果说没有错误，过去反对革命就是事实。

分清敌我，就是要站在人民立场。这个问题解决了，其他问题就觉［解］决了。□□提高觉悟就行。其他出身的知识分子就要抛弃原来立场。

2. 确立全心全意为人民服务的决心，并且要变为全心全意为人民服务的干部。在我们共产党内有一部分人为人民服务是有条件的。光确立立场，不能成为服务干部是不行的。

如，用什么办法，在任何情况下分清敌我。

①学习毛泽东思想。理论对知识分子有特别重要的意义。农民工人可以从生活要求（经济地位）中知道要革命，但知识分子不可能。在研究了唯物论、社会发展史等以后，知道社会往哪里去，自己愿意做什么，愿同人民一起消灭革命敌人，还是同敌人一起与人民作对，理论就有重要性，其基础就是毛泽东思想。毛泽东思想为全党所接受，是1944年以后（遵义会〖议〗

开始确立），接受是需要一个过程。大家要努力研究才能接受。不能□近，只有经过自己的头脑思考。

②和劳动人民结合。这个过程也是困难的。做到这一点以后，也有力量，也有创造性（不是讲自然科学），这也就是参加革命实践。

③知识分子要做到上进，有两点障碍。

A. 清高。知识分子可分为三类：①坚决拥护国民类［党］的，②坚决反对共产党的，③不满意国民党也不靠近革命。不同国民党合作是清高，但积极参加革命不是更好吗？解放后社会发生了变化，但不和人民政府“同流合污”，这就不行了。革命是代表历史方向的，没有比全心全意为人民服务更高尚的事了。

B. 把个人、个性与集体主义对立起来。党性就是共产〖党〗的共同性、一般性，这与个性【格】是统一的，如唯物主义，反对美帝国主义……那当然应该是统一的。这就是他的共产党党性。建设新民主主义，走向社会主义，这就是党的共同性，个人的性［兴］趣，并不在此例。共同纲领就是四个朋友的共同性。因为共同纲领就是以四个阶级的共同利益为基础的。它保护了共同利益，也保护了个性。“有了个性就没有完”，这是低级的看法。当然，个性有两种，一种是破坏的，反革命的，你要抗美援朝，我要反对，你要建设，我要破坏……这是要反对的。个人主义与集体主义是违反的。把个人利益建筑在多数人的利益上那是要反对的。

C. 中庸之道，不偏不倚，如苏共是真理，最大多数人的最大利益是真理。如果说在政治上是既站在国民党也站在人民，不偏向人民，不依靠人民，人民就不理你。

D. 你为人民服务，我为人【民】类服务，人民就是人类的代表，是他的最多数。如果你的人民是人口，那你就是加上了一个敌人，实际上就是不为人民服务，似乎很伟大，实际极糊涂。

E. 科学，本来无所〖谓〗阶级性，不爱谁，二加二等于四，各国的科学都要学。掌握科学的人有阶级性，为谁服务有阶级性。美国的科学是比中国好，中国还差得很多，但①中国的科学必然发展很快，②美国科学现在已为帝国主义所障碍（如封锁原子弹），③必须把美国科学与帝国主义分开，④美国科学家也大体上有三派（左中右）。

F. 超政治问题。政治是超不过的。有些人认为有些学校教出了革命人才，因而有成绩或者就是超政治，是不对的。因为，这违反了他们原来的愿望。对［当］然其中的进步教授是有功的。你如果反对国民党，国民〖党〗就镇压你。你反对人民，人民也就不能允许你活动。你如果谁也不反对，是不是等于说谁也拥护，既不赞成群众也不反对，行吗？

主要经验：

1. 亲自动手。2. 高度发扬民主，不要过早下结论，要发动同学们提意见。3. 学习要联系思想实际与业务实际，举典型例子。

1. 斯大林论十月革命的意义。

2. 新民主主义论，四、七、九节。

3. 论人民民主专政。

4. 斯大林与威尔斯谈话。

5. 毛文艺座谈会。

6. 刘论人的阶级性。

7. 刘土改报告。

8. 朱德抗美援朝政协讲话。

今天的问题不是别的问题，而是中国人民自求解放的问题。

参考刘少奇国际主义，米丁。

计划——五个阶段

1. 暴露思想。

2. 肃清最有害的反动思想（敌方）。

3. 批评资产阶级的资产阶级思想（我内部）。

4. 人民对科学家的要求（胡、陈，毛泽东思想，共产主义思想）。

5. 作结论。

一、本星期开学委会。

二、下星期动员。

教育部学委分阶段

1. 端正学习态〖度〗。

2. 创造经验，培〖养〗典型。

3. 开展批评与自我批评，这是关键。

第一次汇报大纲
一、研究人员的简单情况和一般思想情况（材料厂，说明需要学习）。
二、我们所做的几件主要工作：1. 制计划，2. 定文件，3. 深入布置。
三、现在大家对学习的认识和开始最初阶段的学习。[①]

11月24日

邵荃麟的报告要点（支部动员大会上）

一、我党目前知识分子改造的政策是：团结改造，团结是主要的，当然也要改造。

二、总的情况。在政治上绝大多数知识分子是拥护我党拥护毛主席的。在政治上我们党的领导是肯定的，但在思想战线上马列主义在高等学校和科学研究中【马列主义】仍占极小的地位，旧的、资本主义的思想在今天仍占极大的地位。还不能说全部是无产阶级思想【是】起领导作用的。

科学院的具体情况：①党的力量；②科学家思想的改造很慢。

三、这次的学习目的。

1. 将马克思列宁主义思想的领导地位加以巩固。

2. 用马列主义思想来改造我们的工作。

3. 为了加强巩固统一战线，也要取得思想上的团结一致。

四、知识分子的改造与工人农民不同，工农的被剥削压迫地位，只需提高其政治觉悟就行，知识分子则不然。

1. 出身剥削阶级。

2. 受买办阶级、帝国主义、封建主义的教育（有资本主义）。

3. 生活富裕。

4. 与工农群众不接近。

---

①这个汇报大纲原有四条，其中第二条是从郭院到提出学习到动员大会的经过。日记手稿用铅笔将这一条划去了，四条改为三条。——编者注

五、工作方法。

1. 批评与自我批评，这是基本的。但对高等知识分子很不容易，要具体帮助、启发、谈心等。

2. 防止虎头蛇尾。

3. 党内要推动，但不要使非党人士感觉强迫，这就要提高其自觉性。

4. 对错误思想批评要有分寸。A. 不是原则性的，而属于枝节的，不批评，防止放松原则或避重就轻。B. 不可能在短期解决许多思想问题，要首先解决最主要的，有害的（反动的）思想。C. 不能粗心大意、急躁，要细心。

5. 要寻找典〖型〗人物，攻破典型思想。

6. 学委会的主要工作是要掌握思想情况，要按时向上汇报。

****

一般有点进步思想的知识分子拒绝改造的想法是：1. 改造不是指我（我不贪污，认真工作，不是反动派）。2. 我是要提高不是改造（学点新东西，准备应付工作）。

科学工作者的特殊思想问题（□知识分子共有的一般思想问题）。

一、科学与政治的关系。

1. 科学研究是独立的，不受政治影响的。（参看1951.11.24《人民周刊》黄文）

2. 科学是超阶级的（科学无阶级，人有）。

3. 说科学是一把刀，政治好像用刀的人（这是对的）。今天新民主主义社会，刀在人民手里没问题（大有问题），唯一的问题是要刀子快，所以我们应该磨刀。

4. 有人说业务与政治都很难，而人的精力有限，业务加政治等于二十四小时，因此应以全力提高业务。

以上都是：①科学脱离政治的纯技术观点。②其实质是资产阶级观点。③存在以上观点就不能改造自己，真正使科学为人民服务，必须打破。

以上是：1. 科学研究受政治影响与否？ 2. 科学家应否有阶级立场？3. 科学家怎样才能更好地为人民服务？

二、科学的国际标准问题。

如果说我们应该提高自己的科学研究水准，为我祖国的建设服务，同时也在国际上取得我国科学研究事业应有的地位，那是正确的，无可反对的。但是我们抽象的所谓国际水准则是：1．以某些资产阶级国家的科学研究为标准，同时也满足这个标准。2．因为第二〖问题〗也就与祖国的伟大建设脱离，从事某些纯科学的狭窄的研究。

以上是：①为科学而科学。②名为国际标准，实为资本主义国家的标准。因为人民的科学必须为人民□□□□的。③这种观点不打破也不能真正改造自己的科学研究，把自己□□□的，狭窄的圈子里，摆脱出来为人民服务。

三、美国科学问题（见彭真报告）。

四、科学为人类服务问题，即你为人民服务，我为人类服务。（见彭真报告）

****

目前的情况和我们的工作

一、我对情况的估计。把所有参加学习的人从学习态度上分类，不外三种。①热心学习的。②不常、不热心、也不愿意参加的。③冷淡，甚至在思想上抗拒的。①种可能人数很少。②③两种将占大多数人。这些人的思想情况可能有以下几种。

1．厌倦思想。忠诚老实运动刚过，以为我已松一口气，现在要他学习就觉得是强迫。

2．自满情绪。A．以为改造不是我的事，如果参加学习，那是为别〖人〗解决问题，没有我的事。B．学自然科学的以为自己的研究与政治毕竟直接连［联］系不多，不学习可以将就。C．学社会科学的，以为自己读过几本马列主义，思想有了改造，不学习也行。D．还有一种自满是改造是长期的，慢点来。

3．学习与工作矛盾的思想。A．所谓“业务第一，行政第二，学习第三”，学习与业务所处地位的矛盾。B．工作多，学习多，负担重。学习与业务时间分配的矛盾。时间矛盾可考虑向行政建议减轻任务。

上述这些思想可能多数人或多或少有一些。与这些思想伴随着的就是：1．对思想改造学习的重要性没有思想认识。2．因而没有学习热情。3．从而也就不可能有正确的学习态度。

二、目前的工作——目前组织领导学习的具体任务，还不是分析思想，而是要使大家认识学习的重要性，提高其学习热情与在学习上的自觉性，从而明确学习目的，端正态度。这就需要我们立即进行具体的组织工作，与进行深入的思想动员。

1. 在组织上。

A. 认真划分互助小组。互助小组现在的作用（将来要暴露思想）。①漫谈学习文件，发现与自己有连［联］系的问题，提出问题。②明确讨论中心。③推定人员，准备重点发言（推定办法不好，但可以避免上台冷场，能引发意见）。

B. 规定学习干事要协助负责人带头参加会议，并准备会议（准备讨论什么，如何讨论）。

C. 由学习干事组织的组长、互助小组长在小组会后的短时间集合，目的是：①看普遍存在那［哪］些问题，研究其根源何在。②交流经验。

2. 在思想上。

A. 先着重讨论毛主席在政协讲话，要点为：①为什么要改造，为什么目前提得这样重要？②是不是不学也可以，不改也行？③要使这次学习有收获，首先要解决那［哪］些问题？

B. 小组长组织积极分子与组员个别谈话。“谈心”目的：①了解思想情况。②启发其思考问题，提高学习情绪。

C. 参加组织学习的干部必须先对文件进行学习，好及时解释一些问题，所谓“以学习领导学习”。

D. 斟酌情形，组织分区的启发报告。

三、学习重点转移的问题——现在是最初阶段。组织学习的具体任务已如上述。但这只是展开学习的前提，如组［果］某些单位的条件比较成熟，就可适时地进入暴露思想，进行初步分析的阶段。所以学习重点，应该是因人因地制宜，是灵活的。

****

讨论的问题

1. 办公室的日常工作与制度：搜集资料，整理材料（为了汇报、交流经验），各区连［联］系，发通知，办公时间，准备会议，做记录，第一期

〖情〗况。

2．向文委汇报问题（给教育部送材料在内）。

3．向正付［副］主任委员汇报问题。

4．召开学习干事的工作会时间问题（因为以上工作多，为□事布置）。

1．区学委必须是具体的东西。

2．学习干事会在动员大会前开。工［干］事的具体工作，主要是协助主委处理事务。A．汇报情况。B．深入动员报告。C．□□讨论。

3．星期一上午九时办公室开汇报会。

4．由刘负责汇报。原则规定每星期一次。

5．学习报，两星期一期。方针是推动学习，组织学习，内容有1[①]。

6．干事会布置采访。

****

对区学委和学习干事会议意见

一、根据情况，我们目前的具体工作是深入进行组织动员工作，以提高大家的学习自觉性，端正学习态度。

1．贯彻首长负责，亲自动手。A．认真参加会议，带头学习。B．具体准备会议。

2．认真学习文件，以学习领导学习（教育者自己受教育）。办公室已开始执行。A．自己学习以便及时解决问题。B．大家提高，不是组织学习的人，或某一部分人不需要提高。

3．加强互助小组的工作。

4．认真做思想启发的工作。

5．深入领导取得经验。A．各级深入小组（主要是区分会）。B．有重点地深入，取得经验，然后推广，以免平均用力。

6．通过讨论提〖高〗大家学习热情。先〖学〗习毛主席政协开幕辞。A．为什么这样强调改造？B．不改行不行？

概括起来，我们目前的工作是八个字：细密组织，深入动员。这两者是

---

① 日记原文如此。——编者注

互相动员的。

二、区分会的工作。

1. 区分会的作用不是承上启下，是基层组织，要具体解决问题，它的任务抽象地说：A. 针对具体情况布置工作。B. 进一步分析情况，解决一些院学委不能解决的问题。C. 除及时向院反映情况外，及时总结经验，并向院学委提出建议。

2. 学习干事任务。A. 是协助区学委处理有关学习的日常事务。B. 其工作时间应该是充分的，如果不够，应通过行政提出意见，适当地减少其他工作。

三、学习重点的转移问题。过分早转是先天不足，武器没有准备好。

文艺界的学习计划有很大的独立性和创造性，从文件可以看出。

11 月 28 日

文委会议列席记录。政〖务〗院会议室。

一、学习第一二周内的主要工作。

1. 建立学习组织。2. 继续动员启发。3. 端正学习态度，使认识自我教育和自我改造的重要性。为配合上述工作，将重点放在以下两方面：A. 重点帮助，培植典型，创造经验，推动全面。B. 发扬民主，展开批评与自我批评。

二、在此阶段中所暴露的突出思想。

1. 欧美资产阶级思想，主要为崇美，表现为对美国物质文明的崇拜。其次对欧美资产阶级的“民主”“自由”有幻想。反之，对苏联有怀疑态度。

2. 封建思想，主要为对地主的同情。如认为地主是劳动起家，土改斗争太厉害，有偏差，宽大是为安人心，杀人太残忍等。

3. 资产阶级及小资产阶级思想，主要是超阶级、超政治、纯技术观点，个人主义，自高自大，宗派主义，本位主义，以及改良主义、敌我不分等。

三、主要经验。

1. 领导上的重视和首长亲自动手。

2．明确学习目的，解除顾虑。

3．抓住重点，培植典型。

4．高度发扬民主，鼓励自由辩论。

5．联系具体人物、事件，展开讨论。

四、第二阶段学习计划。

1．第一周以关于抗美援朝的思想问题为中心。

2．第三周以关于土改、镇压反革命为中心。

五、第一阶段的收获。

1．自恃的人重新估计自己。

2．初步展开批评。

3．不少教师着手改进自己的教书方法。

4．北大、清华、燕大三校院系调整顺利。

（以上教育部报告）

乔木总结

一、学习时间在寒假前不能结束，因学习不容易。虽然是大势所趋，但还是有一部分人不易推动。

1．学习的具体领导不够。

2．不同情形要不同具体指导（我们缺这一点）。

3．过去学习的困难原因之一：是对文件没有认真学。心病要心药依［医］。先是改造思想，就需要文件来指导。要加强领导就要加强文件学习。当然学文件要联系自己（白崇禧学持久战，不成）。

学文件，听报告，连［联］系实际三个具体任务要连［联］系起来。各单位要根据文件，连［联］系实际，再作报告。这就是解决了一部分具体领导问题，就是有的放矢。

负责人、办公室、共产党、民主党员，都要出汗。尽可能独立负责。现在必须改变分学委没有具体负责的情况。

二、这次学习对各学习的领导是否胜任是一个考验，对共产党员是一个检验，看是否有所收获。

报纸的作用在〖一〗方〖面〗是推动学习，其水准必须超过各单位的经验，主要是在上面开展批评。

要在短时间内解决一些基本问题，要清除不平衡的状态。学习的结果，必须使思想上积极的、自觉的拥护人民事业的力量成为压倒优势，消除进步与反动思想和平共居、妥协的状态。这是学习最后成功与否的标准。最后解决立场问题（白崇禧），分清敌我。

领导学习是困难的。问题是我们对这种困难采取什么态度（应积极想办法）。

文化工作是领导人民精神生活方向的。经济是一种力量，文化也是一种力量，上层建筑是要积极发挥作用的。

对科学院计划同意。这是今后学习毛泽东思想的开端。

****

1．周总理报告要否？

2．工会学习。

3．丁领导中区。

4．增加办公室人。

****

处理文件必须通过一定手续。

1．毛主席讲演辞付印的更改。

2．第一次学委会记录决议事项中，无通过计划。

考古所技佐问题。

****

文件内容：毛主席政协讲话

一、全文共三部分。

1．人民民主专政一年来的发展。2．今后任务。3．国际基本形势。知识分子的思想改造是今后重要任务之一。（其他两个任务是抗美援朝、增产节约。）

二、为什么在今天把知识分子改造当作一个重要任务？为什么说今天的知识分子改造是国家民主化、工业化的必要条件？

一般地说，今天中国是以工人阶级为领导，以工农联盟为基础的人民民主专政的国家。国家的领导思想就是工人阶级的政党中国共产党的基本思想，也就是毛泽东思想。知识分子不可能一下子就在实际上接受这种思想的。

1. 绝大多数出身于剥削阶级（地主阶级、资产阶级）。

2. 受帝国主义、买办阶级、封建主义、资本主义的教育。

3. 自己生活富裕，同时与工农群众也不接近，不理解劳动人民生活，当然也无从有劳动人民的思想感情。可是知识分子要真正为人民服务，又必须具备无产阶级的思想。这样知识分子就必须经过一定时间的思想改造。（这是从阶级关系上说，也就是谁领导谁的问题。）

分别来讲：

1. 从国家民〖主〗化方面来说。中国过去是一个半封建半殖民地社会，知识分子除了从剥削阶级出身，还受着这个社会各方面的影〖响〗，在政治思想上部分地是封建主义，多半是旧民主主义的影〖响〗（主要是欧美资产阶级的），无论是封建主义与旧民主主义，与今天中国的人民民主专政都是绝不相容，障碍中国民主化的。

人民民主专政的政治制度比资本主义制度有极大的优越性，这已经为事实所证明了的。知识分子要自觉地和坚决地拥护这种制度，也就是推行国家民主化就必须肃清和批评那些有害的思想，进行思想改造。

2. 从国家工业化的方面来说。知识分子是掌握科学知识和传播科学知识的桥梁。但是如果知识分子的政治思想〖是〗错误的，或落后的，他就不能在今天的经济建设和文化建设中发生作用。如果不发生反作用的话。所以知识分子为了在国家的工业化建设事业中贡献力量，也必须进行思想改造。

总之，知识分子有各种各样的。中国今天的情况最少可以分为未经改造或未经彻底改造的知识分子和革命知识分子两大类。前一种知识分子与后一种有完全不同的作用。中国革命、苏联作□□□。要成为后一种就必须经过一定的改造过程，只有这样，知识分子才能成为人民国家的宝贵财富。

三、本的[①]一、三两部分是知识分子思想改造的有利条件。

****

斯大林联共十八次党大会总结报告“党的宣传工作”

一、全文重点。

① 日记原文如此。——编者注

1. 以马列主义教育国家工作人员的重要性。

2. 国家工作人员的政治水准和马列主义觉悟程度是与工作效力成正比的。政治觉悟越高，工作效力越高。否则相反。

3. 科学工作者不管你是通晓哪一门专门科学知识，还必须通晓一门共同的科学知识：关于社会、社会发展规律、无产阶级革命发展规律、社会主义建设发展规律，以及共产主义胜利的科学。

二、此文对我们今天主要说明两件事，或有两种作用。

1. 批评一般工作人员不问政治的观点。工作失败。鼠目寸光。事务主义，以至蜕化变节。

2. 着重批评自然科学工作者不要政治，不要社会科学的观点。否则，必是真正列宁主义者。这样做是大有出息，否则无出息。

总起来对于提高对政治学习、思想改造的重视有直接的作用。

****

1. 办公室在思想【方】上要走在前面。

A. 学语言。B. 抽象的容易接受，具体的不容〖易〗。C. 利用反动派。D. 避重就轻，不连［联］系现在。

2. 聘请指导员同连［联］络员，一星期两半天。

3. 九月乔木报告，补书。

注意：这是对党内讲清楚，是马列主义的。

****

《学习》，二卷九期

斯大林

（一）1. 批评目的，重要性。有阶级就有矛盾。旧与新的斗争。使共产主义成功。2. 批评的顾虑。丢面子。3. 怎样批评——避免□□化。批评要坚持原则。对人民有利益。必须发扬民主，暴露缺点，进行分析。必须站稳立场。

（二）自我批评以揭露和消灭错误为目的，是积极的。所以能自我批评是相信自己的事业〖是〗正义的。

****

对学文件的意见

一、学习这六个文件的目的。启发学习热情，加强对于自我教育的认识，同时掌握批评与自我批评这个学习的主要武器。现在说毛主席政协开会辞与斯大林《论党的宣传工作》的主要内容。

1. 毛主席有三部分（全是与思想改造有关的）。

2. 斯大林两个内容。这两个文件对于启发学习热情，加强自我教育的认识，全是对症下药。

二、学习这两个文件时应注意的重点。

1. 为什么在今天知识分子思想改造这么重要，不改行不行？

A. 一般地说来，知识分子必须进行思想改造是由于：①国家的领导思想是无产阶级思想，也就是毛泽东思想。②知识分子实际上是不容易很快接受这种思想的。③知识分子有各种各样的，只有革命的，也就是接受了无产阶级思想的才能为人民服务。五四运动以来中国的知识分子是如此。十月革命后一个时期内苏联知识分子是如此。④综合上述三点，就发生了思想改造问题，不改不行。没有改造的不能为人民服务。已经在服务的，会有工作失败，鼠目寸光，事务主义的，蜕化变节的危险。以上是一般地说，也就是从阶级关系说，谁领导谁。

B. 分别地说，也就是国家的〖民〗主化来说。

C. 从国家的工业化来说。

2. 今天知识分子改造的有利条件。

A. 有毛主席和中央人民政府对知识分子团结改造的正确方针，正确领导。

B. 有国内国外先进知识分子与人民结合的丰富经验，其中许多光荣的榜样可以效法。

C. 两年来，中华人民共和国的伟大成就，特别是三大运动的伟大胜利，消除了许多顾虑，纠正一些不正确的看法有了基础。

D. 人民和国家迫切要求，不改不行。

3. 经过改造的知识分子是很可贵的，是国家宝贵财产（是越改越好，不是越改越坏）。毛主席对这个问题讲得很多，这里只举出两处例子。

A．在《中国革命与中国共产党》里，毛主席在分析了中国知识分子的经济地位（其中一部分接近大资产阶级，大部分受压迫），在历次革命运动中的作用以后说："革命力量的组织与革命事业的建设，离开革命的知识分子的参加，是不能成功的。"

B．在《改造我们的学习》中说："中国是一个半殖民地半封建的国家，文化不发达，所以知识分子特别宝贵。……只要他们是革命的，愿意参加抗战的，一概采取欢迎态度。"

当然是说"革命知识分子"是宝贵的。

三、学习文件中可能发生的问题。

1．为什么无产阶级的思想领导不是知识分子的思想领导（有人说中国共产党的领导者多是知识分子）？

A．因为无产阶级是国家的领导阶级（应包括思想领导），所以是领导。因为：①因为受三重压迫，整个阶级都是最革命的。②开始走上政治舞台就是在自己的政党领导之下，最有觉悟性。③中国无产阶级与农〖民〗有天然的联系（由农村破产出来的绝大多数），便于结成革命联盟。

B．中国无产阶级政党及其领导核心虽有一定数目的知识分子，但从社会出身还不能决定一切。决定的东西有六点。①一开始就受了马列主义运动的优良传统，与中国工人运动有密切连［联］系。②是遵照毛泽东思想及其所制订的政治路线发〖展〗起来的，并有许多工人运动出头的干部担负具体工作。③是以无产阶级党的纲领与政策，区别于任何其他政党。④党的铁的纪律，清除异己分子，保持纯洁化。⑤有大批忠实于无产阶级事业，久经锻炼的干部。⑥党内小资产阶级分子经过了彻底的思想改造。总之，是由党的政治斗争与政治生活、思想领导与政治领导，党的总纲及党的组织原则所决〖定〗的。

所以很肯定：①无产阶级是国家领导阶级（共同纲领规定了）。②共产党的领导是无产阶级领导。③当然应说清楚，接受无产阶级思想领导，不等于用无产阶级的指导思想来衡〖量〗一切人，而是在主要问题上必须一致。例如：旧民主主义与新民主主义，为人民服务与为人类服务等。

2．不必参加学习，有错误可以自己改。A．唯物论与唯心论不同。"社会存在决定社会意识"。集体的作用大于个人的作用。B．君子之过，如日月之蚀。

3．改到何时为止。A．就个人来说应该是经常的，不断提高自己。B．就人民对我们的要求来说，要做到：①坚决地，自觉地拥护人民民主制度；②在实际上改进自己的工作。

****

【对】学委会工作重点

1．主要在了解思想情况（陆先的报告很细致）。

2．思想学习是大家的事，自己的〖事〗，绝不是老某少数人搞□处的某些少数人（青年小伙子，参加学习干部工作时〖间〗长的积极分子，民主党派的干部）。

3．西区有集体领导问题。

4．民主党派干部的现状、想法。

5．学习公约。

****

东区学委第二次会议情况

一、区学委第二次会议情况。

1．决定分工，正副主任委员领导核心。动员等已得主要助手。

2．区学委在讨论日常分工：A．联系各民主党派，组织积极分子。B．小结工作，根据学委讨论作出决定。C．宣传组的领导。D．对外新闻联络联系。

3．小组长是三个，要集体领导，要独立创造解决问题。

4．关于互助小组。A．时间，星期三下午二至五时，其他均可进行。B．互助小组会的形式应多□□，目的在互相充分倾谈，打消顾虑，大量暴露问题。C．互助小组长在星期三后向小组长汇报。D．小组长从星期三—六是紧张地进行工作。

5．干事会、宣传组等专设办公室。

6．宣传工作：少而精的内容，黑板报、资料专人负责。

7．请吴、萨参加指导。

8．动员后研究报告文件。

二、酝酿工作情况问题。

1．一般说到思想学习重要性。明确目的，□□国家建设。每个人都有了进步，领导主动。

2. 学习态度要主动、要端正，理论联系实际。

3. 思想矛盾。A. 已经知道重要，对业务有点矛盾，有痛苦，最多数。B. 口头上承认重要，但不暴露思想。C. ①有两个人觉得学习是负担。②一人觉得光学习浪费小米。③小组可谈，不要广播。④一人说并不像毛主席说的严重。⑤一人说社会形态才能影响思想形态。⑥三人不关心。既然教［叫］学那就学。⑦现在有等待思想。⑧很快地下结论，刚说就打回去。⑨希望［承认］学习重要，但希望冲淡。

****

中区直属组：1. 文艺工作者与工业化有何关〖系〗。2. 人民立场与阶级立场是一个是两个。3. 知难行易，知道为人民服务难，行动上为人民服务易。4. 专整研究人员，不整行政人员。5. 愿意往外参观吸取经验。6. 青年等问题的想法。

****

一、第一阶段的学习要明确为什么学习，达到□□自觉性。

二、学文件，四个阶段，掌握□义，讨论文件，自我批〖评〗，结论。（教育部，目的不明，自觉性不够，方法不对，攻顽固〖堡〗垒，少数人对少数人，连［联］系个人。）

三、

1. 清理为什么与工业化与民主化有关。

2. 知识分子的个人利益与国家利益一致。

3. 党团员的现身说法。

四、方法。

1. 要有武器，大多数人学会。

2. 争取主动，提出问题，让大家考虑（例如资本主义为什么一天天□□，共产主义上长），研究思想过程不是要静止的，不要罗列现象，要找思想运动，如何使上层下层都弄清楚。

****

1. 为什么学习，讨论学习必要不必要？

2．改造什么，达到什么。

3．什么方法。以上三个问题得出结论。

方法：1．一星期读文件，最好做笔记。2．专人报告文件，现身说法。3．作结论，写出来。

第二阶段

1．国际问题，整个世界趋〖势〗。十月革命国际性质。①十月革命后趋势是否变，是如何变？②没有苏联帮助中国革命能否胜利？最后联系自己。

2．国内。划清敌我界限，是自己的思想，那［哪］是反动的，那［哪］是错的，不是说别人那些。

第三阶段。批评资产阶级、小资产阶级思〖想〗，不是要求其站在无产阶级立场，是讲清道理。

****

12 月 7 日

办公会四项决议

一、订第　阶段具体计划（第　阶段重点是学文件）。

1．明确学习目的（三项）。

2．明确规定思想领导重点及方法，院学委联系小组。

3．第　阶段的文件和学习时间：五个文件，四个星期。

4．各种会议。

二、院学委会。

1．内容：A．新的学习精神。B．通过第　阶段学习计划。C．讨论学习文件问题。

2．日期：下星期一。丁与副院长谈。

三、学习报。

1．去掉联系实际部分。

2．增加第　阶段学习计划。

如何学好文件（我）。

四、汇报：1．基本情况。2．经过及工作问题。3．现在态度。

五、铁道所计划。

****

西区情况

1．改造是牺牲（而是要去掉，也要增加）。2．反动思想没出，错误思想偶尔发现。3．学习要逼逼。4．一般认为要学习，但是…… 5．分组时顾虑很多，一组曾发生吵嘴，有纠正。6．要求有详细学习提纲。7．公约问题。8．数学所蕴酿可以写黑板。9．学到什么标准？ 10．有了毛主席的正确领导，是否还要学习？（领导对了不等于自己对了。）11．是否会把学习变成虎头蛇尾？ 12．笔记可查，但不要抽费，要□查。13．批评不要戴帽子，不要会后忘了。14．最普遍的是与业务矛盾。

****

1．学习与业务矛盾在社会科学部门。2．学习文件的目的和标准。3．不重视要动员（可能所有区）。

社会科学所可能觉得已有科学

1．毛泽东思想领导问题，不是要求大家以至〖思〗想一律，如果要求大家，将发生恐慌。

2．政治学习与业务结合，用马列主义观点来指导研究。

3．改到何时为止，达到什么目标。补充少年同志说，发挥上层建筑积极作用。学理论、实践两大方法，还加思想斗争。

4．把文件学好。

****

1．组织情况。A．东区做得最好。西区零乱（汇报少，民主党派不□开）。中南区简单。B．一方面被动，一方面急躁（订公约，大家发言）。

2．郭老动员等问〖题〗。

3．批准计划。

12月10日

办公会议决议

一、汇报情况。

1. 组织与动员工作。①组织已完全建立，大部分已经分别动员。②分区来说，东区最好，西区零乱（民主党派会），中南区慢一点。

2. 思想情况。①被动。调[①]与工作矛盾，认为不严重。②急躁，等得不耐烦，搞公约。③思想情况上两种部门有显著特点。

3. 我们传达了文委精神和现在主要问题。批准计划，确定动员日期。

二、院学委会三项议程，关于学文件方面，办公室提出两点：

1. 推人准备意见。

2. 轮流。

三、关于批准计划与动员问题，要求文委今晚决定。

四、铁道研究所动员问题。

五、学习报，内容，星期三集稿。

12月12日

范文澜同志在东区学委会动员报告

一、我们原来政治学习是有一些基础的，现在要提高一步。目的是改造思想。我们的态度是要□□的，不能马虎。

二、思想改造等于作战，孙子“十则围之，五则攻之”，现在是要自己围攻自己。也就是靠新的自己。

若〖问〗谁来改造，谁改造谁——靠自己改造高级知识分子。

青年学生进高中、高等学校学了高的哲学、技术，经过高等学校的多次考核，给以学士、博士学位。但这是反动阶级的，而现在都是人民的天下，这就要大大地批评，如为原封拿来，那是有害的。我们应自己承认有毛

① 日记原文如此。——编者注

〖病〗，不应讳疾忌医。

同行不客气，大家都有癞头疮，现在不妨揭发一下。

1. 自高自大，自以为是。魏文帝说“文人相轻，自古已然”，足见知识分子向来如此。这毛病的公式“自己好，别人不好”。这就是个人中心主义。老子天下第一，名列前茅。这样做，结果是歪嘴和尚念经，越念越歪。

当然，我们在态度上是诚恳的，横眉怒目是不行的。

2. 思想改造和研究对立，从时间上看，是矛盾的，实际上不矛盾。写了书印出来不能用，结果把书送到燕京造纸厂去改造，劳民伤财，莫此为甚。

3. 毛主席指出“自我改造”。

A. 主要靠自己。B. “新我”，别人帮助只是援兵。C. 毛主席指出“稳步前进”。

****

1. 文件发得不好。

2. 六小时不清。

3. 批评与自我批评【的】，文科如何结合业务。

4. 与业务冲突，如何结合业务。等郭院长的报告。现在决定先学习。

5. 对政治学习迫切要求。

****

1. 要重视自我改造。2. 要发扬民主。3. 要面对多数。4. 要稳步前进。5. 要具体掌握思想情况。

1. 互相客气，希望别人帮助。2. 意见一边倒，没有反面意见，锦上添花。3. 没有认真读文件。4. 与业务矛盾普遍存在，不严肃，自高自大，基本上是被动的。5. 思想的混乱。6. 个别人的急躁情绪。

12 月 14 日

院学委会讲①

1．知识分子，旧日士大夫，最少与反革命帮忙、帮闲。

2．

3．

12 月 15 日

尚爱松小组

1．①徐炳昶：中国革命为什么必须工人领导。毛主席依出［靠］农民有百分之九十五（？），因为这一次革命是不同历史任何一次革命。②是要消灭一切剥削阶级（？）。③毛主席是不得已依靠了农民（？），今后要建国，当然要靠工人了。今天我们知识分子是要扶植工农建设新社会，所以思想必须改造。④中国的知识分子没有学问，值不得自高自大，并且直到今天学术还不独立（？）。

2．漆侠：原来认为学习四到六个月时间太长，现在认为那是错误的，那是思想上的懒惰。

3．王钧：不学理论不能在工作上服从人民利益。政治思想学习不是提高与普及问题（？）。

4．王静如：①学文件还要实践。②先大张旗鼓干（戏□的劳动改造，对镇压反革命了解不正确）。③然后分阶段。④有效果的作法，不要操之过激，要细嚼烂咽！⑤考顺耕逆耕，与农民接近得到了证明。⑥知识分子好处很多，但马列主义立场不稳，就会出毛〖病〗。

范驳王两点：①只有革命知识分子才是好的，才起作用。②接近群众，不是从个人的某些知识要求满足出发。

---

① 日记这里所记，可能是为 12 月 14 日在院学委会讲话做准备临时草拟的意见，显然未完。——编者注

我接近群众是：①群众的伟大力量。②体验群众的立场，不要从自己阶级的立场去看，同时也只有如此才能了解群众的伟大。

****

1. 胡先骕的反动观点。

2. 蒋介石压制革命有功。

了解事项：1. 做笔记几人？ 2. 认真读文件几人？读了几遍？ 3. 准备发言提纲的几人？

12月17日

目前的思想情况

一、主要的情况。是绝大多数人对学习的重要性与必要性认识不足，思想上处于被动地位。表现为：1. 在小组会上发言不深入，不连［联］系自己，不是自己的真实思想。2. 没有认真学文件，更少做笔记。3. 学习与工作矛盾的看法没有清除或减少。竺副院长的发言代表多数人。

二、初步暴露了一些错误思想。胡先骕说法与蒋介石镇压革命有功的说法。有少数人可能改变了原来对于学习的看法，真正想在这次学习中提高自己的（如漆侠）。

三、少数人有急躁情绪，表现为小组公约强制性与对于不同的意见急于打回去。

按上述情况，组织认真阅读文件，开有准备的会，提高学习的自觉性，仍是当前的主要工作。对于少数错误意见，则应该展开讨论（两条方针：1. 不能置之不理。2. 不能打回去，或忙于作结论）。

****

总结时要说明的几个问题

1. 思想自由问题，需要改造问题，长期改造，不断改造。

2. 自我改造问题，如革命不能靠外面输入一样。

3. 改造与工作矛盾问题。磨刀不单是业务，只有加入政治才是“快刀”。

（清高问题，今天与过去的政治根本不同，过去是否不参加反动政府，是同流合污与否的问题。今天是否参加人民政治，是革命或□□的问题，当然不能清高。）

《实践论》中改造客观世界与主观世界的关系，其意义是，过去人的主观世界是被动的，自发的，现在是要根据客观事物的规律，用主观能用［动］性去改造客观，就是把主观世界由历史支配改为支配历史。

邵荃麟

知识分子的思想改造学习

对毛主席说的知识分子改造是工业化的条件之一怎样认识。

1. 国家工业化与知识分子的关系。民主化是工业化的前提。有各种各样的工业化，有输出的（如英国），有输入的（如印度），那是资本主义，依靠剥削，有依靠资本的积累。节约，如苏联，不是依靠剥削，这是中国应该走的道路。斯大林总结社会主义国家工业化八个条件，其中知识分子改造是一个。

2. 国家工业化主要是依靠工人阶级，但必须与知识分子结合，但如果我们的思想与工人不同，那就不能结合。文教部门的改革当然更依靠知识分子。

3. 关于知识分子，中共和毛主席向来是重视的。《论联合政府》中曾经讲到。但知识分子里始终不是起决定作用的，也不是〖起〗独立作用〖的〗。“秀才造反，三年不成”就是如此。知识分子只有在毛主席、共产党领导下才能发生进步作用。

科学对阶级是不关心的，但阶级却对科学打上一个烙印。

要国家工业化，不可能有几种不同的阶级的领导思想。在中国只能是工人〖阶级〗领导。所以，知识分子必须改造自己的思想。

对于“改造”，科学工作者是不应反对的。因为我们自己是改造自然，改造客观的工作，我们自己也是客观的一部分，当然也应在改造之列，改造自然的客观的规律。愈是能掌握发展的人，愈要改造。

****

集合情况

研究通过汇报（文委，院长）

1. 为谁服务的问题：为人民服务，为工农服务，立场问题。

2. 科学联系实际，为建设，为工农服务，工作内容问题。

3. 宗派主义，不团结，工作作风问题。

****

1. 过去没有自我批评，强调小事有出入，否认主要的事。

2. 因为自己没有原则，自己不进步，落后。

3. 摆小组长架子（？）。名誉地位严重。

4. 脱离群众问题，是辈［背］后一套当面一套（如不投余拔票）。小的生活问题，如不吃豆腐（？）。

5. 在会上不愿意让王禹夫承认事实。在王禹夫问题完全是与他一致的，并一［同］他一起在所内外大事活动，是错误的，思想和王一样落后。

6. 有自满心理，开会觉得自己没有问题，等着别人发言。

****

对第二阶段学习计划的初步意见

有两个方案：一、缩短时间，除了总结，不再分阶段。二、按原来分配进行，现在说第二种。

一、这一阶段的学习目的，是要科学工作者认清时代，划分敌我，明确科学家应该站在什么立场和为谁服务的问题。分别说：

1. 在国际上，弄清楚：社会主义与帝国〖主义〗两个对立的体系的本质不同，及世界发展的基本方向。中国在国际关系上必须倒向苏联一面。对帝国主义国家应该采取的态度，抗美援朝运动的伟大意义。

2. 在国内要弄清楚：中国革命是无产阶级世界革命的一部分，必须由无产阶级领导。人民民主制度的优越性，三敌四友的界限，四个朋友内部的正确关系。科学家应该为谁服务及如何才能有效地服务。

二、这一阶段的学习内容。

1. 先阅读讨论文件，掌握武器，然后用文件精神连［联］系思想实际，进行批评与自我批评。

2. 文件共有下列　件。

A. 刘少奇：《论人的阶级性》

B. 刘少奇：《论国际主义与民族主义》（是否应列入应研究）

C. 斯大林：《十月革命的国际意义》

D. 斯大林：《斯大林与威尔斯的谈话》（前一部分）

E. 彭真：《关于抗美援朝运动的报告》（应列入参考）

F. 毛泽东：《新民主主义论》（三、四、九节）

G. 毛泽东：《在延安文艺座谈会上的讲话》

H. 毛泽东：《论人民民主专政》（后一部分）

I. 刘少奇：《关于土地改革的报告》

3. 这些文件共有三个中心，可分为三组。

A. 1、2两件为一组。

B. 3、4、5、6各件为第二组（第二组可参看米丁《论苏联哲学中的世界主义理论》）。

C. 7、8、9各件为第三组。

以上还应做讨论题要。

以上学习方法有两种：A. 读完每组文件即进行批评。B. 全部读完再批评。

4. 这一阶段告结束时小组作这一段的思想小结。

三、学习方法和学习时间：六至八星期（注意春假□□）。要按此计划，还必须布置全部文件，分段。

****

第一阶段总结大纲

一、科学工作者必须用批评与自我批评的方法进行思想改造学习。

1. 知识分子与国家建设有密切的关系。

2. 旧知识分子必须改造为革命知识分子，才能发挥作用。

3. 改造的目的、内容与方法。A. 知识分子有各种各样。B. 知识分子不能领导革命。C. 科学技术知识分子只有在无产阶级领导下才能有利于人民。

二、为了扫除学习中的障碍，在思想上必须解决的几个问题。

1．自我改造问题。

2．学习与工作矛盾的问题。

3．思想自由问题。

总结是要提出学〖习〗方法：要从发展上看问题。有许多人的思想发展了，不要用原来的眼光去批评。人民利益和个人利益一致。改造自己改造世界的一致。

12月21日

办公室会

1．本星期学文件布置。2．报纸。3．下星期计划。4．汇报改写印发。

****

《论共产党员的修养》绪论主要内容

一、人们应该把自己看作是需要改造和可以改造的。

1．人们为了生产必要的物质资料就要与自然进行斗争，其结果是：A．改造自然：沙漠为绿洲，水患为水利。B．同时改造自己：形状，思想意识。C．改造人的相互关系：社会关系，社会组织形式。生产的特点是永远不停止在一点。人们本身的改造也就永远没有完结。

2．有阶级社会，就有属于各种不同阶级的思想。由于有阶级斗争的存在，也就有不同阶级间的思想斗争存在。在斗争中某些阶级的思想必然受另一些阶级思想的影响，改变原来的一些思想。如果这种改变合乎社会生产力，最好的领导地位的必然是代表生产力发展阶级的思想。也就是思想上占优势的一定是进步思想的方向。那就是合乎历史的必然性，有进步的作用，否则是倒退的。不改造主观世界，就不能适应客观发展。

3．共产党员要在革命斗争中改造自己。

A．所以需要改造是由于：

是从旧社会中教养出来的，必然带有旧的思想意识。

还很幼稚，没有经过长期的实践。

特别是从非无产阶级出身的。

B．改造的内容，包括：

①革命品质（立场、观点……）。

②技能（进行革命斗争的具体工作业务）。

C．改造的方法，主要是实践斗争和思想修养（政治学习是思想斗争，是思想修养的方法，其他的方法包括学习理论等）两个方面的统一。

4．从以上所述得出结论：

A．人们不是什么完美的，永远不能变动的。需要改造，也可以改造，这是社会发展的规律。没有错误，自尊心，自高自大，唯我独尊。

B．共产党员要改造世界，也必须改造自己，并求首先改造自己（毛主席在人民民主专政论里讲过去知识已经不会，现在要学——我们大家□□□□□□□要改造）。

C．要改造自己，除了进行革命的实际，还需要加主观的努力，这就是要经过自我斗争，发扬主观的能动性（光是实践不能解决问题。一样的实践，可以有两种完全不同的结果，如经过了长征的张国焘）。当然更是等待别〖人〗来替自己改造（连［联］系大家的存在决定意识）。

D．并且，共产党员不独要在艰苦中锻炼自己，而且也要在革命的胜利中改造与锻炼自己。这是可以做到的，因为我们是无产阶级（证明改造没有□□），资产阶级革命目的在于取得政权。

二、学习马列主义的立场观点方法。有两种不同的马克思主义者，一种是不学本质，只学词句。另一种则是用马列主义的立场、观点和方法解决革命和斗争中的实际问题，并丰富它。学马列主义是要成为后一种。（这对于学社会科学，读过几本马列的书，自以为懂得了的人最有用。）

三、革命的实践是思想修养的基本方法。

1．这主要是反对理论与思想脱节，也就是反对教条主义，不是反对主观能动性。

2．改造思想的学习，也是一种思想斗争的实践。

四、只有具备了坚定的无产阶级立场，才能彻底掌握马列主义这门放之四海而皆准的科学。

马列主义是无产阶级的革命的学说，它只有彻底站在无产阶级立场上，〖以〗无产阶级理论为理想的人，才能彻底理解和掌握它。但只靠天才与学习的努力是不行的（这完全驳斥了分割马列主义立场、观点和方法的说法）。（卖马列主义的货，不要立场是不可能的。）

12 月 23 日

参加语言所会议

1. 立场可以比德□！？德里阶级内容是不同的。①

2. 学习要解决历史问题。

3. 掌握历史规律。

4. 自私自利而不损害别人。具备无产阶级感情。

5. 考证是历史学的正统。

6. 依赖社会变，自己自然变。

科学院语言所学习布置不好，进步的就要变成苦闷，青年学生过去在昆明进步，现在不进步。读文件有读三次四次的，各一人。想到党团员多的地方。

12 月 24 日

办公室会议

一、汇报情况，往文委汇报。讨论这一期工作。

二、1. 总结这一单元学习，开有准备的会。2. 开院学委会。

三、分工读文件。

四、讨论下阶段计划。

五、出报问题。小组单元总结。

1. 提出几个问题：学习目的，业务学习矛盾问题；知识分子为什么要改造。2. 推人负责——刘大年。3. 召开小组会。

---

① 日记原文如此。——编者注

12 月 25 日

反贪污浪费会议

竺可桢副院长报告

1．组织起〖来〗。2．节省时间问题。

1．组织。除参加思想改造的人外，其余都参加，共 290 小组。近代史为一个小组。工友单独组织小组，一星期讲三四次。

2．委员会的原则领导。

A．基本精神，惩办与教育并用，大的要按法律处的［分］，小的批评教育，分别大小轻重，要慎重。

B．要高度发扬民主，使大家能够坦白或检举。

C．困难。要消除顾虑。怕受处分的，怕情面有损，怕报复。坦白的，重的减轻，大的减小。

D．不流于琐碎。

E．容易发生偏向，如只谈别人，不谈自己，只谈下级，不谈上级，只暴露揭发小的，不揭发大的。

3．具体领导办法。

A．各所负责人除领导思想学习，还必须亲自动手领导这个运动。尤其所务秘书最好全力〖投入〗这个工作，直接负〖责〗学习组织□□变化。

B．干事直接联系几个组，受区学委领导，直接与办公室联系。

C．具体步骤。文委部门 10—12 个星期，学文件，10 天至两星期，坦白检举。2—3 星期处理结合。合理化建议：建立制度，订爱国公约，5—6 个星期，互相检查。

D．热情发动后，每组人□□一篇东西，同时还可设意见箱。

4．重点问题。就全院范围和时间上都可以分，文委系统是广播事业局、对外文化联络局、电影局，总之，是有权有钱的。（薄一波总结三条：1．外面的人比在家的多。2．直接经受钱的比间接的多。3．新干部比老干部老［多］。据彭真报告，北京重要贪污案件共产党员也有七十多人。）

5. 组织监察组。重点：院在办公厅，所在事务处。

6. 下星期三开会。

1. 三反重要。2. 研究人员参加。①教育；②力量。3. 我们的计划、配合。我们第一阶段不是重点。

****

第一单元总结意见

一、为什么知识分子必须进行思想改造和必须是自我改造问题。

1. 知识分子思想必须改造是由于它与目前国家建设有关，是国家工业化和民主化的一个重要条件。这可以从以下几方面说明：

A. 新中国的工业化与民主化不是依靠别的方法来实现的，而是依靠工人阶级的领导来实现。别的阶级不能领导，知识分子也不能领导（知识分子不是一个阶级，他们的思想可能有着很大的差异，但他们一般的没有生产手段，靠知识换取生活资料，所以他们只能依存于别的阶级，依存性质【别】明显不能起独立的历史作用，中国历史也证明了这一点）。

B. 但知识分子在国家建设中是有重要作用的（【史】斯大林，中国革命与中国共产党）。领导国家建设的工人阶级应该接受知识分子（特别是科学技术者）的帮助，同时自己也应该给知识分子以帮助。这就是说工人阶级的领导应该与知识分子相结合。

C. 知识分子由于社会出身、教育、生活等原因，其思想与工人阶级不同，不改进就不能在思想上结合，也就是不能接〖受〗工人阶级的思想领导。这样知识分子要在国家建设中发挥作用，就必须改造自己，有所贡献。

总起来说，就是国家建设的要求与知识分子本身的情况存在矛盾，知识分子应该用自我改造的方法来统一这个矛盾，适应国家的需要。

D. 知识分子不接受工人阶级的先进思想领导，就不能在国家建设和整个革命事业中起积极作用，无论苏联与中国的历史都证明了这一点。

当然，从自然规律和社会的一般规律来看，知识分子的思想也应该看作是需要改造和可以改造的。科学工作者更应该掌握这种规律。

2. 知识分子的思想之所以是自我改造，是由于知识分子要使自己适应国家的要求，主要依靠自己的努力。

A. 自我改造的两种涵义，不能偏废。①从对象上说，谁改造谁——自己改造自己，不是某一部分人改造另一部分人。②从力量上说，依靠谁的力量——依靠自己，别人只能帮助。

B. 放弃自己的主观努力，不能叫作自我改造。①在这个问题〖上〗有一些不正确的看法。a. 存在决定意识，环境改变了自己就会改变。（3人）b. 领导正确了，下面自然正确。②这些看法是由于：a. 不正确了解马克思的话。马克思说“不是社会意识决定社会存在，相反地是社会存在决定社会意识”。只是说思想、理论等产生的起源，说明物质是第一〖性〗的，思想是派生的。但这不是〖说〗思想理论对于社会没有作用，或者说思想是不能变动的。社会思想理论对于社会有严重的作用和意义（联共党史四章二节）。各种不同的思想、理论等等，服务于不同的社会制度，越能反映社会物质生活的，越有重大意义。所以马克思又说“理论一旦掌握了群众，便立刻成为物质力量”。b. 不正确地了［理］解了领导与群众的关系。领导的思想是根据先进群众的思想，领导的正确并不等于自己的正确。据以上所述，自我改造必须经过自己的努力（外力只是帮助）。

二、学习目的问题。

1. 学习目的是坚定科学工作者的人民立场和根据人民需要改革科学研究工作这两个方面的统一，只有人民立场没有服务的武器方法，立场是空洞的。只有科学研究而没有立场，就不知应该为谁服务。二者不可偏废（参看科学院学习计划）。

2. 解决立场与改革科学研究，分别先后，解决立场在前，改革研究在后，政治标准第一，业务标准第二，不解决立场问题，就不可能改革【命】研究工作（把业务搞好，刀快。没有立场，不能叫作快刀）。

3. 一切片面强调学习是为了业务，以及分割马列主义立场观点方法的意见，都是不正确的（有人认为单是磨刀，有人认为学马列方法容易，学立场难）。接受马列主义的程度，是由阶级立场决定的。

三、政治学习与业务矛盾的问题。

1. 政治学习与科学研究有密切关〖系〗，两者并不矛盾。这里说自然科学。

A. 自然科学是以有机的和无机的自然为研究对象，是直接替生产服务的，它本身并不直接是阶级科学，不包括在上层建筑之内，也就是说它不是直接和政治有关的，这是一个方面，但也只是一个方面。

B. 另一面是自然科学研究的方法、使用的影响等，也有上层建筑（主要政治、思想等）的某些因素。这表现在：①自然科学是社会发展的产物，它的研究成果不为社会上的这一个阶级所利用，就为那一个阶级所利用。谁在经济上占统治地位，谁就利用这些成果。②自然科学家在进行科学研究以前就有自己的世界观，从科学的发现中，也必定要持某种世界观的性质的结论。在阶级社会里，这种世界观式哲学思想不是属于这一个阶级，就是属于那一个阶级。这就是说，自然科学家的哲学思想必定受这一个阶级或那一个阶级的支配，从而也影响自然科学的某些结论（在资本主义社会，自然科学家依存资产阶级的话，其哲学思想往往受资产阶级唯心论所支配）。③自然科学家生活在一定的社会里，不是属于这个社会阶级，就是属于那个社会阶级，不是这样就是那样参加社会生活，依存于这个或那个阶级。

现在根据第一种情况，就有自然科学为谁服务的问题；

第二条［种情况］就有自然科学由谁的思想领导的问题；

第三条［种情况］就有科学家的阶级成分额［对］社会生活的影响问题，和劳动人民脱节，忽视劳动者智慧（当然不能说是唯成分论，但这毕竟是产生其他问题的根本所在）。

这些问题就不是直接与生产有关，而是直接与阶级斗争有关，与政治有关。这就是自然科学的上层建筑因素。

C. 现在可以得出结论：①只有弄清楚了自然科学中的上层建筑因素的各项问题，科学家的人民立场问题，改革【命】科学研究的问题才能解决。②科学研究与政治是有密切关系的。③科学工作者学习政治不但不矛盾，而且十分需要。

至于社会科学，那就更没有矛盾与否的问题。只有两种不同的对待马列主义的态度问题。一种是摘引词句，装点门面。另一种则是把学习马列主义立场观点方法问题应用于适［实］际。当然前一种是不能称为马列主义的。（根本问题不得解决，甚至连词句也是不会摘引的。）

2. 时间上的矛盾是存在。但是，花费一点时间，解决一些根本问题是完全应当的。（兵术有“将欲取之，必姑与之”。）组织工作要合理，不要浪费时间。参加学习和组织学习的人自然应该更合理地利用时间。

竺：1. 批评与旧的不同。2. 批评是否妨害思想自由。3. 批评对于改造的作用。

茅：崇美是了解不够。人家要我们站上无产阶级立场，领导立场，岂有不去之理。

华：四个阶级领导的（？）新民主主义□□级领导的社会主义社会（他的讲话是做文章）。

钱□：自己对马列主义刚学说会，会说马列主义四个字已经不错。

****

12 月 27 日　夜

陆定一同志

现在思想改造成为可能

1. 党、军队的力量。

2. 苏联的力量和科学成就。

3. 有进步知识分子参加（以上苏联十月革命没有）。

困难

1. 领导要改为热闹一点，不□则已，有目标，发动群众整一下。要有周密布置，能发能收。

2. 主要分清敌我，斗争了少数人，团结了多数人。

3. 理论是要有周密的严重的准备（如《论人民民主专政》中多是罗隆基问题），要把□孤立起来。抓住重点，掌握多数。

4. 实际上解决几个具体问题，如送论文到外国……

稿费害处。

12 月 31 日

情况

1. 达尔文组比较好，热烈，有典型报告。中状元对人民有好处。没有旧知识分子就没有新知识分子。

2. 东区专题，繁琐，要讨论学习与业务重要性的标准。

3. 东南区比较好。

4. 西区。

****

第一讲　人的阶级性　　刘基唐

1. 有私有制以后就有阶级，人必是属于一个阶级。

2. 各阶级的阶级性。

3. 别的阶级都是把自己的幸福建筑在别〖人〗的痛苦上，无产阶级相反。

4. 第四段是党性，是阶级性的最高表现。共产党的党性是无产阶级性集中表现。

5. 超阶级超党派是不能存在的。

人必定属于一个阶级。

论国际主义与民族主义　　唐

一、资产阶级民族主义的民族观，有两方面，一结合全民族利益，二出买［卖］民族利益。

二、无产阶级国际主义，从全民族利益出发，在不同时间的表现不同。

三、世界压迫民族与被压迫民族现状，是多数一个个人[①]统治世界大部分的人民。

四、目前世界两大阵营和民族解放运动。必须【达】打倒美帝国主义……民族问题不能同阶级问题。

五、资产阶级的民族性。

六、真正的爱国主义与国际主义相结合。两个阵营。资产阶级民族观。

十月革命的国际性质　　简焯坡

① 多数一个个人，疑日记原文有误。——编者注

总的〖来说〗，十月革命是各方面的根本转变，由压迫阶级当权，变为被压迫阶级的统治。

1．无产阶级获得政权后，开辟了各方面的道路，有划时代的意义，摧毁了和平转变的理论和国际配合的理论。

2．殖民地宗主国和资本主义起了很大的变化，鼓舞了这些国家的无产阶级认识国际主义，摧毁了狭隘的民族主义。

3．加速了帝国主义的灭亡，因而有了公开的强大的革命中心，使资本主义灭亡加速。另一方面社会发展的历史进程【有苏联以及】也可以加速。

4．在工人阶级思想中，是有一个很大的成功，是马克思主义的胜利，证明马克思主义理论的证［正］确性。同时十月革命以后，马克思主义更广泛地传播出去了，和武装斗争的重要性，对于帝国主义打击很大。

****

一、研究人员也要卷入三反运动。

1．按三反办公室规定学习，时间，方法。

2．干事参加工作……精神，布置计划，按李白昌湖□。

二、研究人员的学习计划不变，与三反运动同时并进。

三、这一阶段的重点，第二、三两组文件。最后提醒大家要研究计划。

一九五二年

1月4日

办公室工作　恽子强　张

一、学习报。二、向文委汇报。三、讨论参考题目。四、学文件。

学习报。1. 两个重点。总结性的经验、方法、认识。2. 启发本阶级，批评错误的学习。

一般。1. 保证机关工作任务完成。2. 发展党的组织。3. 严格小组生活，教育党员。

目前。1. 搞三反运动与思想运动。2. 加强小组生活，重新整顿小组。3. 加强党的战斗性和与群众的联系。

1月7日

吴徵钟　整顿党的工作

一、开支部大会，不宜于把重点放在小组（文委孙震意见）。

二、支委工作的困难。

1. 党员分散，不在一起工作，寡谈工作思想。

2. 文书同党委没有正式的联系。

3. 小组除一两组比较健全外，其他都不健全。

4. 最好支部工作能和人事工作在一起。

三、缺点。

1. 思想领导不够（过去主要的组织工作是赵做的）。

2. 主动了解情况不够。党内学习没有改好。

3．许多事情处于被动，参加运动是个体的，没有发挥党的组织力量，小组生活因而放松。

4．组织很少，分配党员以具体工作，如了解对象等。

5．要重新分划小组，以工作在一起为原则。思想上认为党的支部工作是一种负责［担］，是兼差。

6．团的工作，教育提高，严格生活。党团小组可以适当合并开会。

党组与支部的关系。党组同志报告支部工作。党的生活日。

****

关于中国科学院开展反贪污反浪费运动的报告①

一、目前科学院反贪污反浪费反官僚主义运动的情况。是群众已经基本上发动起来，初步揭发了贪污浪费事实和严重的官僚主义与家长制度的统治情况。但运动在各单位的发展是不平衡的。

1．从三反运动的经过来看，科学院开始较〖慢〗，曾经处于被动地位。去年12月20号前后，才开始筹备，25号才开动员会。真正动员起来是今年1月3号文委指示以后，决定研究人员参加三反运动以后，特别是1月5号和6号办公厅负责人与三位付［副］院长检讨以后，才真正进入紧张阶段。在这以后，多数单位负责人作了检讨，群众打破顾虑向领导提意见，达到了“突破”的两个标准（负责人检讨与群众提意见）。但有些单位的群众直到现在还没有发动起来。

2．现在已经发现的贪污浪费的事实，是严重的。

①已坦白与检举的贪污案件共14起（初步统计将近30人）。贪污方式有各种各样，最主要的几种是：直接盗窃国家财产（如黄三立）；集体贪污（汽车司机班6人）；受贿（语言所王大行）；冒报、冒领；化公为化［私］，公私不分。钱数现在尚无统计，估计很不少。

②各单位检举的浪费事实大小共122件，其中因管理不当（包括积压资金）因而造成浪费的有73项。购买不当造成浪费的49项。最显著的如社会

①这个报告的题目是编者代拟的，日记手稿在题目地方是空白的。从内容来判断，这个报告应是刘大年先生作为中国科学院学习委员会办公室主任、三反办公室主任在党内的讲话稿。——编者注

所去年的预算，物理大楼的建筑，应用物理的车床，考古所的照相机（18部）（占数不详）等等。

3．这许多都是与官僚主义分不开的，对某人盲目信任（如对黄三立），不核检工作，盲目开支，多了就好。

这里必须强调指出，许多单位有严重的家长制度统治（语言、社会、数学、移［遗］传馆）。其危害是严重的。

二、今后的步骤。

1．由党的组织力量（当然团的组织也该如此）来保证继续深入发动群众。不但要使我们自己，而且要使科学院的每一个工作人员都受到这个革命运动的教育和锻炼。发动群众的关键在于首长以身作则，深刻检讨自己。否则不是运动搞不起来，就是领导人完全处于被动地位。

①有些单位群众发动得不好，可以拿薄一波同志所〖提〗的标准来衡量下，就知道症〖结〗何在。

②自己不检讨，或检讨不深刻，处于被动地位就不可避免。三个副院长的情〖况〗，好些所的情况就是证明。我们负有一个部门或一个单位行政责任的党员同志，不应踏此覆辙。

2．为了充分发动群众，在反贪污反浪费反官僚主义的总方针下，各单位不应该主观地限制群众运动的范围。各单位的情况不同，运动的重点在某些部分，可能不一样的。有什么弊病，就应当反对什么。什么弊病最突出，群众自然要求首先反对什么，我们不要限制群众的斗争。有些单位如语言、社会、数学、遗传【继】应继续反官僚主义，反家长制度。有些单位如两个物理所就应适时地展开反贪污反浪费的斗争。有些单位可以从前一个重点开始过渡向后一个重点（如近代史？）。

这里我特别强调，对于家长制的统治能够打垮，对科学院工作人员政治各［水］准的提高，对工作的发展，将有重要关系，大家不应放松。当然也要注意掌握群众情绪，避免陷于疲劳、松懈，应适时地转移重点。

3．已经确定要把重点转入反贪污浪费的各单位，就要着重发动群众〖转〗向坦白、检举和检查。着重消除坦白者的各种顾虑。要反复说明薄文中的一段："一切贪污行为都是犯法的……"关于薄文学习可不另布置。讲解精神，作为武器。

4．为了使这个运动能够深入和贯彻下去，发挥党的组织力量，党员（团员）必须做好下面三件工作：

A．党团员在群众中继续带头向各级负责人大胆提意见，从而继续推动群众提意见。

B．向主持这个运动的各有关的同志及时反映意见（曾临时规定党团员归分区负责党员调遣，听其分配工作）。

C．党团员有贪污浪费的应该迅速坦白、检讨，有公私不分、化公为私的也应该交待听候处理。一切顾虑犹豫都是无用的。

三、这个运动的性质和我们共产党员、青年团员的责任。

1．这个运动的性质不是任何寻常的群众运动。对于我们党来说是一种反对资产阶级思想侵蚀的斗争，是一个革命运动，是一种阶级斗争。这个斗争的目的，是要对于资产阶级在三年以来向着工人阶级和中国共产党所举行的疯狂进攻，来一个坚决的反攻，把这种反动的进攻压下去，并且把资产阶级的这种反动的、丑恶的思想行为给以政治上的改造和法律上的制裁。我们共产党员有了这种思想和行为也就必须受到这种改造和制裁。

A．薄指出：贪污浪费有两种危险。一经济的，□□国家建设；二政治的，腐蚀干部，断送革〖命〗。这是关系革命成败、关系全国人民的根本问题。只有斗争胜利，这两种危险才能克服。

B．中国资产阶级有两个方面：①一方面是一定时间一定人物参加了反帝国主义、反封建〖势〗力和官僚资本主义的斗争，解放后在国家领导下发挥了一定的作用。②但还有另一个方面就是腐朽的方面。也就〖是〗薄所说的"剥削群众，不劳而食，损人利己，唯利是图，假公济私，投机取巧，铺张浪费，享乐至上"等腐化堕落的思想和行为。共产党员、国家工作人员的贪污浪费，就是资产阶级这些思想侵袭的结果，必须打击、批评、制裁。我们不去掉这些脏东西，就不能作为一个党员、团员。

2．这是一场严重的政治斗争，我们共产党员和团员的责任就是要积极地参加到这个伟大的政治斗争中去。任何人对这个斗争采取麻痹观望的态度，采取官僚主义的态度，就必然要犯严重的错误。

总之，我们科学院党员的责任是重大的，必须保证这个斗争取得胜利，并在其中提高自己。

****

一、文委六部院署（教、卫、出版、文化、科学、人民大学）。

群众已发动，标志是：领导干部自我检讨的检讨；群众性的批评与自我批评。

二、发展不平衡，深度广度都不平衡。贪污人数 9960 人□四亿四千六百六万。人民医院护士把链霉素按成水打。浪费在文委各单位有 370 亿。

三、文委六个部门是辛辛苦苦的官僚主义。

四、总的经验。

1. 领导思想要肯定放手发动群众，要不然就要变为被动。

2. 负责首长以身作则是主要关键。

3. 发动群众要和重点检查相结合。检查的责权要明确，只能作检查，不能不判断。

五、深入普遍发展的重要。

1. 适当转入处理阶段，建立合理的新制度。

2. 要学习一下薄报告。

3. 组织队伍，依靠队伍，特别是检查要依靠，如派人。

4. 不许限制群众活动范围。

另一方面不能放弃领导，让群众自流，特别防止反革命分子。

5. 贪污界线，大中小三类，大的四类。

乔木〖谈话〗几点：

1. 思想改造结合三反，资产阶级腐蚀严重，必须反对，批评。

2. 发动群众和领导的关系，保度［护］群众热情，提高认识。

3. 现在就开始考虑合理制度。

****

胡含：

1. 周是主力运动（□□□）。简焯坡每次不主动与党小组连［联］系。偏差表现。许纬英生活琐节与工作态度，不应跑点。

2. 老先生们觉得有压力，因为觉得不是事实（这表示老先生们认为搞的不对）。

3．青年团员董其□多与房东结合（有问题的人），反对乐天宇。

1月12日

萧佛先：

肯定提纲问题。1、2、3，胡含对偏差的看法不对。4．乐、胡对党团关系分析不对。

1．偏差内容如何？ 2．暗流原因何在？

两个办法：1．开党团员会，肯定成绩、个别缺点、名人、党对团的领导。关键是党的主动地位。乐的领导。2．深入了解群众意见，作为衡量运动的标准。

1月17日

丁瓒传达

1．不能满足现在的成绩，要继续发展运动。一亿元很多。

2．市民商店机关一起配合行动。

3．文教部门要在思想上配合三反运动。

4．有些机关要研究民主改革制度。

5．三反是与资产阶级的激烈斗争。1950年的摩擦是盲目性的。现在要加强□□。年底可能有些铺子要打。

6．打击面不要太多，打就打得狠。

7．口号要统一，工商界是五查，主要是营造、纸张、照板、五金、汽车、木料等部门。

8．在党内是剧烈斗争，应在此彻底清洗。

范长江：

基本情况

1．已做到层层检讨，首长带头。

2．群众发动已充分，领导干部所受震动之深是空前的。

3．贪污搞了一些，但离预期目的还远，反攻才开始。配合才开〖始〗，高潮在以后（今天起十天）。

今后

1．解放司令员，专搞贪污。

2．对贪污处理，250 万以下自动坦白，可【回】保证悔过，可以回队伍。

3．赶快掌握材料，星期日开大会，开除一批。

4．各机关要警惕，不要满足。

5．科学院做得对，有技术的可以抓住小辫子。

6．清理老婆，不要做资本家老婆，还有是大人物老婆。

7．大的公害。

1 月 22 日

徐迈进：

1．春节以前要打一批大老虎，但打不完，估计还用个把月的时间，可能有一百人。

2．适当结束，层层带头，文委副局级已检查，应继续重点追查：买房，采购。

3．明天会的目的：①给以适当的压力，26 号以前，给大家自动坦白机会。②扩大队伍，依靠正派，与审干不同。一千万元一［以］下二年以下有期徒刑。坦白、悔过、退款还可以减免刑，所以是宽大的。可以公开宣布。着重号召坦白检举。③捕胡彦九，不宣布其政治问题，只讲他的贪污，说明不坦白严办；同时也处理几个人。领导与群众结合，下面提意见，上面批准。还可个别处理。可以组织坦白的人讲话，从思想上谈，达到教育群众的目的。

4．拆散有问题的人，布置群众围攻。

总党委总结

一、斗争的形势两个方面。

1．一般干部非常紧张，斗争激烈，力量集中，大贪污□信表示动摇。

2．时机紧迫，事情多，干部急躁，近三天以内发现三五只，过去十六只，估计今后今［几］天还有88，合起来共150。普遍抵抗很强，交代后事，绝不坦白，工作很艰巨。

二、经验。

1．采购老虎最大，低级的人员也可以赚大钱。

2．建筑，购书，租房。

3．坐探，贸易猪鬃处长，是美国派来的，搞情报。

4．机关生产。

5．物质仓库。

三、斗大老虎有效，首长谈话有效，严格地遵守重点进攻。查账办法决不容易（赵树理带八个人搞八天八夜，才查出一百老虎）（财政部专家查账），今后机关统一查。有材料后限期坦白。应□止破坏。

****

丁始玉自我批评：眼光狭小，不看大事，计较小事，所以没有自我批评。

****

1．老虎必须肃清。中央665，军25，财25，文50，科4。

2．时间15号，必要月底，每天20。

〖3．老虎〗条件：①

①一亿以上。

②对国家损失很大，个人所得不多。

③满一亿以上，集体贪污主谋。

④五千万以上性质最重的。

⑤坐探分子。

---

①这一页右首空白处还写有：如何了解打虎条件？1．加强检查小组工作。重点检查下去。2．几个大老虎如何落实问题。3．提出老虎名单。4．召开党内会。——编者注

⑥隐谋［藏］敌产一亿以上。

全国工商业有两万户。全国达 20 万亿。中央 2 万亿。

4. 策略。过去斗力，今后斗智。主要是材料，三反四查：查经济、账目、关系、生活。要有强力调查研究组，统一筹划，专案专组，民主人士力量要好好使用，家属，俘虏。

文委保证 64，争取 90，科学〖院〗保证 3 个，争取 4 个。

5 月 16 日

南汉〖宸〗报告国际经济会议

一、为什么要开这样的经济会议，依靠什么条件成功？目的是以经济为手段，打断美国的封锁线，事件不限于经济，对于制止大战，保卫世界和平有大的作用。在军事上是不让他打起来，哪里打起来，就在哪里消灭他。政治上组织和平力量，经济上也是一条战线，其作用不下于政治、军事。打开缺口，会议不做宣传，光做生意，给美国很大的打击。朝鲜停战，德国统一，经济会议三件都成，美国就不能打第三次大战。做生意是手段，目的不止此也。条件是多财善贾，有了本钱。你没有的我有，你卖不掉的我要。当然封锁是有影响，但能打破它。苏联的发展是惊人的。1951 年生产量超过战争水平一倍，投资超过两倍半，人民生活水平超过 70.2%。工业化生产水平超过美国。物产丰富，人口众多（整个和平阵营）。这是主要的。另一方面是敌对阵营的经济危机。我们也有社会问题，但与他们 37 个国家，其中只有芬兰不诉苦。资本主义经济危机是从 1948 年开始的，其办法是制造紧张局势，加紧军火生产。朝鲜战争爆发时曾一度改变。停战谈判开始后是不能维持了。其指数超过战前，但大部是军火生产。军火过时不能用的（米格 15 现在还不是我们最好的飞机），因是人民生活水平大大减低。他们大家都想找出路，在这样的条件下，经济会议获得了成功。

二、经济会议做了一些什么？筹备是去年和大提出的，预定在去年年底开。因只讲道理不做生意，资本家不感兴趣。如是另外单独开。起先只有经济学家讲道理，不做生意，没有资本主义国家的实力派。自改变方法以后，实力派都来了。原来计划 35—40 国，结果 47 国，人数预定 40，结果 471 人。

这些人来经过很大的斗争。西方争取西德，东方争取日本。资本主义国家17个，大西洋的国家都来了，落后的国家二十个，会议开会很少，政治宣传没有，主要是做生意。苏联布置了11个展览会，收获很大。看了展览，劳动观念要改变。因为实际上是不劳动了。就在此时斯大林谈话，资本主义与社会主义和平共处。中国也在此减低物价。苏联的招待是盛大的。有如此多的资本主义国家代表到莫斯科是头次。资本主义国家则暴露了丑态。

中国代表讲话影响很大。先让美国代表讲话，然后我们讲，痛骂了他们一顿。另外也作了一些招待活动。中心是贸易活动，争取日本不到，中心就是西欧。先抓英国，恰恰他也是找中国，情急无状。现在世界上除了中苏外，没有开全工的。资本主义之间不能不成交，因此他们是美元荒，大家都没有。我们则无选择，什么币都可以支付。

另外在会议上附属国与宗主国斗争也尖锐。如智利、巴西对美国。我们现在已与十四个国家签订合同。对方内部是有斗争的。对他们内部起一个分化，以后引起与美国的斗争，这就把封锁线打开了缺口。我们所以得到成功，首先与苏联密切联系，各新民主主义国家互相配合，大事电报电话请示。中国代表团内部共50人，党员有一半，有资本家，但纪律很好。苏联招待人员说我们很“乖”。

在这个会议上最后孤立美国，打破封锁的目的，同时摸清了一些资本主义国家危机的情〖况〗。

三、今后还做些什么？

西欧国家每年剩余四千多吨【多】钢，我们可以在经济危机后【可以】买。朝鲜如停战，危机来得很快。因此我们要：1. 维持与外国的经济关系，扩大联系。2. 所有已签的贸易协定具体化。要准备支持新的斗争。3. 要准备外汇，到时买热货。

5月　日①

一、科学院搞乐天宇后党是加强了一些。政治威信提高。

① 这一页未标明具体日期。——编者注

二、各大学搞完了。

三、副院长的检讨已有准备（过程中有点错误）。

对于诚恳研究科学的人应看重，政治与科学一致，不能光要求其政治，如巴甫洛夫曾反对消灭富农，但苏联政府认真团结他。

如乐〖天宇〗有政治，但他拿科学打人，就要反对。

在此计划中，从未提到科学（中央的指示也未写此一条）。连胡先骕也要考虑此问题。他在政治上做过坏事，应反对，甚至反得凶一点，但科学的成就必须估计进去。

政治上做了调查，是很大的成绩，讲清。

1．对科学家讲清楚，我们是要科学，不是只要政治不要科学，各科科学对我们都是有用途的。问题是用得恰当不恰当的问题。

2．对党外科学家与党员要求不同，对党员要求更严格。

这样做比较平稳，是温和的，但是严肃的。

目的最少可以使资产阶级的政治思想动摇，要肃清当然是不可能的。

1．方针、领导、组织。

2．建所。

3．干部培养的来源。

4．经费。

5．研究计划。

1．新民主主义的革命任务是应该包括经济建设在内的。

从理论上讲，革命是解放生产力。（毛主席）

从事实上讲，现在我们正在建设。

革命的阶段是不能截然分开，陈独秀和社会民主党的少数派就是如此。因此，在提法上讲是可以提准备条件。

5 月 26 日

至中南海与赵沨谈思改学习和编译局工作

关于编译局工作，应该是三个重点。

1. 办好《科学通报》，包括：（1）改版后的内容标准。（2）与科联的关系。（3）组织通讯网。（4）提出今后半年的中心，如理论联系实际，米丘林、历史等问题。

2. 根据需要与可能评出几部书，订计划。

3. 充实力量，整理编〖译〗局组织。

6月7日

摘1952年5.30中央指示各地电

一、结合三反学习党员的八项标准（没有学习的也应先解决党内主要问题，如肃清思想，清理坏分子等），全国各机关的整党工作，应争取在一九五二年内全部完成。

今后一年内（1952.6—1953.6）在机关六十万青年团员及其他优秀分子，按接收新党员手续百分之二十入党。

二、今后一年中在工厂、矿山、企业中分批接收工人、店员的优秀分子四十万人入党，具体要求三百六十万产业职工中百分之十，一百五十万店员中百分之三。

三、全国大、专学校，现有十五万学生，全国约有一百五十万左右的大、中、小学校教职员，党员都很少，今后一年要接收大学生中百分之十的人入党。大、中、小学教职员百分之三的人入党。

四、农村中全国有十二万新区的乡村和二万个老区的乡村没有党的组织，争取在今后一年内建立党的组织。此外在老区有组织的乡村也还应接收一些党员（新支部一般应有五人以上，不超过十人）。如此，在农村中要接收近一百万党员。

各级党委应根据此指示拟具整党建党计划。

6月　日[①]

1. 民主党派更脱离群众，不知道做些什么。

2. 民主党派应有经常的联席会。

3. 发展具体对象没有分好，发展时碰头，民盟盟员希望能作为党的有力助手，思〖想〗改〖造〗打算在盟里自己检讨一下。

1. 政治思想作风为主，也可适当联系学术，强调这是有困难的。（1）我们知道得太少。（2）斯大林语言学观点、科学与思想还有很大距离。（3）联系实际很困难，别的方面也有。

2. 思想改造是思想意识的改造，提出改革科学工作的目的。

3. 政治和思想加以区别，学术和思想加以区别。才有严肃性，目的是思想上划清界限。

1. 胡崇拜英美，反对苏联，脱离实际。

2. 宗派主义。

3. 脱离实际，纯技术观点。

4. 政治上有很反动的（这一点有区别，如学术上有地位，今天又不反动，过去无学术，今天又不好，要着重）。

5. 积极地强调学习马列主义、学习苏联，改革研究。

6月25日

范长江同志

党委党组联席会。

1. 整党是战略性部署，为明年可能的大规模经济建设作准备。

2. 列席多于出席。（1）政府党委规定列席人数不超过代表三分之一。很好地帮助一下团（文委党团一个团五百人左右）。

3. 群众意见有的是要接受的，有的是要批判的。

---

① 这一页未标明具体日期。——编者注

4. 不重视党的工作，其后果是三反，党的工作没有成为机关的政治部，党委地位应提高，负责人做。

1. 党代会解决行政重视党的工作（与中直不同）。

2. 各部一支部必须配备专职干部，能配多少都通过。

3. 时间七月下旬，文委开。

（一）

1. 指示各支、党代会做些什么，内容：

A. 本机关三反总结，五号前送文委，初步的，内容将□□会包括进去，还要强调党的部分。

B. 开展党员相互间的批评与自我批评（官僚主义差不多了）。对【的】工作提意见，总结好的经验。

C. 提出本单位整党建党计划（提到与业务结合）。

2. 组织性工作：A. 党委的改选。B. 代表产生，列席等。

（二）文委党代会计划。

1. 三反总结。

2. 通过整党建党计划。整党是思想上的提高，主要根据八个标准，也解决一些组织问题。

3. 选举党委会。

（三）党委支部建立办公室，现在开始准备，三天汇报一次。

一、三反总结、内容、时间。

二、支委会向支部大会的工作报告（其中包括整党建党计划）。

三、整党建党计划。

1. 整党的计划。A. 收集整理材料，思想的，历史的。B. 确定日程（□的时间，内容是八项标〖准〗）。

2. 建党计划。

A. 发展计划。B. 党内正规教育。C. 民主党派工作。D. 团、工会工作。E. 群众的政治教育与活动。

四、支部大会工作计划。

1. 支部大会，大会小会的内容、方式、时间。

2. 参加文委党代会的代表选举工作。如何进行批评，后选举。

3. 支委的选举工作（充分地酝酿，提名候选）。

4. 党外群众参加各科会的准备，会刊，名单，方式。

五、立即建立办公室，人员，地点，工作（美差不行了）。

今天：1. 决定分工，2. 建立办公室，3. 传达了解党的重大的建设工作。

7月1日

学委办公室会

1. 群众还是多数是好的，但情绪疲劳。

A. 被动的，但不是抗拒的，要改就改，不改也行。

B. 急于改，改完后好做工作，但不是考人早过关，也有这思想。

C. 少数人惶恐不安，有顾虑，如静如，郝□盛。

D. 青年要求，思改加强领导，不大安心，怕不彻底，要猛烈。赵忠尧说，没有什么资〖产阶〗级思想，是写给他们听的。华罗庚说，以前能当家作主，现在是束手束脚。冯北枝、丁瓒这样的党员，应趁早开除。

对人对事必须多方面考虑。

在分析某些人的情况时，当别人讲他的坏处愈多愈尖刻似乎愈好时，自己就要注意考虑他好的一面。对事也是如此。当然几个方面有一个是主要的，其他是次要的，不能等量齐观。同时，对人对事，不能只有批评意见，还必须有积极意见。

列宁　论统一经济计划。

7月14日

陈伯达同志谈工作

1. 科学院不是一般的行政机关，特别是学术问题，只能用学问的方式去处理，不能用行政方式和命令去处理。

2. 共产党员在科学院工作是以科学工作者的身分工作，即与别人是平等的，不是共产党员的身分，即科学工作者以外的身分。

3. 对科学家要有正确的看法，他们是国家的财富，科学家信仰共产主义的道路，与我们做秘密工作和宣传党的道路，是不同的，主要从研究中达到（列宁）。

4. 行政空气提高了，学术空气降低了，科学院就完了，必须有学术空气，要做研究。

5. 对科学家的批评主要是在宇宙观和方法论上去批评，学术上则是具体帮助，主要从经济上去帮助，在学术上切忌武断下断语，必须确有把握，当然在政治上提高警惕是完全必要的。

6. 对郭老要大家来替他负责。要他做研究，但不要轻易发表文章。社会科学方面的东西，写了不经过三番五次讨论，轻易发表必然出毛病，这是肯定的。自己对发表过的某些东西很后悔。

7. 共产党员讲话要谨慎，不要摇摇摆摆，自高自大，自以为是，在群众中，在学术问题上尤其不要随便讲话。共产党员不要动不动以为别人落后，不懂辩证法，我们自己懂多少？

8. 社会科学只有毛主席、少奇同志的著作才能算是真正的科学，我们其余的人都说不上。

9. 梁希对乐天宇事在报上不批评党而批评自己，很有政治风度。

8 月 20 日

廖鲁言关于农村合作互助报告

农村生产发展，发展了农村的自发资本主义倾向。从一九五一年下半年就已看出这一情况。干部对待的方法，存在立即跟着走。也存在用强迫命令方式防制。我们领导上一年来也与已自发的资本主义的因素作斗争。去年中央关于农村互助合作道路明确起来了，即由临时互助组—三大季—长年互助组—农业生产合作社—集体农庄的方向。

现在的情况在北满劳动力组织起来的已有百分之八十—九十，南满差一点。华北比较高。农业生产合作社主要在东北和华北。东北就已有三千，但不够条件，很乱。现在实际上还有两千，批准的有两千，华北一千六百，但华东百余个，全部有四千个。问题：

一、目前还须作很大的努力来与自发的资本主义倾向作斗争，这种因素已浸蚀到干部和党内。黑龙江党校调查，有剥削行为的有二百四〖十〗七人，而且是逐年增加的。东北某县县委科长有三人，七人放高利贷。区委干部更普遍。华北有县委机关放高利贷。今天农村县区干部主要是两条：（一）反剥削思想。（二）反强迫命令。而不是三反。同时，在互助组内也有剥削。即变相放账，剥削劳动力，雇工等。有某有名的互助组负责人有牛羊若干，雇人放，并使之加入合作社。这就说明与农村资本主义倾向作斗争是很重大的任务。这种情形在新区也有，不过形式不同，如退坡思想等。

二、地主、富农是否入组入社的问题。实际上现在地主富农已无剥削手段，要劳动改造应该可以参加，不过中央答覆是不参加，因其成分没有改变，有的要他们加入了，但实际上是好像我又【务】劳动。实际上可以不入互助组，而〖应〗把他们吸收在一起监督劳动。富农则有：

1．老区富农，也和地主一样，没有什么剥削手段了。

2．老区新富农，过去被剥削，今天剥削人，而且多在互助组，人数算不出有多少，因在互助组内，因过去与农民在一起搞土改翻身，现在不让他参加互助组不行。同时贫农也要求利用他们占有的较好耕具牲口等。

3．新区的老富农，鳏寡孤独，军、干、烈属是否入互助组。

三、互助组和农业合作社分红问题或互助组内工价问题。

1．东北某些合作社分红办法，土地得百分之十，农具耕畜百分之三十，劳动力百分之六十，别处办法各不相同，到底多少。

四、评功计分、劳动力组织使用问题。东北现在实〖行〗“× 分后评”办法。这种事关涉劳动效力的提〖高〗，也是一个团结问题。为搞组织，人太多不行，一般为三十户左右。

五、合作社与其他部门订结合合同问题，要做好这一点，必须有适当的价格政策。

六、现在互助合作的发展中有一个倾向，即重高级轻低级，重合作社轻互助组，于是急躁、冒进，为合作社而合作社，不够条件也干。某国营农场赔了五十二亿之巨，这当然不能有什么作用。

七、土改完成后，到底阶级路线如何。一种是还是依靠贫农团结中农，二种是依靠新〖力量〗发展生产。

最后，互助合作计划。东北、华北五年内基本消灭单干户，合作社占农村劳动力百分之六十以上。华东则为百分之八十缓缓起来。合作社占百分之四十。其次递减。到 1957 年全国有一百万至一百五十万个农业生产合作社。其中的主要问题是：1. 农具；2. 耕畜；3. 干部。

9月1日

熊复传达中央政治通知，庆云堂。少奇同志在青年团中央的政治报告。党内。

一、国内政治情况。

1. 过去三年中，除台湾以外已全部解〖放〗，同时消灭了土匪两百多万：现在除云南、四川某些边远地区还有少数土匪（约三万五千人）。中国历史上这样全国统一是空前没有的。同时逮捕反革命一百五十万，杀了十二万，管制二百多万。我们还要镇压一批（秘密）。这是长期斗争，不能一下搞光，即革命。、

2. 实行了土地改革。我们已在四省四千八百万人口的地区完成，剩下三万[①]人口地区。

新疆一部分地区今年下半年开始，余一千二百万后来再说。现在农村人口五千万，再加城〖市〗人口。此数暂不公布。土改中没收地主的土〖地〗七万万亩以上，占十四万万亩的一半（另一数为十七万万亩），从地主手上拿过来。

3. 抗美援朝。参加此运动的一万万以上的人口。参加和平签名等人数达三万万以上。抗美捐款等五十亿斤粮食，公债只达二十亿斤，大家还不满。捐款则很热烈。广大的人民订立了爱国公约，对各项工作有很大作用。参加爱国增产运动的有一半以上的人口，增节数字很大。今年的爱国卫生运动——敌人细菌战的结果。我们死了不到二百人（密），大大改变了卫生，清除了太平天国时代的垃圾。还要搞下去，老百姓做得最好，机关最差，青

① 原文如此。——编者注

年团要发动青年去做这一工作。

4. 三反五反运动。参加三反的八百九十万人。贪污的占百分之二十，没处分者四十万以上。退赃两万亿，二十亿斤粮食。大大打击了贪污浪费，整理了队伍，划清资〖产阶级〗的界线。同时也整了好人，整顿了财政纪律。从公家交公的二十万亿人〖民〗币二百亿斤粮食，国家财政根本好转靠这二百万亿。去年有赤字，今年决算有赢余。今后要坚持财政纪律。五反中九个大城市工商户四十九万户，参加者四十九万户，为国家增加三百亿斤粮食。这个数目可打朝鲜战争一年半（密）。五反证明没有工商户不违法的。荣毅仁是守法的，□税等八百亿。因为他的工业对国计民生有利（密）。三反本身又是整党，加速了我们整党的工作。原计〖划〗1954〖年〗完成，现计〖划〗明年可以完成。

5. 民族问题。约有六十种，人数三千六百万左右。现实行区域自治者160单位。新疆分局对牧主实行资本家待遇的社会改革（？）。西藏不同，我们立足未稳，要最后站稳脚跟。西藏内部还有分裂危险，今春曾搞人民代表会阴谋。要求人民解放军退出，争取达赖，解散了人代会，摔掉了三个亲王，实行协议延长时间，军队暂缓改编。先做统战争取上层，搞好生产有吃的就行。帝国主义还在西藏活动，想把我们赶出，但〖这〗是不可能的。我们站稳脚跟后就可实行协议（密）。

6. 我们党有五百七十六万党员，二百一十七〖万〗个支部。去年开除二十万（其中九万是其他原因），收十六万。今后还准备去掉四十万，今后一年内再发展一百九十万，出去一批进来一批，就纯洁了。

说起来，全国人民觉悟程度组织程度提高，国家政治情况有很大进步。

国家经济情况：

三年来经〖济〗恢复近于结束，现在就要准备建设，明年开始。

1. 首先农业。今年产量与历史上最高产量增百分之九，棉花增百分之五十点九。耕牛达百分之一百零六，羊百分之九十二，此外丝和茶也未达到最高数。

2. 生铁百分之一百零四，钢铁百分之一百五十五，主要工业品中只有煤、锡未达最高年产量。

3. 水利投资超过历史上最高五十二，□□一百一十五，铁路运输量超一百六十一，公路一百二十二，对外贸易总数比1950年增百分之一百三十。

国内增百分之一百六十九。这样主要生产都恢复了，而且超过了最高年产量，生产总值与1949〖年〗比，农〖业〗百分之一百五十六，工〖业〗百分之二百二十七。估计手工业三年来有很大的发展。因此我们国家可以集中更多资金于近代重工业、工业。公私比重：近代工业国〖公〗百分之六十七点三，私百分之三十二点七。国营商业总值批发私百分之三十六点七，零售百分之六十点一。这就看出今后国营有大发展，私营也发展，但相对减少。私营商业还要挤掉一些，但不能一下挤掉。他们有八百万职工。我们不能一下解决。

4. 财政状况。今年与1950〖年〗比，收入增百分之二百三十九，支出增百分之四十三。钱不能积压，不但有条件建设，而且也不能不建设，提高国家工作人员待遇，包大专科学生。今年的预算反映了生产恢复，物价稳定，国防巩固，财政平衡。今年年预算百分之二十七，占第二位。资本主义国家做不到。证明人民民主制度优越。如果不打仗，就有更多的经济文化建设高潮。现在是边打边稳边建。我们五年计划明年开始中间通过最后完成，五年计划方针就是为国家工业化打下基础，加强国防，逐渐提高人民物质文化〖水〗平，训练干部向社会主义方向发展。而建设重点是重工业，钢、煤、水电、石油、机械、汽车、拖拉机、有色无色、基本化学、军事工业。轻工业，纸、制药、部分发展纺织业，其他一般不发展。

农业方面五年后要提高。粮百分之一百九十七，棉糖百分之一百八十二，茶、丝争取超过最高年产量，发展方向互助合〖作〗组，由互助组—生产合作社—集体农场。土改是政治把农民组织起来，互助是经济上组织起来，才能把农民引导和我们一起进入社会主义。今后五年中要大〖力〗发展工农文化事业，准备七八年内扫除文盲。

要建设还要实行增〖产〗节〖约〗，争取外汇。这是重大任务。就是购置机器，檀木扇子向苏联倾销。要四十万把，只有七万把。水果之类苏联也要，我们大家少吃点。现在国家全部收支由中央掌握，收入：1. 税收，2. 国营企业利润，3. 其他，4. 农业税。这是财政好转的标志。将来要使国营企业第一。

说说三年的工作，即：

1. 争取了国家经济根本好转。2. 基本上完成了政治改革，还要大搞婚姻法。3. 对全国范围进行思想改造。4. 巩固了统一战线。5. 巩固了人民民主专政。这些条件可以使我们有时间、精力、干部等搞建设。今后工作两项：1. 经济建设——办工厂。2. 文化建设——训练干部。这以［已］成为我党今后中心工作。

二、国际情况。具备了进行建设的条件。我们建设缺乏技术干部、工人、机器，要国际援助。这比苏联十月革命后好得多。有苏联援助，在某种意义上讲有决定意义。此外还看一个条件——和平，不要打仗。打仗就要打乱部署。同时国际援助也没有了。讲到和平保证，现在还没有完全的保证，只有一半。我们要和平，帝国主义要战争。朝鲜战争照现在打下去，我们可以边打边建设。如果扩大，超出朝鲜范围就不同。现在我们摸到了规律，也是可以边打边建设。过去我们不能这样说。朝鲜战争形势现在是战线稳定了。那时的问题是能不能打胜，现在证明能打，而且打赢了。战线在三八线稳定起来了。现在的问题是能不能守。因没有那样多的飞机大炮，现在一年来证明也守得住。这个问题解决了，在世界历史上还没有打不开的战线，现在就是打不开。军事上坑道式和掘开式是新的创造。我们的军队加上我们的工事就打不开。每月平均死伤两三千人。相反美国很大，我们少死人，他们多死人；我们花钱少，他们花钱多。今年我们花在朝战的钱比去年少一半。去年十六亿美金，今年只八亿美金。美国去年用一百五十亿美金。战线稳固，人死得少，花钱不多，物资消耗少，国内稳固，政治上经济上都稳定。敌人相反，通货膨胀，工人罢工。美国不能奈何我们，美国扩大规模，增加了朝鲜人民困难，可以克服，对我们的物质供给影响不大。前线粮食可以吃一年以上，只是第一线比较苦，第二线部队比东北的还好。美国在前线有二十五万军队，要一百万后勤人员每月要运八十万吨物质到朝鲜，我们只要四万吨。过去我们有哪一天回家的问题，现在方针明确，要打多久就打多久，即士气很高，美国士气低，要求回国。

朝鲜战争对我们有何意义。1. 保障了北朝鲜，战线建立在三八线。毛主席说第一条保障土地，中国和平□□远东防线。2. 学到了经验。美国是帝国主义首脑，什么武器都拿出了，只没有拿原子弹。我们把他打败了，取得了丰富经验。毒气、细菌都被粉碎。3. 受了教育，中国朝鲜全世界人民都懂得，帝国主义是可以打败的。4. 推迟了美国发动第三次大战时间。

这个战争的前途有三个。1. 停下来。2. 拖下去。3. 扩大。扩大今天可能性很小。布莱德曾〖说〗是在错误的时间、错误的地方，错误的敌人，进行错误的战争（密）。停战的可能性还是有的。不是停下来就是拖下去。拖几年总有停的一天，不能拖一百年三十年五十年。现在停战谈判只有一个交还俘虏问题。美方答应百分〖之〗八十二【十】朝鲜俘虏、百分〖之〗三十二的中国俘虏。朝鲜觉得可以接受，我们要全退。现在的问题是为一万三千中国俘虏。问题不是一万三千人，而是一个原则。美国想在这个问题上进行挑拨，使我们屈服，我们不能答应。因此目前还可能拖。这样美国就要：1. 死人多。2. 不得人心。3. 帝国主义内部矛盾争吵越多。4. 重点问题不能解决，即不在重点地方使用了重点力量。欧洲是他的重点。把力量陷于朝鲜不行。所以拖下去总是要停的。毛主席说过，我们可能争取五年到十年的国际和平。当然帝国主义是要打的，但在具体条件上要美国打仗是不行的。过去两次大战美国都是站在背后。分胜负时才出来发财。现在是自己出马，发动时没有预料到我们志愿军出动。在帝国主义阵营是大哥出马打了败〖仗〗，和平阵营是二哥三哥出马，打胜利了，这一点美国就输了。什么大西洋公约也是散伙的。太平洋公约搞不起来，就是因美国威信扫地。所以这样我们就争取了时间，对我们就可以建设。美国没有兵，不能打仗，所以今天德国和日本是国际间最重要的问题。把德国扶起来首先是打英法，扶日本就打中国和美国。这是第一次大战的老路。同时扶起来也不是一下子做到的，至少最近五年不行，十年也可能不行。如果十年后扶起来了，就要发生矛盾——向哪里打。向我们这里打已经不行了，我们已是新中国。过去打蒋介石统治的中国只打到汉口等一线！他要照弱处打。后来能转方向打南洋。再要打就只好打弱处，再打南洋。这当然只是一种可能性（密）。资本主义内部矛盾是不可调和的，与社会主义的矛盾虽也不可调和，但如果我们采取适当政策可以避免和推迟。现在的紧张局势是表面的。如果德日武装可以打仗后，国际就真紧张了。所以我们要注意德日问题。反对战争巩固和平是根本政策之一，保证打也打不进来。要在十年之内达此目的，要巩固国防就要工业，练兵有强大的陆海空军，实行征兵制，进行军事教育，要在国防线上做好工事。

其次要发展世界和〖平〗运动，把世界爱和平人民动员起来反对战争要求和平。这个斗争不是消极的而是积极的。要使帝国主义陷于孤立，最后要搞好外交，团结中立国家。还是毛主席讲，对内巩固民主专政，对外团结国际友人，争取五年—十年时间来进行和平建设。团结的界线包括那些不赞成战争的资本家和资本家政府。

我们中国的敌人还是日本，美国在远东扶持日本。只要我们达到对内对外两条，那时日本就可能不敢打，打就打他们自己。

11 月 20 日

中央决议

一、主席谈朝鲜战争有四个决定的因素。

1．死人。2．用钱。3．战略。4．吵架。总的国际局势对我们有利。1．死人现在是 2.5 比 1，即我一，敌二半。阵地战是四比一，同时我们死得起，敌人死不起。2．用钱敌我九比一，敌九元，我一元。因敌人路远，同时我们可以边打边建设。我能在战争中经济稳定，敌人相反，物价不稳。3．战略我们也是优势。首先敌人头子现在出了马。我们阵营的头子苏联未出。首先输了一着。4．吵架。我们内部是完全团结的，敌人相反，越困难越持久，敌人的分裂越大越多。美国不想和，我们还可以练兵。停战有八个字："办法由我，时间听他。"现在棋子还下在打的方面，准备打，争取和。

二、国家建设。

五年计划总轮廓已经肯定。在苏联有几百专家帮我们算账，同时我们的计划也必须与苏联的装备配合。基本目标已定。主席重视 1953 年计划，这是五年计划的尺度。中央也批准 1953 年预算，不能有赤字，必须有百分之一—二的赢余。因为工业上不断有新的因素出现，同时要准备农业方面的灾荒。明年预算比今年增百分之二〖十〗二。收入要提高，农业税还要提高。今年全国农产二百四十亿斤，明年可能达三百亿斤以上。所以农业税可以提高。国家企业收入还可以增加，如合作社有优待办法，合作干部对核算不认真，明年取消优待。内部调拨过去无税，干部也不作经济核算，明年添税，加强核算。明年度还要发些公债，今年抗美援朝捐款五万亿，但六月份即停止，明年发公债无大困难。预备发行八万亿，农民二万亿，工人机关干部一万亿，其他五万亿归工商。这样就取消了赤字，建设有把握。

支出方面，经济与文教两项百分之六十。工业百分之四十点五，文教百分之十六点五。明年经济建设总数比今年增百分之五十三。文教增百分之五十八。国防费用明年百分之二十五，与今年相差不多。行政费用占百分之十，苏联正常百分之六，不超过百分之八。我们由于工业没有开展，工作人员质量低，今天必须如此。预备费百分之八。另有后备力量百分之零点五。科学技术发明后，工业必须有改变，如苏联已有喷气式轰炸机，整个飞机工厂都改变。

我们明年的预算〖是〗健康的。1. 保证打仗。2. 保证物价稳定。3. 保证建设。因此明年决不许打破预算。可急可缓的都要缓。主席提出我们干部积极是好的，但不能太高，因要考虑花钱，如扫除文盲很好，但迟一两年可以，工业化迟一两〖年〗就不可以。如劳动部的劳保计划也是如此。有饭吃，有人看病，过一两年也可以。又如安徽□□粮提高至十二两，其实有十两就行。今天为人民谋利益主要是要工业化。只有小学教员现有一百万人，明年拨一千万给以照顾。编制不能扩大，可能范围还应缩小。明年在干部中是提高工作质量，改善待遇——总的精神是严格控制的。花钱要十分慎省【重】。

三、组织方面。

1. 总的是加强中央，成立国家计划委员会，公开的。2. 成立农村工作委员会，党外不公开。邓子恢主席，陈云副。3. 行政系统改为四实三虚。实的：中央、省、县、乡。虚的：大行政区、专区、小区。主要做督察工作，加强省、县。有人反映干部纷纷上调，任务滚滚而来。主席指出今后工作由中央各部负责，不能责成下级。各大行政区工作要收缩，只有督察工作要加强。小区要扩大，因农业集体化活动范围大。现在全国2100县，区两万余，乡二十二万。

四、调整商业问题。

我党内讲对资产阶级的态度犯过错误，而且栽了跟斗。五年前是右，以后是“左”。有些地方还是扩充国营商业机构，至百分之六。因此形成商业纷纷关门，发生失业的社会问题。现在中央规定地方国营商业只许百分之二十五。我们出的乱子是打击面太宽，市场非常紧张，有些城市小商也受打击。最近几个月失业人数至三千万之多。上海增至六十万，南京增至九万，武汉尤严重，现已纠正。已说明对资产阶级态度是“左”倾冒进的偏向。比1950年猛。如果在思想上不理解中央政策就有问题。现在工业百分之七十是在我们手里，百分之二十离开国家加工定货就要关门。即要依靠银行。因此大家不要害怕。毛主席指出这样做违反经济法则，挤垮私商，增加三千万失业人口就为国家工业化增加了麻烦。

现规定粮食由国家让出百分之二一三十由私商活动，其他也让出。同时出售批发价格差额加大。由百分之十一十八，使私商有利可图。农业生产品的收购也是如此。由于收购价高，私商不能活动，有些地方国家照顾不到，农民就吃亏。同时由于价高，使国家受了大的损害。这也是违反经济发展法则的。结果造成了奇怪现象。赢利增大税收减少，市场繁荣失业增多。其所以发【出】现这样的问题，首先是民主人士（黄炎培）提出。

从此要体会中央对资产阶级的态度。同时也体会中央的政策——总之公私关系上无大问题。

其所以成立农村工作委员会——是问题还在农村，应加强对农民的教育工作。

11月24日

中宣部宣传会议　廖承志同志报告华侨问题

一、华侨一般情况——过去由于反动统治离乡背景［井］至国外谋生的人就是华侨。最早的可能是唐朝就有。最大的一批政治流亡者是太平天国中的人逃至南洋，现在那里还保留这些人。大革命后又有很大一批。如泰国差披信只承认那里有华侨八十万。其实按血统算，最保守的估计（只算父子两代）有二百五十万人。印尼也有二百七十万左右。越南一百五十万人，缅甸四十万上下，印度近三万，朝鲜近六万，日本近五万，南北美洲二十万上下。只有马来亚五百八十万人中有二百七十万，是多数民族。每个角落都有中国人。马来亚华侨中近八十万人是产业无产阶级，其他各地华侨绝大部分是小资产阶级，即做小生意。因此而引起各地的排华流血。华侨中的大资产阶级并不是很多的，而且反动的多，与当地反动统治者相勾结。

华侨有四个特点：一是分散的。二、不能形成独立经济生活。三、大部分是破产了的中国农民。与祖国经济文化密切不可分——因而产生“侨汇”。蒋统时期每年侨汇美金八千至九千万。现在超过过去数量。四、因此华侨始终不承认是当地民族。最近有十一代没有回过国的华侨回来了。说明他们对祖国是热烈向往的。

二、我们开始注意华侨工作是大革命时起。除越南、印尼，其他东南亚地区的革命种子——党的组织是由华侨传播的。1950年中央发布了华侨工作指示，说明1949年和以后华侨的情况不同了。现在我们对华侨是进行团结，〖培〗育〖热〗爱祖国的工作。

二［三］、配合外交进行增进华侨福利的工作。在国外与蒋匪势力进行斗争。主要搞福利，团结教育工作之类，公开活动，不搞革命活动。原来制造一种理论说华侨是当地少数民族，要参加当地民族解放运动，出了一些毛病。现在是当作华侨，不是任何别的。但发生的问题是一切照搬，如报纸、教【课】科书等。

12月3日

叶菲莫夫座谈会（在人民大学）

1. 历史教学的任务：培养学识根底很深的历史学家，其课程是（1）马列主义基础。（2）辩证唯物主义与历史唯物主义。（3）政治学。（4）哲学。

2. 学生在第四年和第五（？）年要做两次毕业论文，并对自己的论文准备答辩。

3. 历史研究最好有地图，如太平天国、捻军、义和团等照片，不得采用画片。

4. 中国封建社会是如何形成的，各人可以有各人的结论、观点，这样是允许的，要作为一个定论，就不能有任何空子给敌人钻。

5. 讲爱国主义，并不是说指出民族英雄，因为他们是俄国人就说他们是好的，刽子手、人民的敌人同样也要指出。阶级观点来分析。和资本主义的爱国主义丝毫相同点也没有，是用国际主义来贯彻的，而资本主义的爱国问题则是为资产阶级服务的。爱国主义应该同时也尊重别的国家，而资本主义则是蔑视侵略别的国家。

6. 用现在的观点批评历史人物，就是非历史观点。如太平天国的均田用社会主义观点来看是反动的，落后的，因为是乌托邦的；但用历史唯物观点来看是进步的，因为是反封建的。

重视别国的成就，同时又不漠视自己国家的成就。

12月28日

乔木同志处谈科学院工作

一、目前科学院的工作存在困难。1. 人力。2. 方针。3. 工作的作法。

人力薄弱，明年党的组织和团的组织应从数量上加强一点，质量上把成分等问题解决。说科学院是新解放区是合理的，问题不要因此性急，要改变这个状况，十年还不够。因为这是党掌握科学的过程，党有一大批共产主义者的科学家，就是掌握科学。因此一方面要有警惕性，有原则，这是对的，但要有耐心，当然要积极求改进。党领导科学不能单靠职位，这是夸大狂。因此党对科学要采取谨慎态度，我们派到科学院的党员不外三部分。1. 如丁、曹、吴、关等，懂得一些科学，但政治上没有受过锻炼，没有严格的组织生活，因此要有觉悟，自己是完全的新党员，不能担任政治上的领导。2. 大学生，好处是学科学的，科学、政治上都是较幼稚的，我们要依靠他们，因人多，能发展。3. 在地方工作但未了解科学，好处是有经验，只有这一部分才能是骨干，离开了他们不能整顿。但因为不了解科学，因要与科学发生关系可能片面、急躁。这三部分人都要，把他们的长处结合起来，最后有共产主义科学家，就完全解决了问题。

关于业务和政治，当然是业务为主，占主要的时间，但也要加强政治，即加强党内外的教育，继续审查干部。但有些虽在政治上不好，并不能驱逐。方法可以适当。支部在明年应作出计划，党员应学习业务，要与群众做知心朋友。不要因为群众骂我们，我们就生气，不是生气的问题。我们是领导者，与群众间的批评与自我批评是长期的。要认真做好党、团工作，提出计划交政府、党委与中宣部批准。今后的学习不能老是急风骤雨办法，时间不能多，要适合他们的要求。对今年业务的估计是做业务太少，对国家没有贡献。不解决钱三强入党是有宗派主义情绪的。支部要关心科学家的工作。今年要肯定三反，思改是正确的，但有缺点，即没有抓紧业务。

党组与支部的关系——党的工作只有一个组织即支委，支部应采取行动改变保密上的问题。

又，乔木关于学斯大林著作问题电话答黄火青。

帝国主义相互之间和社会主义与帝国主义之间的矛盾都是本质的矛盾，都有可能发展为战争，但社会主义与帝国主义之间不一定战争——即不是不可避免，帝国主义相互之间的战争则是不可避免的。究竟这两种矛盾哪个是主要的，要看实际斗争的发展，其中有各种条件，包括主观努力这个条件。承认帝国主义之间的战争不可避免，就可以经过主观努力，把主要矛盾引导向这一方面。不承认他们之间的战争，那就要得〖出〗社会主义与帝国主义之间的战争不可避免的结论。这正是帝国主义所宣传的。同时我们一切争取和平的努力都是白费，就准备战争好了。帝国主义正愿我们如此。反之如果说帝国主义相互矛盾是主要矛盾，则我们一切反对战争的努力就等于没有目标，无的放矢（按：这几句话，参照中宣部讨论意见，乔木未如此讲）。我们是矛盾之中，不是在矛盾之外，片面的作结论认为某一种是主要矛盾，就好像我是置身事外，判断客观事物（即哪一种发展为主要矛盾，不能离开我们的活动）。因此，不能这样提问题，也不能这样解决问题——斯大林只说帝国主义之间的战争不可避免，并未讲哪个主要哪个次要。

过去科学院党的工作没有做好，主要是四个原因：1. 没有经常工作。2. 没有保证行政任务的完成，而抓重要的环节，抓业务。3. 工作方法上的问题。灵活性与原则性。科学院党的工作应有最大的原则性，又要有最大的灵活性。工作中明确否定什么，明确肯定什么。4. 党员作风脱离群众。

对群众主要不是照顾、指示，而是要在工作上、见解上帮助他们，有了友谊，才有同志关系。

政治工作如何：1. 抓住大的问题，进行思想教育展开争论得出结论。2. 总结检查工作，用马克思主义观点分析问题。3. 经常地和人交朋友。决不是与军队连队一样的政治工作。

一九五三年

7月26日

党组会，张传达中央《利用、限制、改造资本主义工商业》

新民主主义时期——从新中国成立就开始了向社会主义过渡的时期，总路线是工业化，对于工农是实行改造，对资本主义的工商业不是改造，而是利用、限制过渡到改造。由加工定货到公私合营。前低后高，最后目的是消灭资本主义。在过渡期间，公私是矛盾的。我们现在是过渡，不是走向社会主义。现〖在〗对资本主义经济要限制，也还要利用。加工定货，公私合营都是控制资本主义的方法，是过渡时期的主要形式。对商业与工业有区别，有准备地代替。公私合营的从1949至目前已增加五倍多。五反所反的东西一直没有停过，不能麻痹，我们必须承认资本主义在今天有一定的积极性，但要估计这个斗争是激烈的，将来还有一部〖分〗会反对我们。

私资第二线职工380〖万〗—420万人。

关于利用、限制、改造资本主义工商业的意见（统战会、财经会结果）

（一）毛主席启示：从中华人民共和国成立，我们国家即开始进入过渡时期——逐步过渡到社会主义社会的时期。党在过渡时期的总路线和总任务，是要在一个相当长的时期内，逐步地基本上实现国家工业化，和对农业手工业以及资本主义工商业逐步地基本上完成社会主义改造。

过渡时期的总路线，应是照耀我们一切工作的灯塔。各项工作都不能离开它，离开了就要犯左倾或右倾错误。

有三句话：（1）“确立新民主主义的社会秩序”。每天都在变动，每天都发生社会主义因素，如何确立？过渡时期是变动很激烈，很深刻的时期。就其性质说，比解放前用枪炮更激烈。（2）“确保私有财产”。（3）“由新民主主义走向社会主〖义〗”，提出由现在逐步过渡到，可以反左、反右。

逐步地基本上实现国家工业化，就是要建立强大的国营工业，特别集中力量于重工业（和国防工业）的建设。据估计，现代工业在国民经济中的比重已达百分之二十八。苏联宣布工业化了是百分之七十。相比还差四十二。要全党努力。这里利用一切于国计民生有利而不是有害的资本主义工商业，特别是工业，也是一个重要条件。

怎样逐步地完成社会主义改造？对农业和手工业的个体经济，是经过逐步合作化。对资本主义工商业，是经过利用、限制和改造。

党对小私有者的农业、手工业的改造方法和对资本主义工商业的改造方法，是不相同的。党对农民和手工业者的生产资料私有制不能采取废除的办法，而只能采取教育他们、提高觉悟，由他们自愿地由私有制改为公有制。党对资本主义工商业的最后处理办法，是废除生产资料所有制，任资产阶级分子由剥削者变为劳动者。

党在取得政权时，没有采取没收资本主义和剥夺资产阶级的政策。原因：……的。对人民民主革命斗争一定程度参加或者保守中立的立场，没有理由加以没有［收］剥夺；为了对付帝国主义的威胁和压迫，需要团结一切可能团结的力量。为了改变我们国家经济的落后状态，需要利用一切有利于国计民生的资本主义因素（数量很大，现代工业中占第二位，职工380〖万〗—420万人）。

因此，党采取了利用、限制、改造的根本政策。对资本主义工业和资本主义商业，因其经济的地位和作用不同，利用、限制和改造的方法也不同。

对资本主义工业，应采积极态度，而要查明和统计其一切可供利用的设备，尽可能予以利用。并引导其向国家资本主义发展。目前还有很大一部分资本主义工业的设备尚未充分加以利用（如上海按照高开工率计算，棉纺与造纸业利用率只及80%左右。发电机、电动机等动力设备，钢铁炼制业、机械制造业、五金工业40%左右。橡胶业、面粉业40〖%〗—50%。搪瓷、卷烟、火柴一般在25%以下）。尚未利用的设备，有的是由于企业本身的限制，有的是由于公私都过剩。也有的是由于我们缺乏统计和统筹。当我们集中力量于重工业建设（也适当发展国营轻工业）的时候，资本主义轻工业将在一个时期中保持不小的比重。并较重工业赚钱。但我们既掌握着国家政权和国家的经济命脉（重要原料，重工业，交通运输，金融，对外贸易，主要商品的收购和批发等），还有资本主义企业中的工会和共产党、青年团的组织，就足以促使和引导其主要部分向国家资本主义发展。我们通过国家资本主义这个武器，再加上税收及其他武器，就能将资本主义工业的主要部分，从供、产、销以及利润方面都在不同程度上加以控制。且依据国家所得税、企业公积金、工人福利奖金和资本家股息“四马分肥”的原则，资本主义工业利润的主要部分已不可能为资本家所有。

目前已经出现的，并在发展着的国家资本主义，为……加工、订货、统购、包销、收购等较低的形式和公私合营的高级形式。较低级的各种形式中，生产工具虽属资本家所有，但大体上都是两头，中间都卡住了（或去的都卡住）。中间有工厂、品种、规格、工会支部、劳资协商，卡得相当紧。

还有银行的控制，从产品的生产和分配上，对他们全面实行国家的统计和监督，造成纳入国家计划轨道的条件，并为其中一部分转向公私合营的条件。公私合营企业，国家占有财产所有权的一部或大部，并由国家干部掌握经济管理的领导权，工人劳动态度根本改变（如同国营），社会主义成分取得优势，以至极大优势，可以列入国家计划最有利于过渡成为社会主义企业——两类国家资本主义都带有不同程度的社会主义成分，特别公私合营是半社会主义性质（前类还有争议，可研究）低级的将有一部分过渡到高级——这样，国家资本主义企业已经是受人民政府管理，工人监督，不能不与国营经济合作并受其领导和限制的企业。故国家资本主义是利用、限制、改造资本主义工业的主要形式，即主要的过渡方法。（部分经过其他方法或加以淘汰。）随着它的扩大（范围）和提高（内容），资本主义工业主要部分的社会主义成分必然日益增长，逐步改造成为社会主义工业。因此，国家资本主义，也是我们同资产阶级进行统一战线工作的主要环节。抓住了国家资本主义，有利于我们利用、限制、改造资本主义和资产阶级的其他部分——因此，对加工、订货、包销、收购等，应依据可能采取逐年扩大的方针。对资本主义大工业，首先是生产生产资料的企业和交通运输业，应采取逐步合营的方针。

对资本主义商业，是经过利用、限制和改造，有步骤、有区别、有条件地将其从流通过程中加以排除。主要是由日益发展的国〖营〗商业和合作社商业去逐步加以代替。在代替和排除的过程中，对职工和资本家都要加以适当的安排。职工接受过来，教育、训练、转业就业。资本家——改营工业或投资工业或个人转业，应加以引导和安排。

我们完全有可能这样做。因为我们是掌握了政治上的优势，又掌握了经济上的优势。政治上的优势，在上面，有工人阶级领导的、工农联盟为基础的人民民主专政。在下面，有资本主义企业内部、有工会和党组织的监督、领导。经济优势，日益发展的社会主义经济和半社会主义经济（包括公私合营），它们的力量作用和优越性。再加一个国际优势，苏联对我们的无私援助。只要我们不犯错误（政策上的错误），政策就是策略。整个发展过程中每一个具体阶段的政策或策略步骤搞对了，就能逐步前进，达到战略目的。

党内仍然有一部分同志在对待资本主义工商业的问题上，采取或多或少的消极态度。主要是没有了解中国资本主义特别是现在发展的国家资本主义的特征。它已不同于国民党时代的国家资本主义。对于沿袭国民党时代地下工作中只搞工作福利、不问生产经营的态度应予纠正。

（二）三四年来，党利用了上述的政治优势和经济优势，对资本主义工商业采取了一系列的措施。1950 年统一国家财经工作的管理，制止通货膨胀、稳定物价，打击投机（上半年）、调整工商业（6 月）。中经伟大的五反运动，直至调整商业（1952 年 10 月）、改进所得税工作（1953 年 3 月），等等，都是利用、限制、改造的具体措施。

结果使资本主义工商业对国民经济的恢复和发展起了相当作用（供用一部分人民日用必需品和若干生产资料，缴纳国家税收、城乡内外交流，改善了工人生活，减少失业等方面），并使之发生了有利于国民生计的变化。（1）有限制的发展，暂时维持的，日益缩小的，被淘汰式排除的。（2）比重下降。大型工业由 1949 年 60% 降至 1952 年的 31%。商业方面 1952 年占商品流转总额 50% 弱。主要商品的批发 30%，零售业务 70% 左右——工业逐步下降，商业已逐步被代替，被排除。（3）很有意义的变化是国家资本主义的发展，已包括了资本主义工业的主要部分。加工、订货、统购、包销、收购等，占当地大型私营工业产值的比重（1952 年）上海 59.5，天津 70，武汉 65.5，西安 70，沈阳 55.9。（下半年）广州 32.8，杭州 65.7，长沙 51，哈尔滨 76——公私合营行业：精块 68.6，纯碱 48.4，火柴 44.7，平板玻璃 41.8，硫酸铵 34.5，烧碱 33.2，硫酸 27.7，水泥 12.6，硝酸 11.2，面粉 10.9。总的来说，较 1949 年增加了 5.8 倍。银行除个别外，已全部公私合营。

国营经济的领导和控制力量是目前加强，合作社商业的迅速发展与提高这方面工人运动和党组织的发展与提高，使资本主义工商业不能不深刻地和激烈地变动。资本主义经济体系正在逐步地受到控制、削弱和割裂。利用、限制和改造的有利条件正在不断增长。……

（三）利用限制和改造资本主义工商业，是与团结、教育和改造资产阶级分子分不开的，是特殊形式的阶级斗争。

工人阶级经过两种联盟来实现自己的领导。一个是工农联盟，这是基础，是决定一切的。另一个是同资产阶级、上层小资产阶级及其知识分子和代表人物（包括民主党派）的联盟，以前一个联盟为基础，为依靠，并为它服务。后一种联盟是服从的，但是重要的，不可缺少的。工人阶级只有解放全人类才能解放自己，其中包括改造剥削分子在内。这次统战会议（过去也是），中央和主席再次强调地指出这点。

作为一个阶级，资产阶级是要被消灭的，但资产阶级分子则可能逐步分化，其中必然有一部分（可能是小部分）变为坚决反抗社会主义改造的分子，其另一部分（可能是大部分）则可能经过教育和斗争而服从社会主义的改造。我们已争取了一批资产阶级进步分子，开始显现出这个分化的过程。但资产阶级是我们的敌对阶级，我们限制和改造资本主义工商业及逐步进行社会主义改造的一切步骤，必然受到资产阶级在各种程度和各种方式上的反抗。引起复杂而激烈的斗争。五毒行为就是这种反抗的具体表现，五反运动具体地反映了这种斗争的激烈。五反运动后，资本家接受“五反”教训而积极从事于改善生产、经营和搞好公私、劳资关系的，为数不多。……

资本家的这些非法行为表明资产阶级没有，也不可能自愿放弃对工人阶级、国营经济和合作社的斗争。这些行为已严重地影响了公私关系和劳资关系及其合理解决。同时，资产阶级又是国家政权的参加者，在国家政权中有其代表人，在社会上有其合法的组织——工商联和民建会。并形成了其全国和各级的代表人物。取得了向我们作合法斗争的地位。我们要掌握既团结又斗争的策略，向资产阶级分子积极进行教育改造工作，并进行必要的斗争。在这里要善于运用一切合法武器，其中包括工商联和民建会这两个合法工具，迫使资本家放弃非法的和秘密的斗争，并采取“先礼后兵”的办法，迫使资产阶级分子服从政府法令，接受工人阶级和国营经济的领导，敢于犯法者，则必须法办。这样我们即掌握了主动权。

……1950 年纠正了“很快消灭资产阶级”的情绪，并实行调整工商业。

1952年发动三反五反运动，打退了资产阶级猖狂进攻，克服了党内左倾危险；1952年发出“关于调整工商业的指示”，纠正商业问题上的盲目冒进情绪。1953年发出“关于税收工作的指示”，纠正所得税征收工作中的偏差。这次会议纠正分散主义及左倾右倾错误。

（四）利用、限制、改造资本主义工商业是整个过渡时期的根本问题之一。在一定时期中资本主义经济既然是不可缺少的一部分，它与国营经济、合作经济、农民和手工业者的个体经济既互相矛盾和斗争着，又千丝万缕地互相联系着，并在国营经济领导下互相结合成为国民经济的整体。利用、限制和改造资本主义工商业，是直接关系到在过渡时期如何正确有效地利用资本主义在一定范围内，一定程度上的积极作用，使利用于国民经济向前发展的问题，关系到如何团结教育和改造资产阶级分子的问题，关系到成百万资本主义企业的工人群众和广大的城市的手工业者及其他劳动人民的生产与生活问题，关系到如何密切城乡联系、巩固工人阶级对农民的领导问题。总之，关系到我们国家逐步过渡到社会主义社会的根本大计。因此，将我们同资本主义工商业和资产阶级的关系提到实现工人阶级的领导权的地位上来处理，提到我们党的领导上来处理。无论从政治上和经济上来说，都是十分必要的。……

8月21日

习仲勋同志传达中央财经工作会议内容

这次会议彻底揭发、批评了财政税收等各方面的错误，特别是集中揭发批评了在这方面负有主要责任的薄一波同志。有高岗、李富春、李立三分别作了报告。关于大的问题方针、政策，中央大区省市等分工都已解决。要彻底解决问题，只有自下而上检查工作。检查领导，先不要求发言正确，最后得出正确结论。

第一，党在过渡时期的总路线总任务——目前（这个相当时期是十——十五年或更长，将来再说）。我们的总任务是在二中全会规定了的，财经其他部门离开了总路线，另搞一套，认为中宣部只管思想，而思想都必须是结合业务的。限制与反限制是与资产阶级斗争的主要斗争形式。这种斗争反映到党内，是资产阶级思想。毛主义［席］把小资〖产阶〗级个人主义、自由主义等一律改为资产阶级思想。以薄一波为代表的许多错误，是资产阶级思想在党内的反映。要在党外战胜资产阶级，必须首先在党内战胜。

第二，过去我们一系列的胜利，没有不是在总路线照耀下进行的。但不是说，我们在某些工作上没有离开总路线，没有犯错误。近年我们在财政、商业税收上的右倾【左】错〖误〗。

第三，国内外情况及我们工作中的问题。朝鲜停战是中朝人民的胜利，是以苏为首的民主社会主义的胜利，是世界和平人民的胜利，是我们进行建设的有利条件。但美帝国主义是顽固的，我们要警惕。我们国内四年内建设有成绩，但我们的经济与文化遗产是落后的。五种经济同时存在。

有人怀疑我们目前是否即苏联的新经济政策，因为我们历来没有军事共产主义时期。从根据地起提出了经济政策，所以不必提新经济政策。今天建设有五个问题。

1．发展生产，保证需要是社会主义经济法则。这点毛主席肯定是和苏联完全一样的。在社会主义经济法则指导下，利用资本主义发［法］则来为经济建设起作用。今天要把市场搞好就是要生产有力量。

2．重点建设稳步发展，在第一个五年计划中边抗边建的基本方针未变。一切计划必须建筑在有后备力量的基础上。

3．集中统一发扬各地群众的积极性，集中统一是最基本的原则。今后的趋势必须加强，但原则必须建筑在民主主义基础，各地有因地制宜的灵活性。

4．党的统一领导的原则在任何时候都是必须坚持的，不许破坏的。修改新税制对大富人资本家有利，完全站在资产阶级立场上做事，是右倾机会主义。

5．老老实实学习。今天一切都是新的。有些党员以为自己一切都懂，这就发生了困难。要承认错误，薄的态度常常与此相反。

第四，财经工作的错误。

首先修正税收的错误是公重于私，工重于商，有利于资本主义经济，不利于社会主义半社会主义经济。这是违反三中全会这方面的规定的。

其次是农业税中的错误。负担税重，一般平均 15%，有的至 20% 或 25%。

商业中的错误。

财政工作的错误。脱离党的单纯财政工作观点，这是财政高于一切，是资产阶级思想在党内的反映。当然财政应有核算。

政治工作薄弱，政治工作是应该为谁服务，联合谁，同谁作斗争，如何斗争等。

幸亏这些错误还没有构成路线的错误，但发展下去是严重危险的。薄的错误的思想根源是不从马列主义出发。其个人与党的关系没有放在适当的地位。薄的资产阶级思想，小资产阶级不彻底缴械，必然受资的影响。改正的基本方法是改正与党的关系，在党的领导下工作。社会根源就是自己的阶级出身与现在的阶级影响的问题。

第五，今后的工作方针。

1. 财政工作的任务是全新的，从生产交流。保证需要改善人民生活。

2. 税收工作。

3. 商业。

4. 粮食管理。

5. 银行。

6. 财政贸易部门的党的工作，离开了党的领导，不能接受资产阶级业务观点。

毛主席指示：

对薄的批评是对党内一切有同样思想的同志的批评，薄只是一个代表。

对薄的发言大家是公道的，不要看斤与两，要看大的对不对。

错误有一般性的，也有特殊的。

像新税制错误是特殊的，发展下去是反马克思主义的。犯错误的党内有三种：1. 坚持马克思主义思想的。2. 中间状态的。3. 完全没有马克思主义思想，全是资产阶级思想，这是少数人。我们与资产阶级合作历史上有三个时期：1. 大革命。2. 抗战时。3. 现在。我们与资产阶级合作就受其影响。因此这种思想就不是小资产阶级而是资产阶级的。

今天中国的经济是国营经济领导的社会主义经济占优势（按：如此可以肯定新民主主义经济是属社会主义体系的，不是属资本主义体系的。过去杨献珍文非是）。

我们今天的统一战线有两种，一种是劳动人民内的，这是基础。一种是与剥削阶级的。受剥削合作制的矛盾，要到社会主义。与资产阶级的矛盾是对抗性的。后者为非对抗性。薄所受糖衣炮弹不是人民币，而是鼓掌拥护君子协定式的炮弹。

对于干部的错误有两种，一种是对混入党部的反革命分子，是坚决斗争清除，对犯错误的革命分子是教育改造。

要开展反资产阶级思想，反主观主义。

过去反主观是斗争，表现为反教条、经验，现在反主观主义是建设，其表现形式是盲目冒进。

为了革命胜利，必须彻底批判资产阶级思想与主观主义错误。

二中全会的决议就是中国的新经济政治保证过渡时期的总任务的实现。主要是反分散主义和集中领导。过去中央对此作过许多指示。如：1. 统一根据地领导的决定。2. 不准负责党员随便发表文章的决定。3. 增强党性的决定。4. 1948 年 1 月 4 日中关于建立补告制度的指示。5. 今年 9 月有关各中央局、军委请示报告的指示。6. 今年建立党委集体领导制度的决定。7. 联共中央关于贝利亚的两个社论。贝利亚事件最根本的教训是两条：1. 集体领导。2. 一切党员和工作都放在党的领导下。

马克思主义的政党要坚韧，在任何困难前都要有出路，去克服。但必须谦虚，个人的智慧是极有限的。凡不经过集体研究的决定都会是错误的。

我们是大国大党，万万不要看不起小国小党。今天我们不强大，强大了还要谦虚。

今后还是：

1. 不做寿。2. 不送礼。这很庸俗，资产阶级最会搞。3. 少敬酒。4. 少鼓掌。5. 不以人名做地方名字。6. 不把中国人名与马列平列。凡有毛泽东思想五字他都勾去。和马克思列宁是先生和学生的关系。以上规定全党应作为纪律遵守。

9月5日

党组扩大会传达中央紧急指示

现在财政有很大的赤字。造成的原因是：（一）财政收入中有很大的虚假数字。如 1952 年结余也算为收入等。（二）工业建算［设］的盲目冒进。（三）农业灾荒。（四）工业未完成生产数字。1953 年全年预算为 233 万亿，核算结果收入只有 195 万亿，赤字达 21 亿。

因此全党在财经上的中心任务是增加生产，减缩开支，平衡收支。

12 月 3 日

党组会议

张稼夫同志传达中央讨论科学院党组报告的结论

1953 年做的几件大事：（一）访苏。（二）给中央写报告，摸清底细。（三）安排了各所工作，所长会议订计划。

中央政治局对科学院工作讨论着重讨论了对科学家的团结问题。

邓小平提出："团结与提高科学家"提法是否有问题，我们主要要求科学家进行研究培养干部。对科学家只有敌我之分，不应在思想意识上要求，是敌人我们也可利用，苏联曾利用德国科学家工作。

刘少奇：对科学主要是工作上的要求，应给予充分的工作条件和生活条件，使之在生活上不感困难，能安〖心〗研究，这就是我党的政策。这个政策必须肯定下来，责成把全国科学家排队，可以都提高一下。

彭真：军委讨论过，对科学的要求没有反革命行动，要求科学家在工作中马上拿出结果不对。

李富春：生产力研究委员会是否提得过早。

习仲勋：报告中所提工作委员会任务不明确，最后定为计委领导。

中央另有书面指示。

目前科学院贯彻中央方针，主要是：（一）原则领导。（二）政治思想领导问题。

一九五四年

1月20日　晚

刘少奇同志在怀仁堂报告纪念列宁逝世卅周年，其中讲道：1．中国革命取得了第一阶段的彻底胜利。2．从中华人民共和国成立起中国已进入社会主义革命——即进入社会主义改造的时期。

世界历史、人类历史的主流，已不是别的，而是苏联为首的民主与社会主义阵营的力量。

跃进计划定以后，要①

一、领导小组分工抓。

二、工作方法改变。

三、政治思想工作跟上。

成绩　附表

整风变化

方针任务

存在的问题

解决的□□

① 这一页未标明具体日期。——编者注

党校工作问题会议[①]

一、全党学理论，各个批评小组，研究小组。这是新气象。

二、党校工作方针，建立队伍，发展马列主义。中心问题是群众路线问题。这次会议以整风的方式鸣放，标新立异（接着点名摊开）。

三、理论工作要考虑几个问题。

1. 什么叫党校——方针问题。十六个字和改造思想和增强党性问题。干部学校也是学校。红专学校是党校性的学校。

党校要到群众中去，帮助大学的政治教育。依谁办党校：一、依靠学员，自己学，自己教。教员是秘书，学员做教员，不是依靠教员。

一、情况。[②]

二、任务：

（一）批判资〖产阶〗级思想。

（二）研究实际生活中的问题——如何抓，经济中的两种争论，一根本的——新的。哲学所是否要存在。

（三）文化积累的作用。

1. 专业与非专业关系。

2. 干部来源。

3. 专业队伍形成。

三、重点项目、主要措施。

---

① 这一页未标明具体日期。——编者注

② 这一页未标明具体日期。——编者注

一九五五年

10 月 25 日

现代汉语规范问题学术会议开幕。郭老致开幕词。陈毅同志讲话。有人在文字改革会上说北京话不好，没有入声，不能推广。它只是满洲人的话等。这样的意见在学术会上是可以发表的，不要见怪。但这种意见不能作为我们决策的依据。

有许多先辈主张文字改革，要人读书明理，他们的事业对人是有益的。我们以继承他们的事业为光荣。他们的政治见解我们可以不去管他。中国人一向是有主张的，不是随人俯仰的。

我在军队工作中较久，一个作战计划没有决定前允许讨论，部队【和】允许下级对自己的作战计划提出反驳。一旦确定，全军上下排除万难去执行。有胜利的把握。汉字改革的方案要专家制定，最少要起参谋部的作用。

汉字在历史上是起了伟大作用的。越南、日本、朝鲜过去深受其福，现在深受其苦。我们不要把汉字一笔骂倒。问题是今天不适用，落后了。

汉字改革牵涉六万万人，是个很大的震动。关〖系〗每个人。有各种埋怨，有各种批评。以为汉字消灭了，不甘心。我们要同情他，但要讲清道理。中国汉语汉字的长处有为其他国家所不及（各国的长处也为我们所不及）。问题是现在落后了，不够用了，要创造新的生活，提高文化水平。改革仍要保持我们优良的东西。将来有几十万人研究汉学，并不是浪费，有人喜欢写王羲之的字，我们并不反对。

专家必须有自己的见解，坚持自己的见解，否则不成其为专家。但不能成为宗派，垄断事业。要展开争论，吸收不同的正确的意见。中国的学术界有宗派毛病。有是不奇怪的，没有才是奇怪的，有毛病可以改。中共中央内没有反对过毛泽东同志的不多，今天的民主党派没有反对过共产党的不多。

但今天的团结是巩固的，问题是经过斗争了解了真理。毛泽东同志不但思想正确，最重要的是能和各种意见不同的人合作。抗日战争时期派人欢迎陈独秀到延安去。这是他的重要特点之一。最后一分钟考虑别人的意见。以此态度讨论学术，学术就会发展。

培养青年是重要一环。只有培养新生力量，我们的事业才能发展。否则我们的万丈高楼建筑在沙滩上。有了新生力量，我们的事业才能永远继续发展下去。今天到处都有阻碍的势力。老一辈是要死的，阎王老爷不能打包票活一千年。我是十个元帅之一，但十个元帅什么问题也不能解决。一将功成万骨枯，其实何止万骨。打仗越多，胆越小。因不是冒死鬼。不靠广大群众不行。我在受勋时说：我们不要防［妨］害别人的进步。在《红楼梦》研究上李、蓝批评俞平伯，提高了一步。虽然不完全正确。要听一品当朝的人的意见，也要听打在阴山背后座［坐］冷板凳的人的意见。要找被压抑的坐冷板凳的人谈话。领导要看正面的人谈，要找反面意见的人谈。已经成名的人已成定局。一天天要退出历史舞台，正在成长的则有新希望。

用资本主义方法观察社会主义事实，只能得到日落西山的结论。

晚上郭老、张稼夫同志出面主持一个坐［座］谈会。到会二十八人，为京内外各大学、师范学院的教授、付［副］教授。文改会的研究员，付［副］研究员。会上发言的近十人，有王力、高名凯、杨晦、袁家骅、郑之东、马学良、周祖谟等人。一面倒地批评语言所的工作的缺点，很不全面。其中尤以高、杨、郑等人为最突出。高、郑两人本来喜欢发表奇谈怪论，与语言所关系很坏。杨则不应如此。但语言所的关门倾向，宗派主义，手工业的工作作风，资产阶级观点等缺点，也在这里充分地反映了出来。陈望道讲语言所必须：（一）从思想上改变。（二）从作风上改变。举出最近写信要他写发言提纲，提出标准语一事，是用行政代替学术讨论。此引起的刺激，工作中很好地注意。

最后郭老发言，先作自我检讨。然后指出：（一）不止语言所，也不止科学院，许多机关个人都有个人主义、宗派主义、关门主义等缺点。语言所不能例外。我自己就认为理论水平不够，马列主义掌握不够，不能遇事从很高的原则出发处理。办法只有改造思想，加强学习。这是关键性问题。（二）人少事多。现在所做的工作是前无古人的工作。客观的要求多。语言所的人自负甚大，别人对它期待过高。语言所工作的主要缺点是不肯依靠群众，不相信新生力量。依靠群众，相信新生力量是发展工作、开门的关键。（三）语言所产生许多缺点是由于科学院制度不健全，或没有合理的制度。现在已建学部制度，要建立学术委员制度。

最后希望大家很好地团结起来，团结起来就有了力量。我们要团结全中国的全世界的人民，战胜帝国主义。

10 月 26 日

连日腹痛。下午至医院检查，认为是胃炎。血压高 120，低 80，正常。上午处理《历史研究》旧稿。

晚参加语言汇报会。各组讨论热〖烈〗，争论不明确的问题。集中起来有：（一）对规范化到底怎样了解，是否强制，是否书面。语言的规范要求一样。（二）标准音问题。北京话是否轻声儿话［化］。哪些化哪些不化。广播电台的经验要按文章性质如政论、文艺等分别对待。（三）方言问题。方言怎样消灭或保存，地方戏是否要推广等。（四）对报告的意见，举例不当。第三部分要重写等。思想性不够等。对于推行普通话是一致的。

10 月 27 日

处理学部杂事。上午参加院务会，讨论第一个五年计划纲要。晚参加语言所学术委员会成立会。

10 月 28 日

上午开工作会，讨论所 1956 年计划和远景计划。

多卷的中国近代通史、中华人民共和国史、地方史、城市史、帝国主义侵略中国史、农民运动史、中外关系资料，中日、中美、中俄、中英、中越、中朝等，近代史教科书，中国工人运动、中国资产阶级的调查，土地〖史〗，革命资料整理，批判资产阶级唯心论，近代中国经济史、政治史、思想史，经济中铁道、矿山、手工业等发展史。历史理论，四次革命战争分别的历史。帝国主义宗教侵华史，各国人民友谊史如朝、越、日、印、南洋等。经学史、佛学史，文学、报学、艺术史，少数民族革命斗争史，史学史。

讨论的问题：民族形成、资本主义萌芽，近代、当代史分期。1959年中华人民共和国十周年、1961年中国共产党四十周年纪念。

人物传记：革命的，洪秀全、孙中山等。反对革命的，中间的。

批判资产阶级思想：理论、方法、考据学著作。人：戴季陶、章太炎、夏曾祐、陈恭禄、孟森、张荫麟、胡适、王宜昌、朱新繁（王、朱均托派）、梁漱溟、钱穆等。通史、专史、传记、批判。

编史料、编工具书，如近百年大事年表、近百年地名变化表、驻外使节表，民国的内阁表、官制表，近代史资料联合目录、近代史论文目〖录〗索引。

调查：义和团、辛亥革命、北洋军阀、五四运动、第一次国内革命战争等。近代史资料，如同盟会国民党、资产阶级发生和发展、革命根据地材料等。保存在外国的档案、外文资料等。

1. 干部培养，付［副］研以上发展到三十人—四十人。

2. 订出培养研究生的要求制度，第一年做什么，第二年做什么等。

3. 实习员的工作制度。

4. 关于马克思主义理论问题。包括搜集、整理史料中其他国家的东西，翻译，主要苏联的资料。

5. 近代世界史组。

6. 除所内人力计划外，组织全国各方面的力量来做。

10月29日

张稼夫同志传达七届六中全会关于农业合作化的精神。会议的议程：（一）农村合作化。（二）召开八次代表大会。

农村合作社问题上有不同的意见，代表性的意见是邓子恢。他是农村部长，部内也有不同意见。邓的意见是保守，认为发展太快、太滥，再发展会破坏工农联盟。实际上合作社能巩固，并增加生产的是百分之百。合作社比互助增产，互助组比个体农民增产。大量存在自发社和黑社。

毛主席对这个会的总结：

一、这个会开得很好，牵涉的面很广。解决了许多问题。首先是关于党的总路线是否正确的问题。在这个问题上展开了全党性的大辩论。牵涉到农业、工业、军事、文教、科学等各方面。只是没有提到外交。下次也要提到。很需要有这次大辩论。实际上农业合作的争论是把总路线割裂了，即工业可以大力发展，农业可以慢等。

二、我党和资本主义、资产阶级关系问题。我们和资产阶级是要在联盟的基础上改造它，改造掉。只有农业合作化完成后才能断绝资本主义的根子。过去土改和农民的联盟是不够了。得到了土地生活没有提高。必须有新的利益给农民。给它社会主义、合作化。经过几年之后，使旧日联盟发展为新的联盟。使穷的变富，富的更富。那时资产阶级更孤立。我们党有两个联盟，一曰农民，一曰资产阶级。由于有和资产阶级的联盟，就可以用资产阶级的生产品满足农民要求。党则掌握国富源。这两种联盟，同资产阶级是暂时的，同农民是永久的。今天经济落后的情况下两者都是必要的。合作社是第二次的革命。要通过合作化使资本主义剥削在我国绝迹。大约再有十二年可以实行社会主义。第三个五年计划，机耕土地面积达百分之四十六，产粮六千亿斤（比现在增长一倍多——全部）。这个和平建设的时间是否能取得，这个我们的外交和国防工作努力争取。国际国内斗争，只要不犯错误将继续胜利。今年进行三个斗争：（一）反唯〖心〗论。（二）镇压反革命。（三）统购统销。肃反要有一定的规格，不要弄假反革命，有假的就有漏的。

三、会议是有发展。原来没有想到的问题，现在已可以解决。过去分为新老区，现在看新区并不比老区发展得慢。有的合作社土地不分份，按劳力分。破除了很多迷行［信］。过去以为没干部、没有机器，不行；灾区不行等。要我们赶快下马。现均为事实粉碎。连木船也可以组织成合作社。强调全面规划。那一年做到什么，北方要提出绿化光山，要移民。农村中的青年妇女、党外工作，地区村、乡、县、省均要有规划。重点是乡和县。先作出榜样。毛主席自已曾调查了一千二百个村，其中挑了一百二十个村亲自去谈话。

四、合作社的速度问题。大体是要三个浪潮。□？地区要在三个冬天搞高潮。有的一两次即可。边远地区要四五次。到百分之七十、八十以后即可叫基本上完成了合作化。领导要经常要及时，要临机应变指导运动。要会开车也会停车。合作化的规格：（一）要增产。（二）要不死牲口。有三条要遵守：（一）志愿互利。（二）全面规划。（三）灵活指导。敢干敢停。合作化要做到人不叫，牛不叫，猪不叫。省地县委都要钻到合作化工作中去。明年还开这么一次会。讨论全面规划、经营管理、领导方法，要求质量。要充分用电话、电报巡视工作，各地要改善指导工作的刊物。要出文集。各地省市县委每十天出一次简报。省对中央半月一次，紧张时半月一次，以便及时指导。

五、党内思想问题。思想斗争必须思想交锋。这样可以教育同志，也可以帮助犯错误的人。思想斗争要允许别人革命，改正错误。邓子恢同志是犯的右倾错误，属于经验之性质。四大自由的提法是不对的（财权、贸易、借贷……）对党的决议长期不理。邓好行小惠，言不及义。分散主义要不得，口头上讲，集体领导实际上是独裁。

六、富裕中农不是富农，不要弄错。不要把它弄到资产阶级那边去。决不是不要富裕中农。他们将来是要入社的。

七、对地主富农加入合作社现在不考虑。要以县为单位按情况考虑。只能作社员。地富出身的知识分子现在就吸收作教员。

八、农村搞三定，又搞合作化，都重要，要两不误。还有征收新兵，要在时间上作好安排。

九、节约。勤俭办社。提高劳动生产力，降低成本，经济核算。

十、此次会议没有讲国营农场不对。

十一、继续反对大汉族主义，这是资产阶级观点。

十二、扫盲运动，要结合合作化进行。

十三、什么是“左”右倾。人们对于事物的观察不合乎客观的规律就要犯“左”右倾。过了就是“左”，不及就是右。事物都有成熟的时间性，过了是“左”，不及是右。

十四、今后不分期分批进行，就要犯“左”倾错误。必要的清规戒律，必要的停车，仍是对的。有人有点成绩就骄傲，骄傲就给他碰钉子，以后不骄傲了。

十五、煤油太贵，可以减价。

十六、要翻案，这次结论大概翻不了。

十七、给百分之五的机动权处理问题。

十八、国际大事如何。大概要五十年到七十年才能赶上美国。中间可能出现许多大小乱子。国际战争、国内战争、出贝利亚，要原子弹。最后共产主义一定要实现。

十九、决议基本上可通过。

廿、大家的讲稿可以带回去，将来出一本书。写文章要有逻辑，合乎语法，较好的修词［辞］。

廿一、不要作传达，决议章程一定要讨论。

廿二、请大家注意八大选举。

廿三、周总理可作一次政治报告。

廿四、各地代表回去前开一次小组会。

又周总理在国务院常务会上的传达。

国务院主要是贯彻中央各项决议。把各口的工作汇总。（一）首先是农业合作化。出两本书，发动讨论。合作社现有三千万户。今冬明春五千万户，占总户口百分之四十。明年开七中全会还是讨论合作社。明年每一部都要在会上作交代。（二）私营公［工］商业社会主义改造。现有五人小组五个，月内提出方案，陈云负责。应该对资本家说清楚，我们对地主是打倒了再改造，资本家是在联盟中改造。不同是给一张选票，给一个饭碗。不要教他们迷恋。尼赫鲁还懂得收买落后。陈云讲过去我们对资本家的态度很不科学，积极了说投机，不积极说有抗拒情绪。今天要大胆进行改造工作。公开讲比不公开好。要组织资本家中的积〖极〗分子。（三）关于厂矿的领导。要正确地实行一长制，学习苏联要分别普遍真理与具体经验两种。普遍真理无条件接〖受〗，具体经验批判接受。（四）准备八大，中心是第二个五年计划。明年一月要书面准备。（五）统购统销。收成少，工作跟不上。（六）第四季度的工作。工业生产质量有问题。罐头中有少套密封有老鼠。（七）第二个五年计划，文教工作的中心是科学研究。科学院高等学校都要搞。

10月31日

有关汉语研究题目共五十三项。参加工作的五十五人。其中有四十位是代表。非代表十五人。

（一）词汇词典工作六个人，三个题目。

（二）语法研究五个，五个题目。

（三）方言与语音三十九个人，三十三个题目。其中方言调查有卅四个点。

（四）作家和作品研究三个人，三个题目。

（五）汉语史两个人，三个题目。

（六）翻译一人，一题。

（七）其他汉语概论，课本与少数民族语言比较研究等四人，四题。

汉语规范会议闭幕。上午主席团会，下午同王力、丁声树至颐园向乔木汇报汉语会议情况。晚上八点，乔木在西苑大旅社【讲】〖对参加〗汉语会的人讲话。

乔木讲：

（一）汉语规范有着极大的重要性，与其他语言比较，更为迫切。现代汉语还不能说规范问题已解决。说这种语言的人数很多，但方言分歧极大。其他语言不能相比。这种现象不能说是对现代汉语发展有利的，是对我们民族有利的。而是相反。特别与其他外国语言相比，此问题感到特别尖锐。如果我们没有改造汉语的感情是不能想象的。我们的爱国的知识分子都很重视此问题。就书面语言说，表现形式不是令人完全〖满意〗【面】的。我们产生了伟大的优秀的著作。但现在出版物中有许多是在语言上违反逻辑、修辞学、语言规律的。这些人并不是半文盲，而是受过高等教育的知识分子。这说明我们的语言工作者对汉语规范化的任务没有担任、完成。汉语基本的科学工作做得很少。首先是没有词典。这是不能无动于衷心安理得的。别人可以看不出来，我们的科学家不能等闲置之。无论书面语言口头语言都存在很大的分歧。使文字改革受到很大的阻碍。因此不能把语言规范化的工作早做晚做都可以，多做少做都可以。对做工作的人轻易批评也可以。不是的。现代汉语工作不是这样一种性质。凡是对我们的民族对我们的社会主义的建设感到有责任的科学家，都应该认识它的迫切性。这个问题是非要集中力量迅速解决不可的。我们要迅速扩大汉语规范化的范围。首先要在出版界大大消灭出版界混乱的情况。

究竟什么规范？语言的规范化是什么意思？我们的工作能做到什么程度？有人对规范化表示忧虑。以为规范就是要按照一种样式强迫大家接受。即在汉民族语话中出现一种警察式的强制。如走路不对有交通警察干涉一样。当然不是这样。这种误解应彻底消除。有这种误会，在科学上，在实际生活中会引起很大的混乱。我们也没有人幻想要这样做。语言是不能这样的。现在还不能有一种机器控制大脑。语言的发展是不能用暴力去统治的。因此不必为此担心。有这种担心会防［妨］害我们进行工作。

另一种意见认为规范就是法则，法则是不能由人创造的。因此对语言的规范不能去过多地干涉，以图创造法则。可能有人对斯大林的话没有完全看清楚。斯大林说的一种是不以人们意志为转移的客观规律，一种是政府法令，是人们意志规定的。两种混同是错误的。规范表示承认一种法则，依据一种法则。〖区〗分为是要加入人的努力。规范不等于法则。把两者等同起来就把规范化的作用大大降低了。语言有自己的法则。是不能为科学家所创造的。但语言中有许多现象，比如语音本身的规律是客观存在的。但我们要推广某种语音，就是接近政府法令的事。这不但是可能的，而且许多国家的历史事实便是如此。这是人的意志规定的。至于推广哪一种标准语，这就要在［用］行政方法，是以人的意志为转移的。我们不能〖将〗客观规律说成是人的意志，也不能把人的意志说成是客观的法则。弄错了就会降低人的活动的作用。用政府法令规定采取教育的手段，是人的意志活动，是规范化的范围。例如标点符号在语言中是没有的，但它的使用要受到法则的支配。但究竟用什么符号标点，是否要全国统一标点，便是规范化的问题。不存在什么不以人的意志为转移的因素。用哪种符号出版局可以用行政命令。又如现代汉语没有词典，我们要求有词典。这件事并没有什么客观的法则支配。有和没有是原则的差别。没有是说汉语的基本单位是不能总结，不能列举，不可查考，不可知的。任何人记不住所有的词。要在这里起作用的是人们的意志，是科学家的责任心。词典能否编出没有什么上帝防［妨］害我们。又如任何出版物都要经过文字加工，也不是不以人们的意志为转移的。有些加工是必须的，不能否认的。加工后语言混乱的现象消灭了。这完全是以人的意志为转移的。如果我们这样想，就是把我们迫切的工作放在完全不可知的地方去了。

因此，以上两种误解都是不对的。我们做规范化的工作决不犯唯心论的错误。一个人怎样游泳是受客观物理学法则支配的，但是教人游泳，改进游泳的方法，使会游泳的人一天天增多，就完全是人们主观上面的。规范化就是在这方面做工作。领域是非常宽广的。我们不限于空洞的辩论意见，集中大量的人力来进行工作就能达到汉语规范化的工作。如果认为不能达到目的，就是认为汉语是没有规范的，是浪费，是空谈，因为就是没有规律的。或者说汉语是有规律的，但是无法知道。我们对这两者都是不存［承］认的。我们认为我们的工作是完全有前途的，迫切需要的，能达到目的。这样才认为有意义，有信心。

（二）语音的规范。即承认规范法则是两件不同的事。我们认为语音法则是客观存在的。人为的推广某种完全可〖以〗的。语音的规律是要知道在何种条件某种方言能发展，在某种条件，一种方言能成为全民族的语言。方言和普通话一定条件下不是分歧越来越大，而是越来越接受。如果方言中普通话的词汇日益增多，这不是表示方言发展了，而是在衰亡，是在向普通话集中。今天整个民族政治经济的条件正是有利于普通话的推广。各方言区的人要求有共同的交际工具，这是历史发展的必然结果。他们必然逐渐承认有一个地区的方言是作为标准。我们不能举出任何一种语言曾在历史上被一部分承认为一种全民族的标准音。这是一个很简单的事实，其中并无深文大义。北京话为国民党和共产党都服务过，而且也服务得一样好。这就是说它为全民族所接受了。中国历史上从来没有一个政权像今天这样强有力地统一了中国。推广北京音正是我们历史的责任。因此语言家对拿北京音作标准要抛弃怀疑的态度。批评的态度，是会妨害推广北京〖音〗的。当然我们可从教育学、语言学、美学等方面去批评，但今天我们的任务不在此。因为任何语言都有类似的缺点。这种批评不能产生什么结果。

现在的问题是，对北京语要原封不动地推广，还是有所选择。我们的原则是推广普通〖话〗时用北京标准音，并不是把北京音的每个词推广到各地。如果北京方言的某个词与普〖通〗话没有联系，就不在推广之列。如儿化、轻音不容易很简单地答覆。北京语音的一些特殊读音并不一定就是民族共同语的部分。很广大的区域中有共同的语言现象如儿化、轻〖音〗等，那就有保留的必要。如果是个别的现象，就不能成为我们推广普通话的跳不过去的鸿沟。不能为一些枝节问题妨害了主要的任务。其他问题只能服从这个主要任务。

推广普通话是否会消灭方言，只要个人有兴趣，他可以保留方言，不会受到法律干涉。只是在交际中有的麻烦。不久全国小学教北京〖话〗，很多方言会减少。这是必然的趋势。这种趋势对我们并无财产或任何损失，而是对民族有莫大的利益。最多只是感情的损失，不像资本家丧失财产所有权。如果语言学家在这个问题上不是向前看，而是向后看，我们不能向他表示敬意。不知他会把我们的语言带到什么方向。我们主张北京语言，并不是得到什么财产的利益，仅仅是因为对我们民族有利。语言学家要做积极的工作，是开路先锋。当然阻碍是很多的。这是反映了我们的国家在经济上文化上不是很发展，方言在心理上实际上有作用。我们的政治、文化生活不断地在加强。有些人，特别后一辈一定是先说两种话，并且逐渐是普通话增多。如果不推行普通话，任何文字改革都会有不可克服的困难。今天全国学龄儿童中有五千多万入学，全部是一万万人，将来他们学拼音文字，联［连］带学北京话。几十年之后，他们都说一种话，写一种字，这是多大的力量。如果不这样做，几十年后还和今天一样。因此我们要满腔热情，打破种种偏见。乡音未改鬓毛催［衰］，讲乡音是有感情的。但是为全民族的伟大利益，要牺牲点，是完全值得的。要英勇牺牲，不要过去谦光。许多怀疑阻碍，是反映了中国的过去，并不反映未来。

（三）整个规范并不止是语言，并不止方音。方言在今后的语言中只有在一定的条件才能发生积极作用。它与少数民〖族〗语言不同。少数民族代表一个民族，当然要求发展。方言则不代表一个民族，一个民族要求一个语言。以前少数民族受统治阶级的压迫。方言则并不受任何压迫。从来没有过说北京话的人统治非北京话的人的事。要是这样推论，哪个方言区也不干净。

北京方音其所以为大家承认，不完全因为近百年来是首都。还有文学上的原因。近几百年来许多白话文是用北京音写的。其他方言的文字没有发生如此功能。北京音在历史上完成了重要的历史任物［务］，我们的出版物到处流行。我们的民族共同语已经存在了。我们强调方言的作用〖有〗什么必要呢？我们今天不是要发展任何形式的封建割据。我们的国家政治经济文化上的统一愈高，对工人阶级，对全国人民，对社会主义愈有利。今天对方言的价值作过高的估计是不实［适］宜的，是离开了我们今天的时代历史背景。

北［方］言当然不会马上消灭，但它是要必然要消灭的。任何事物都有发展消灭过程。民族共同语也是如此。不过今天没有现实的条件可以考虑。方言是在向下去的过程，不是向上的过程。当然今天它还有很大的作用。我们对方言和对京话一样，无须乎歧视。今天还是在〖为〗广大农村居民服务。服务没有什么不好。

地方戏同方言只有不大的关系。今天地方戏的发展，同历史上地方戏的发展已不一样。方言在地方戏中已没有那样高的地位。在社会主义的时代，方言也是为社会主义服务的。今天有一种现象是在扩大方言的影响。这不是戏剧、广播，而是许多作家使用大量的方言来写作。语言学家应该向这些作家提出抗议。尽管他们有种种理由，但不能说是对民族文化的发展所应采取的态度，而是起了障碍作用。但语〖言〗学家中无有反映。高尔基曾经认为在文学作品中滥用方言是对苏联文学的破坏，我们有些作家分别用东北、山西、河北等地的方言写作品，结果是没有现代全国的文学，只有各省的文学。扩大方言的影响是和全民族的历史发展方向背道而驰的。当然滥用方言不是今天最大的问题，而是较〖大〗的〖问题〗。大问题是要把词汇作基本的整理，语法也是这样。在这上面我们有非常多的工作要做。要做到出口成章。现在我们差得很远。因此规范化要求汉语发展到写东西、说话，都是合乎汉语规则的。对此我们可以遇到种种会怀〖疑〗的议论。好像汉民族是先天的语言不发展。虽然历史很长，就是不能合乎规范。我想我们的民族不是这种没有出息的民族。抱着这种思想，就不合乎中华人民共和国公民的精神面貌。

我们不能容忍这种落后的表现，要去掉这种标记。因此我们要做科学研究工作。

我们开始接受任何学习、训练，起初是不得不然，最后是习惯成自然。如果肌肉都可以训练好，语言当然更可以训练好。占世界人口五分之一的汉民族不能掌握说话的机巧，没有这种理由。过去的原因是由于语言科学家对此采取了错误的态度，认为是不可能的。问题就在于此。所以我们今天要求语言科学家起来紧张工作，急起直追。我们的语言是完全可以规〖范〗化的。

作家写作有充分自由，只是没有犯错误的自由。科学可以干涉他，出版机关也可以干涉他。大家负责，才能使我们的语言使用都不犯错误。条件是大家都受教育，这一天是不远的。

我刚才是多说了一些缺点，但不是对大家的工作有任何怀疑。经过这次会议有了一个开端。大家有了进行大规模的工作的决心。语言和我们国家的其他工作一样，有困难，但一定能克服，完全［成］一个伟大的任务。

11 月 4 日

上午开学部常委会，讨论：（一）学部委员的工作计划。（二）一九五六年哲学社会科学部计划和长远计划。（三）学术著作评奖。郭院长主持，我作报告。决议有以下四事：（一）学部委员工作计划肯定下来，所要求的条件尽可能给以满足。（二）计划发学部委员和各所讨论。（三）学术著作评奖由各所、各学科小组、各小［学］部委员推荐，分别通知请院通知各有关单位。（四）培养实习员，建议科学院统一检查，开一次专门会讨论。

11 月 5 日

上午参加学部联席会。至外交部找乔冠华谈陈翰笙所主持的东南亚组移至科学院问题。

下会同德国蒙古史家拉奇乃夫斯基会谈。

晚上科学院开会庆祝十月革命。第一次见钱学森，奥沙宁、郭鲁德科夫、夏白龙等人均参加。

11 月 6 日

谢尔久琴科请客。晚上参加怀仁堂纪念会。

11 月 7 日

上午所内讨论肃反问题。

下午历史研究编辑开会，讨论开编委会、改月刊。编辑部向编委会写报告，分三部分：（1）情况：今年的进步：（一）展开了批评。（二）发表了青年的文章。（三）讨论了历史方面的重要问题。缺点：（一）稿件无组织，理论性战斗性不够。（二）稿件未经编委会讨论。（三）没有反映出刊物的全国性，群众性不广。（2）今后办法。改月刊：（一）组织稿件的原则：（甲）着重组织理论稿子。（乙）组织争论问题的稿子。（丙）组织五年计划中重点问题，如中国近代、现代史，思想史等。（3）编辑部的工作重新布置，考虑编委会的制度。

11 月 8 日

上午在人事局开肃反会。

（一）情况：在群众会上进行斗争的共六人。重新排除后重点三人，后备两人，未斗争的一人。准备定案的两人。其他还有一些有历史问题的人未处理。

最近进行的工作，调查、整理材料，开支部会，整理思想，反对松懈。

存在的问题，主要是专案不专。

（二）今后的办法：专案组织，材料调查。几个准备定案的，工作如何办。

11 月　日①

民委会讨论少数民族语言会。

①以下一条写在日记另一页。从内容来看，应该不是一天的内容，估计日记作者忘了写上具体日期。——编者注

汪锋讲

一、会议领导问题。（1）成立怎样的核心，党的。（2）领导机构——主席团。事务工作。

二、请陈毅同志讲话。作民族政策的报告，其他请什么人讲话指导。民委、统战部。

三、总报告如何讨论。

四、会议的结果。

领导会议小组　尹秘书长

学术问题——1. 不作民族定义，什么部族氏族等。2. 字形问题，拉丁还是斯拉夫——因此不要讨论语系问题。

负责同志讲话的内容。强调从政治上为少数民族创造文字的重要性。

准备工作、成立党组，向上备案。

党内先搞通思想。最后作个发言。

11 月 25 日

潘梓年传达中央指示——关于私营工商业改造问题

毛主席的指示：（主要是反右倾，在农业、私营工商业、知识分子问题上右倾。）

一、党内思想问题。党内的思想已落后于实际的发展。农民还是那个农民。对党开会以前和开会以后已完全不同。会后积极性很高。资本家在两个星期以前和今天（廿四日）已不相同。对他们有无积极性，有无改造可能，都得到了肯定的答覆。主要是我们的认识不同了。民建会反映五反，五反后资本家五毒更多了。其实决不是如此。知识分子在我们脑子里的比实际上的落后。这些都是很重要的问题，要改变。纠正的方法是全面规划、接近群众。

二、关于资产阶级的会议。有人写信给中央，认为对资产阶级不能采取现在的办法，要没收其资本——这实际是托派的办法。资本家公私合营后，有一半进入了社会主义，那一半现在也有二分之一进入了社会主义，其余四分之一必然带进来。积极因素多，一天天在前进不是后退。当然他们有落后的东西，主要是思想作风。这一点要长期改造才能收效。我们现在有许多人不敢接近资本家，不敢吸他的烟茶。其实我们的学习也不如他们认真。我们要多和他们接触，对他们了解以后，对他们进行帮助。以后要有专人负责管帮他们学习。

三、知识分子。

四、农业合作社问题。在杭州（九省）天津（省）座谈，结果：

1．要使农业合作到社会主义，原来说要经过浪潮，现在看来有今年一个大浪潮，有些地区已差不多。因此提出林业、畜牧是否也要开始合作化。

2．地主、富农是否可以入合作社？在合作社强大的条件下可以考虑加入，条件是要地富老实劳动，中间的可以加入合作，成为准社员，反动的加入社以后加以管制。

3．合作社的领导问题。要组织管理委员会。贫农、下中农占三分之二，上中农三分之一。

4．增产，要采取基本措施，加紧行进经验的交流。每个省找出些典型到处编书散发。自然条件坏的地区尤应注意这样做。基本措施：（1）开荒。（2）扩大耕地面积。（3）修水利。（4）改良耕作法。介绍先进经验。

5．全面规划。

6．关于牲口。（1）牲口入社，要政府规定市场价格。（2）根据市场价格的一年平均价格入社，并略高于市价。（3）小牲口由合作社包下来。（4）每年开一次牲口饲养经验交流会。

7．兴修水利。应同流域湖泊一同规划。

8．七年之内要把六种虫灾基本消灭。蝗虫、蚜虫、蚰虫、红蜘蛛……

9．在十二年之内全国绿化。四旁：水旁、路旁、村旁、宅旁种树。中央要规定一个规格。如果规定两尺一棵，三尺就不算。

10．肥料问题。肥料压重工业部门要他们解决。一九五七年内主要靠地方。

11．增产。在十二年内，黄河以南、淮河以北，每亩500斤。淮河以南直至海南岛800斤。黄河以北每亩400斤（增一倍半，现在华北是160斤）。

12．卫生、消灭疾病。七年之内消灭吸血虫病（水鼓胀），这是全国受威胁最大的。

13．除四害，老鼠、蝇、麻雀、蚊。七年之内消灭。只要有信心，可以消灭。有两派，我是站在赞成派。

14. 消灭文盲，标准是能识1500到2000字。以七年为期。现已有一万万人识字。

15. 修路。县区都要有修路计划。并要有一定规格。西北、西南的铁路要提前修完，防备战争。

16. 建立有线广播网。每个合作社要有收音机。县区有指示可直连各社，七年之内完成。

17. 每个乡都要有电话。以七年为期。社会主义合作化到哪年完成。估计1960年完成。应比我们原来料想的快一些。我们必须在帝国主义还没有来得及打仗以前把社会主义建设好。问题是我们的思想落后于实际，要加以改变。

周总理发言：

中央准备在明年一二月开一个关于知识分子的会议。要各省准备材料。共有以下几点：

1. 为什么提出这个问题。是这次工商业会议引起的。农业、工商业都有办法，知识分子也应有办法。农业、私营工商业都在加速前进，这是工业带起来的。反过来又要加速工业速度。因这对知识分子的需要更多。知识分子的改造要很好解决。

2. 知识分子要排队。（1）从业务上排，高级、中级等。（2）从政治上排，首先分革命、反革命。革命中分进步、中间、落后和思想上反动。我们首先要解决高级知识分子问题。高级包括大学讲师以上。现全国知识分子不出一千万，高级的不出十万人。高等学校中一万八千，科学家一千七百，西医一万二，中医四千。工程师两万五千，文艺界五千。机关中的专家三千，地方中的专家一万。失业的五千。共八万六千，不足十万。总的说是进步的百分之四十上下，中间的百分之四十上下，落后的百分之二十上下，反革命的百分之五。

3. 知识分子中的问题。民盟反映有六个问题。（1）对他们估计不足问题。政治业务估计不足。（2）信任不够问题。（3）使用没有发挥他们的力量。（4）安排不妥。（5）待遇不公。（6）帮助不够。

我们对知识分子的估计应该是肯定的。如果我们工作做得好，进步的还会加多，落后的会减少。他们的作用是很明显的。社会主义没有知识就无从谈起。我们对苏联专家要学习，对中国的专家也要学习。我们要肯定中国知识分子几年来爱国主义是增长的。但他的思想，特别是学术思想上保持许多唯心主义的东西。这是要长期解决。信任不信任的问题，很难讲。肃反追查，也不能表示是不信任。另一方面我们要能放手用他，使之发挥作用。“用而不疑”。但不能没有警惕性。应有在知识分子中发展党的计划。使用的问题，如学非所用，分配工作不当是有的。安排包括政治上的安排，和业务上的安排。主要是一部分人社会活动过多。出国派来派去就是那几个人。待遇不公，对有些人是太低，主要是解放前降得很低。现在虽然一般还好，但比抗战前低得多，应提高。帮助问题，特别是对老年的要多排解。

4. 改造问题。几年来改造很有成绩，以后还要很好地加强工作。

5. 对知识分子还〖有〗许多问题，要有全面规划。

1955 年①

一、支持三年方案尽可能提前。

二、请民委在今后来组织会议，讨论如何组织力量，实现三年方案。包括：（一）科学院是研究机构，要组织它负不起责任。同时它的任务也不在组织，而在于研究。（二）批判语言所的包办思想。

三、研究改进工作方法。

12 月 20 日

党组扩大会，讨论反对工作中的右倾问题。

潘梓年同志讲：中央关于知识分子指示草案：我们的思想落后于群众实际，主要是对知识分〖子〗政治思想上的变化、业务的提高估计不足。他们的变化是很大的。我们的做法和态度落后于他们的发展。因此发生信任、安

---

① 以下日记写在另一页，内容与上面不同。估计作者忘了写上具体日期。——编者注

排使用问题。条件方面，过多地占用他们的时间，不能让他们集中力量做本门业务。图书器材设备等，不能及时解决。待遇偏低。有些人工作生活都发生困难。我们对知识分子的重要性、对其历史作用认识不够。不敢接近，关系不密切。

张稼夫同志传达中央关于文教工作指示：

1. 两年把全国科学力量组织起来。包括科学院、大学、实业部门等四个方面。七年建立全国十个中心，十二年达到世界水平。

2. 十二年出付［副］博士一万二千人，博士四千人。主席指示，科学工作重要，科学家中有怕困难，怕赶不上的思想，要克服科学家中的保守思想。成立法律研究所。资本主义国家是德国超过英国，美国超过德国，我们是社会主义可以超过去。

去年扫除文盲，主席表示满意。

文字改革，实行拉丁化方案已定。有人批评不要汉字是卖国。我们卖了机器、拖拉机等，再卖一次。

根据形势发展，初中高中扩大。

中医现在四十七万，要再培养五十万人。先是要西医学中医，然后再强调中医学西医，然后使之统一。

七年内基本在知识分子中以唯物主义宣传。

两三年内基本完成文教队伍的整顿工作。

三个五年计划的文教经费共七百九十九亿。财政部提出第二个五年计划略大。

1962 年中国原子能发展为世界第三位。

12 月 21 日

哲学社会科学部常委会

讨论历史科学缺门时，向达提：（一）史料学是缺门。分门别类说，古文文字、古文书学又是历史词典没有，又如百科全书没有。

长远规划要有各种指标。

若干年培养多少博士、副博〖士〗。

若干年出版多少种词典、百科全书、教科书，翻译多少名著，包括古译今。

缺门建立起来，各行有专家。

要能解决国家生活中提出的实际问题。

关于国际水平问题，我们要提世界科学的先进水平。其标准是自然科学与社会科学不同，自然科学首先是要独立，社会科学本来是独立的，问题是要达到某些指标。

一九五六年

1月1日

整日写《关于曾彦修同志对美国侵华史的评论》一文。在今天以前用了三个星期中十四天的时间写了50页。明天初稿可定。上午十点参加科学院团拜会。

1月2日

全日写前文，并从头改定，抄出两千字。

1月3日

抄前稿十二页。忙于有关远景计划的许多零碎事。

1月4日

抄前稿十六页。规划杂事多。

1月5日

抄前稿十三页。下午在郭老家开会，讨论编写中国通史事。昨晚牙痛未睡。今天稍好点，体温仍37.2。

1月6日

全日抄前文最后。一部分未定，曾文原稿又有变动，费事。

1月7日

上午抄完前稿。前后共二十一天，约29000余字。平均每天1400字，是写得较快的。

下午开艺术史规划会，至民委开会。

1月8日

上午把前稿整理完，送范老处。

下午清理两个多星期来积压在案头的公事。除了急办的已随事随办过，经理结果有公文34件，五六千字至三万字的要看的稿子九篇。在同一个时间内还组织力量突击了民族学、亚洲史、艺术史、科学史、宗教等方面的远景规划资料工作。

1月9日

上午准备写党内要的自传。下午开学部办公室会，布置学部大会的准备工作。三点半《真理报》记者杜慕嘉来谈至六点始完。除了几个历史所的情况，问了许多有关个人的历史、现在的工作等情况。晚开党支委会。并最后改完驳曾文发出。范[①]对此文全部同意。

1月10〖日〗

全天有6小时写党内用的自传，未完。其他时间处理学部公文，打电话。

1月11日　星期三

上午知识分子小组会。下午组织计划规划工作。

1月12日

整天是搞长远规划活动。上午在所内布置，下午找竺可桢、欧阳予倩分别开科学史、艺术史会。

1月13日

上午所长会，规划问题。下午规划填缺门表杂。乘空看研究生试卷。

---

① 指范文澜。——编者注

〖王〗仲考取的可能性少。

1月14日

下午三时中央知识分子问题会议在怀仁堂开幕。刘少奇同志主持，毛主席和中央政治局其他同志均出席。周恩来同志作报告。没有寥［廖］鲁言作报告。六时休会。这是第一次同毛主席在一个会场里开会。会议预计要进行6天。上〖午〗处理规划和学部有关的杂事。晚上看驳曾文打字稿。

1月15日

上午看规划材料，下午三点到天安门观看北京市社会主义改造胜利庆祝大会。因交通阻塞，汽车晚到。到时毛主席已到达。会议开始。在天安门上遇见宋任穷、李达等人。

1月16日

上午找罗常培谈语言所分所后谁当所长的事。下午继续参加知识分子问题会议。毛主席、少奇同志均出席。一直到七点半散会。

1月17日

上午请假，发出驳曾文。共发出十份。陆、陈[①]、乔木、周扬、胡绳、光远、黎澍、田家英、包之静、尹达。开始整理郭老在知识分子会上用的缺门文章。下午赶写郭在知识分子会上的社会科学缺门报告。会议请假。

---

① 陆，指陆定一。陈，指陈伯达。——编者注

1月18日

上午写完前项报告稿。主要是编辑工作。共得一万字。下午参加知识分子会。毛主席、刘、周、陈等人均出席。董必武主席。第一个发言的是湖南省委书记周小舟。内容充实。

1月19日

上午知识分子小组会，讨论周恩来同志报告。发言：

（一）思想认识，打破宗派主义。

（二）中央的八项规定，这是科学院的全部规划，全院解决。

1. 政治问题。信任、入党。

2. 条件：资料、助手，特别是后者。

3. 时间：兼职，会议精简措施。

4. 普［晋］级、工资的改革。

（三）解决具体问题。现在指定人提出意见。

具体意见，把下一次学部会议〖开〗成为一次科学院改革的会议。

下午继续开大会。毛主席、政治局委〖员〗参加。邓小平主席。今天下午姚依林的报告，昨天罗瑞卿的报告，内容未□，政策性很强。

1月20日

上午讨论学衔学位问题。科学院一致同意改为研究教授。

下午继续开大会。三时整全体照相。这是第二次同毛主席一起照相。第一次是1994［49］年全国宣传工作会议上。

下午发言的有陆定一、陈伯达、李富春、彭真、陈云等。主席、周恩来。

陈云同志发言，讲私营公［工］商业改造问题。

北京全部私营商店共两万户以上。有一个店员以上的商店有一万户。工资制的办法不能刺激小商店主的积极性。经销代销也可以叫公私合营。如果对夫妻店不许公私合营是不合理的。我们不能先拒绝，然后去动员他。特别是小城市。以上意见共归纳为三点：（一）先接受公私合营，后查点资财改造。（二）代销店可叫私营。（三）又 1. 保持原有的产品规模，不能降低标准。2. 不要随便并店调整。3. 不要轻易改变人事制度。

农业纲要四十条，画龙点睛是四百、五百、八百，即质量提高了，文化收音机、体育等都有了。

南方增产要有三个条件：（一）人力，（二）水，（三）肥料。人力是有的，中心是水坝、水库、塘等。北方也是水的问题。有水的方法是费人力。人力我们是有的。因此增产是可能的。

毛主席讲话：这个会议开得很好。有很多讲话水平很高。证明大家水平是不低的。我只讲一点有关领导方法问题。有两种方法，一种是可以使农业科学〖进〗步慢一些，有一种是快一些。也可以这样，也可以那样。我们的会议是一个促进会议。促进有两种，有种是促进，一种是促退。蒋介石国民党政府是促退政府。我们过去农村工作部、卫生部是相当的促退事业。生产关系必须适合生产力。资产阶级有两重性。但是马克思主义看问题是事物有变化的。说资本家尽是唯利是图。他把工厂交出来了，利怎么图法呢？我们的领导就是要促进这种变化。我们准备决斗。但是对象没有了，和谁决斗呢？

我们要看到生产关系变化了以后的新的形势。去年今年明年，这两三年是中国社会发生最激烈的变化的几年。这必然反映到我们的观点中。我们促进，可是不要搞那些没有根据的行不通的事。促进是好的。现在已有些情况是值得我们注意。已经把农业纲要中有些指标去掉了。所有项目总要放在可靠的基础上。各省市要注意，不必一定要争取在今年都搞高级社，要等几个月，北方基本上在明年完成。不听，教百分之三十几的人不高兴。我是一种建议。不要阻止你们。阻止了你们是马克思主义。我一个人成右倾机会主义。

各部门的事业计划也是如此。有的同志已有盲目倾向。一定要实事求是。办不成的就要说办不成。

北京、全国已经进入社会主义，但尚未完成。不要说成已经完成了。我们要完成社会主义恐怕还要两三年。

农村可以让地富自己评。

我讲过不能完全按照过去报的那样去做了。被同志们改成完全不按照。要是大体上还要按照，现在被抛开了。表示脑子有点热。

关于汉字改革的问题这是由忧变喜。罗马字它是外国造的，用一些不见得大有卖国嫌疑。外国的好东西，我们要在十几年内通通地拿过来。我们历史上唐朝汉朝都是不怕学习外国。唐朝有七乐，其中有六乐是外国的。赞成吴的文改意见。但吴玉章同志有一条我不赞成。即关于新的社会观点问题。我们现在所讲的东西观点是马克思恩格斯列宁讲的，没有新的东西。我们有新东西，是形式方面，细节方面。如合作社的形式等，理论是列宁早就有的。有的我们就说有，没有的就说没有。我们说有一百个原子弹没有用处。

社会主义比封建主义、资本〖主义〗要进步。羊肉、板鸭、火腿要更好吃。不能是退化。我们要更善于分析。肃反工作大有发展余地。准备工作时间较长，比延安，比去年都进了一步。中国人从理论方面应该有所供［贡］献。我只说认为现在是新理论不妥。

和平问题。是否有十二年的和平时间给我们完〖成〗社会主义工业化。看来是有的。第一次到第二次世界大战隔二十二年。现在已过去十年。现在比第一、二次大战的时间还可能多一点的。主要是日本、德国发生了变化。美国是讲究赚钱的，没有人抬桥［轿］子他不走路。现在他的军队的摆法不像打仗的样的。当然有可能突然袭击。防止世界上出疯子。我们提前完全［成］各种工作，就更主动。

我们经济上、科学上没有独立，重要的食品不能自造。中型的可以，大的小的都不行，是大头小中间大。我们这个民族吹不起来。现在我们是革谁的命，是文化革命、科学革命，革无知的命，革愚蠢的命。我们要技术革〖命〗。说没有知识分子也行，是愚蠢的话。现在我们开始有一点主动，就是已经看见了这件事。中国要有大批的知识分子。我们先接近外国后赶过。中国应该成世界文化、科学第一的国家。因为地大、人多位置好。有上面那些条件，再加社会主义就有可能。美国一万万吨钢不算数。可能我们的科学反是世界第一。

毛主席讲话共三刻钟。坐在原来位置上随便讲，内容幽默生动，不断以手作势。

周恩来同志结论：

毛主席已经替我们作了结论，这里只是说明和答覆一些问题。

一、传达由各省市决定，应该传达。

二、把脑力劳动和体力劳动讲一下。

第一，劳动人民和知识分子联盟问题。

第二，数量和质量问题。新老团结，顽强地向老知识分子学习，努力钻研。年龄上老一些的越在这方面落后，更要学习。华侨知识分子很多，我们要吸收他们回来。

第三，理论和实践、长远和目前的问题。我们在生产斗争用力多是对的，在科学研究上少得可怜。现在我们要用极大的力量来加强中国科学院，并不是把产业部门的力量都抽到科学院来。但我们不能保守主义、本位主义。如果不集中一些人就没有办法加强科学院。各单位输送一点人到科学院提高了水准，对生产是有利的。

第四，教育和科学研究工作问题。科学与教学结合是很对的。要不断地提高重点学校的水平。

第五，提高和普及问题。

第六，发扬祖国文化遗产，总结现有经验。

第七，组织问题，成立国务院专家工作局，统一管理。各专业可以加强学会。

第八，文字改革问题，汉字简化，罗马拼音。

三、第一，各专案组讨论的文件，各种规划是一个粗糙的草案，由各部门再讨论修改。

第二，工作条件。原来是五个方面，现发展为十七个方面。

第三，工资，分两配［批］调整，第〖一〗批800。

第四，

第五，社会活动和兼职过多的问题。

第六，民主党派在高级知识分子进行工作。

第七，高级知识分子的理论教育问题。

第八，发展党员问题。政治问题主要看现在，历史问题主要看本人。

第九，教育工会问题。

四、时局问题。目前国际局势的进展是向着有利于和平和社会主义。因为现在的矛盾主要表现为和平与战争的斗争。前一方面是广大的爱好和平的人民和国家。后者是美国战争集团。这个斗争范围不只是帝国主义集团和社会主义阵营，而是帝国主义和广大爱好和平的国家和人民。战后十年来，特别是现在，矛盾主要表现在旧世界的内部。因为他们对新世界攻不动，内部就更矛盾。目前社会主义阵营内部的经济协作还不够。我们的协作越好，力量越加强，越延缓战争的爆〖发〗。

社会主义阵营内部越巩固，美帝国主义统治集团内部矛盾越爆发。这次杜勒斯的例子。参加朝鲜战争的李奇微也出来说话。

美国统治集团和广大人民的矛盾也在发展。特别苏联提出和美国人接触，苏联代表团访美后美国政府的黑幕揭穿了。对中国也是如此。

美国和同盟国之间的矛盾。美国的所谓实力政策，就是要搞垮老牌帝国主义取而代之。因之美、英、加也矛盾，加尤其如此。

美国同殖民地的矛盾。经万隆会议后更突出。反殖民主义。苏联领袖访印、缅、阿富汗，影响极大。巴基斯坦、锡兰总理也要来中国访问了。泰国舆论也在改变。西边阿拉伯系统国家与我来往增加，商务代表团已到埃及。

美国统治集团同战败国之间的矛盾也在增长，特别是西德、日本。日内瓦四国外长会没有解决德国问题。

美国在东方是极力要控制日本，但现在正在变。两年来上千人到中国来，现在已同中国订了十一个协定，贸易、医药、文化交流、侨民回国等，实际上是日本政府同意了才来的。改善同日本的关系，推迟战争从东方发生的可能性。

正是由于这些矛盾，美国越孤立，怕反殖民主义，要恐吓，要进行冷战。它不敢公开说要战争，要反日内瓦精神，走到了小胡同里。精神不死，冷战长存。联合国十六次大会，十六个会员国进去，证明了美国不能控制联合国。美国既不能发动战争，战争就可能延迟。美国一切都失败了，在中国问题上想搞两个中国。我们坚持台湾问题始终是中国内政问题。

一〖切〗都说明形势有利于和平。

但帝国主义只要存在战争就不可避免。但前途就不同。越延迟越对我们有利。

八点十分刘少奇同志宣布散会。大家起立鼓掌多时。散会后我至怀仁堂会场后面的大厅中看落在保定附近的美国从欧洲放出的航空气球所系的电台照相设备等。一两分钟后，毛主席、少奇同志、周总理都去观看。陈赓和另外两位将军讲解。约一刻钟。毛主席站在我的对面约两公尺远处。刘、周均站我的右侧。这是第二次离毛主席最近处观看的一次。第一次是去年印尼驻华使馆为印尼总理访华举行的招待会上。观看美国气球设备时，毛说美国把中国地面都照相照进去也无济于事，又开玩笑说，没有什么看头，是个纸老虎（因箱子是纸做的）。出怀仁堂时已近八时半，其他人多已散去。

1月21日

上午处理学部杂事。

下午看研究生试卷。

1月22日

整日看研究生试卷。

1月23日

上午讨论研究生试卷记分写评语。我是中国近代各阶级专业的导师。所内报考这个专业的有王仲。卷子虽是密封，从字迹上可以认出她的答卷。其他均可以，《论新民主义革命与旧民主义革命异同》论文做得不好。译文也有错误，“禹域”不懂。另一个试卷译文作文都较好。讨论结果主张两个都取。另三分［份］试卷中，两分［份］太差，一份较好。共取三名。

下午改写自传。晚党组扩大会。讨论传达知识分子会议。现在抓两件事：（一）全面规划的工作。（二）目前的研究工作。并对今年的计划作必要的修改。开学部会讨论：（一）长远规划。（二）年度计划。批准今年讨论明年的计划轮廓。（三）增补学部委员。（四）通过学术评奖。

提行政干部名单。行政付［副］所长、办公室主任、学术秘书。科学研究者，学部秘书。

大会的传达：各所分别传达。内容为中央指示草案。周恩来的报〖告〗，毛主席的指示，周的结论。农业纲要四十条，可以分作另一条，这是社会主义纲领。对象是党团员。尽可能结合本部门的工作实际。主要是要贯彻党对知识分子的政策，反对右倾保守思想。客观形势走在前面，主观认识落在后面。作检讨，检查思想，改进工作。要求大家立刻行动起来，向科学进军。通过党团员在科学机关掀起向科学进军的热潮。计划改变，精简会议，发展党员，远景规划，避免埋怨消极因素、情绪。第二，注意业务，但不能搞成只要业务不要政治。传达过程中要对党团员说清楚。

安排：

一、传达两次。

二、讨论提出建设性意见两次。

三、支部根据讨论订出改进工作计划两次。

要求目的：

一、依靠科学家做好科学院工作的思想是否明确。

二、各部门不同的要求检查。

三、修改不适当的会议、工作制度等。

（按：毛主席的意思说明什么是“左”右倾。）

1 月 24 日

整日写自传。下午潘梓年同志来谈开学部会的问题。晚上所内谈改变工作计划问题。我提出近代史分三期的意见。

1 月 25 日

上午写自传。至院座谈工作。郁文告诉我一件新闻，大惊。李崇桂事是因风起浪，现在是无中生有。真是值得注意。

下午写完自传，晚上传达知识分子会议。

1月26日

整天写自传。

1月27日

上午交出自传。下午打杂。

1月28日

上午学部联席会。讨论规划问题。

范长江传达李、陈[①]关于规划的指示。现在搞科学规划的积极性很高。现在的中心是确定项目。十三【产】个产业部门提出项目有一千八百零四个。重工业部提出六百五十四〖个〗。少数做得好，少数做得差，多数是中等。现在共有三条经验。1. 三方面——领导、中国专家、苏联专家结合。光有专家讨论不了解领导意图，往往浪费时间。2. 三个部门的配合。科学院、高等学校、产业部门。因为任何单方面都是资料不够，力量不够。3. 反覆。不能一次两次就搞成。简单化做不成。不怕推翻原来的方案。

目前主要的：1. 一个问题：世界水平不好掌握。因为资料有限，知识不足。2. 科学家思想问题。也就是方法问题，即规划从哪里作起。鍊金哲[②]的例子。3. □□，如方向、中心问题，题目等争论。4. 配合不太好。太遗漏或重复。5. 条件不好，地方、时间、资料、助手等。6. 有的单位领导重视不足，一般化。

以上是情况。

李富春付［副］总理指示，今后一定要认真搞，一定要搞好。需要一年

---

① 李，指李富春。陈，指陈伯达。——编者注

② 原文如此。——编者注

搞一年，需要半年就搞半年。搞好是有条件的。1. 苏联支持，有关的所直接同我们来往。2. 国内党中央重视，方针政策明确，社会主义的关键问题是培养自己的专家，发展科学。3. 一定要以苏联和国际成果作基础，不能拿落后情况作基础。改变了这一点，就不是先进规划。此中要注意：（一）规划的内容要求什么。（1）重要的空白的学科，不是一切空白学科，什么都补用不着。（2）综合的大题目，如黄河之类。（3）科学上的关键性问题。内容就是以上三项。（4）农业部门不久将来要解决的问题。但这应列入产业部门自己的计划。（二）人和机构、进度、分工和配合的问题。整个地说以科学院为中心。高教部的任务：（1）了解人员设备情况。（2）调教授参加。（3）派遣留学生。（三）怎样进一步规划：（1）分部门讨论。（2）高等学校、科学院调人集中分组分学科审查，总要有二三百人。二月十五号后大集中。已拨西郊宾馆两座楼。（3）分工。社会科学由宣传部负责做。国防工业的统一在科学院。军事本身的归军委。二月十五以前各部门完成自己的初步方案。二月十五以后集中审查。三月十五以前完成第二阶段，脱产需两个月。四月谈判，五月定案，六月行动。

陈毅同志补充指示：（一）科学院的长期建设应和这次长期规划结合进行，不是科学院的，是全国的规划。有了全国的，科学院的就迎刃而解了。（二）科学院规划要有重点，不是一切都要补起来。（三）宁肯在其他方面受损失，各部门要拿出人力进行此事。星期一上午开大会。

拉札连科顾问发表意见。

提名制定计划，要包括各科观点，正面和反面的意见。经过讨论、争论、结论解决办法。

社会科学：（一）分三方面进行。1. 科学院有研究所的归所。2. 科学院没有所，外面有单位负责的，法律、教育、国际问题。3. 两边都没有的，科学院学部负责。亚洲、民族、艺术史、科学史、宗教无神论。（二）结果，做了三套东西：1. 资料。2. 缺门。3. 规划。（三）问题。1. 讨论的次数少，准确合理性还很差。2. 因此，现实性差。3. 有重复：国际问题同亚洲问题，民族学问题均如此。4. 和其他各部有一点脱节。

下午看肃反有关的材料。王韬，打杂。

1月29日

昨天下午范文澜同志给我看田家英致他的一封信，其中大部分是讲他对我和曾彦修关于《美国侵华史》的争论文章。原文如下：

> 大年同志和彦修同志的文章，我最近草草地翻过一遍。彦修同志指出的《美国侵华史》一书的基本缺点（即把近代历史上帝国主义侵略中国的过程简单化了），我是同意的。这种意见，一九四八年在西柏坡村时我曾向大年同志提过。记得当时陆定一同志也向大年同志说过相似的意见。但是彦修同志的文章中有很大一个缺点，他只批评了刘著，而没有系统地提出自己的意见，给人的印象是，在许多事实上辩论美帝国主义是否是侵华的主谋者，但说不出对于美国侵华的历史过程的自己的看法。在这个问题上只破不立是不成的。我同意您的处理，即暂不公开发表他们的文章，而邀集一些人进行讨论。为了使讨论会能够开好，我建议准备的时间不妨长一些，并且可以约定一些人作些必要的研究。这样，经过讨论不仅可以把双方意见中的对的地方和错的地方弄个清楚，而且可以求得对于美国侵华历史过程的正确的看法。

田这封信是一月廿五日写的。范昨天对我讲，他已向曾彦修提出暂不发表的意见，曾亦表示同意。并要我将此意告知尹达。昨晚同林涧青（中宣部科〖学处〗付［副］处长）在潘梓年同志处谈工作，说起了曾的文章。林认为从政治上考虑，决不能发表，发表后杜勒斯马上就会引用，云云。认为我的文章有一句话说得太过火，即我“不赞成在学术批评和反对主观主义如此严肃的题目下为美帝国主义一贯侵略中国开脱罪责”。因为这样说，好像曾是在政治上站在反对面来为美国辩护。

此事如何处理，我自己以不参加意见为好。

下午为准备编写近代史，看苏联史，有启发。

1月30日

上午开所内工作会，讨论编写近代史的八点计划。我的分期意见更明确了，大意是：

一、中国封建制度的破坏，近代中国第一次农民革命战争。1840—1864。

二、中国半封建半殖民地制度的形成，资产阶级的改良运动和近代中国第二次农民革命运动。1864—1901。

三、中国资产阶级领导的革命及其失败、中国资本主义的发展。1901—1917。

下午看历史稿，打杂。

1月31日　上午

李富春、陈毅同志在怀仁堂作报告，讲科学规划。

李富春讲：

第一，规划的意见，提前完成过渡时期。

一、作科学规划的意义。

制定十二年科学全面规划的方针、要求。这个规划的出发点，是要按照可能，把世界科学最先进的成就尽可能赶上，把我国科学中最短缺而又急需的门类尽可能补足。在世界科学成就基础进行规划。在第三个五年计划末，使我国科学接近世界先进水平。现在两条路两种方法摆在我们面前，一条是自己摸索走曲折的路，一条是在别人已有的成果上进行工作，直的路。要容易的目的，必须选择后面的一条路。以上是我们的总方向。

要做到十二年赶上世界先进水平，有五个有利的条件。

（一）毛主席提出了向科学进军，赶上世界先进科学水平的号召。全国科学界、知识分子正在响应。这是一个推动力。在这种情形下，党对科学、技术事业会全面地支持，并为之创造条件。

（二）有苏联为首和其他兄弟国家的技术援助。有成千的苏联专家在中国，参加支援我们的工作。最近的中苏技术合作协定已规定中苏科学院、各研究机关直接发生联系。由苏联的科学机关给中国相同的机关以直接的帮助。

（三）我国社会主义建设一天天发展，新的工厂、学校不断在新建和扩建。新鲜事物一天天在我们面前出现。提出要求。

（四）我们现在已经有了一定数量的科学技术队伍。有专家、讲师以上大约十万人。最近六年大学校、专科学校毕业的约五十万人。在外国留学的一万一千余人，其中苏联兄弟国家四千余人，资本主义国家六七千人。这个队伍不算小。

（五）全国工人农民正以无比的热情参加社会主义建设。只要工人和知识分子的联盟巩固起来，中国就有了提高科学技术水平的群众基础。即科学不用会有学非所用的顾虑。工农知识分子联盟，可以起互相推动、互相提高的作用。

二、制定规划的原则。

（一）理论和实际相结合。

（二）长远的需要和当前的需要相结合。

（三）区别中心的、重点的学科和技术和一般的、普通的、辅助的学科和技术。我们首先要在几个重要的部门赶上国际水平。

（四）各单位和个人的研究计划都要服从于国家全盘远景计划。这些个人和单位的研究计划都应该适合于国家的需要，纳入年度的长远的计划轨道，为国家建设需要而奋斗。

第二个问题，制定远景计划的目标和要求项目应包括四个方面。

一、确定每个学科研究的方向，在国际先进科学成果上来考虑这个问题。这里有四类问题：（一）急需的、重要的空白学科或缺门，如电子学。（二）需要研究的综合性的大问题。如长江、黄河流域利用综合规划，柴达木盆地规划，地质勘探工作如何加快加多。（三）在国民经济建设方面和技术发展方面需研究的中心问题。这和前面两项很难分开。如国防上火箭的研究，工农业生产结合问题，氰肥、氮肥等的比例，水地的拖拉机等。（四）各个产业部门目前和将来必须解决的科学问题。前三类问题应包括到远景规划中去。第四类则不一定。

二、科学研究力量和科学研究机构的筹划。人力有两个方面。（一）现有人力要注意加强科学院，也要注意有关部门和高等学校发展的需要。有的送苏联学习。（二）各个部门今后干部培养要有规划。科学院和高教部的干部培养计划应该是面向全国的。

关于研究机构、科学研究项目要以后再规划研究机构，哪些新建，哪些充实，哪些调整合并等。

机关确定后，还有设备问题，应附有清单，哪些自选，哪些国外置买。

三、进度问题。哪些学科、项目、机构何先何后，何时开始，何时完成，完成的程度。

科学研究机构、据点的分布问题。上面是时间问题，这是空间问题。

四、科学研究的分工配合问题。

第三个问题，如何进一步来作科学和技术远景规划。

一、二月十五以前各学部分别讨论，然后科学院讨论。

二、二月十五号以后，集中一批人专门综合审查。时间为二月十五到四月十五。集中的人脱离其他工作。不脱离其他工作的人也要参加讨论。没有集中的科学家，不是没有责任，等于半脱离。

在讨论时必须展开争论，是则是，非则非，要有秩序进行，不要加班加点，头脑很热地进行。

国防工业也可以集中在一起规划。军事的另由国防部军委规划。

哲学社会科学同样很重要，特别是哲学、经济学更重要。哲学社会科学由中央宣传部组织科学院的社会科学部进行。

这是中国科学家空前的、艰巨的，但是光荣的一个任务。只要领导重视，科学家思想上一致起来，这个规划是可以完成的。规划准备反复讨论修改，并在执行中不断地补充修改。有了这个规划便为中国人民的科学大进军开辟了道路。

陈毅同志讲：

一、做这个规划是不是野心太大，冒进。不是的，怀疑这个规划的是右倾保守思想，是右倾机会主义。关键在于共产党有勇气把科学掌握在我们手里。

美帝国主义欺负我们是因为我们落后，斯大林说，谁落后谁就挨打。

毛主席坐在这里听科学家的报告，表示目前的形势和我们的任务是要把科学提到重要的地位。

现在事业是拿在你们领导人手里，不在于中国科学和苏联专家。你们可以把事业领导到这方面，也可以领导到那方面。问题很尖锐，要有决心。和当初打游击下乡是一样的。

党员和科学家要打成一片，有共同的语言移尊［樽］就教。我们不要把中国科学家估计太低。离开他们不能解决中国工业化的问题。各级党委和负责同志，不要在你们周围积压人才。我们现在要反对本位主义，关键在于各部、各级党委负责人。

二、科学家有贡献、爱国，不必讲，但有几个问题：（一）不要冷眼旁观，稍不如意，便拂袖而去。要采取积极的态度，要把行政、党员当作自己的人。我看到有科学家写的文章没有这个态度，对党不要见外。党员能够领导中国的建设和科学文化事业的。

三、发挥苏联专家的作用。

四、亲自动手，搞典型研究，与右倾机会主义各种偏见作斗争。这是毛主席制定农业合作化的过程。搞科学规划一定会遇到各种各样的反对的借口。一定要突破这一关。

搞规划先要推开，然后收拢。各种怪论都可以讲，要放手。

我们的基本方针是又多又快又好又省，全面规划。

北太平庄祭旗庙 （德胜门外）鲍尔汉

电话 39 局 2808

1. 人民经济生活。

2. 资产阶级和工人阶级。

3. 土地问题的变化。

4. 思想部分对思想是什么情况、如何反映强调了。但对进步思想的作用强调不足。

5. 整个资产阶级旧民主主义革命性质问题。

下午中宣部会议决定组织办公统一规划工作。我为办公室主任。

2月1日

上午找刘耀来谈。一组贯彻计划有三个问题：（一）是否改变了十二年计划。（二）信心不足——右倾风。（三）人力不足，怕完〖不〗成任务。

樊百川资料最多，有卡片四盒。钱宏分析问题最清楚。

关于讨〖论〗知识分子会议所提出的问题。（一）各组负责人不能参加本组工作是任务不能完成的根本原因。（二）要加强支部工作应改组现在支委。（三）入党问题。要提出计划。（四）向科学进军问题提出计划。

所内我管计划。

肃反问题安排。

2月2日

上午至科学院参加院务会议

一、哲学社会科学规划的两个步骤。

第一步修改草稿，订定资料。

第二步审查、平衡初稿。

二、第一步工作的要求和作法。

（一）修改草稿的工作。

1. 确定学科。

2. 各学科都包括五个内容。

A. 中心问题，专门著作。

B. 编写教科书。

C. 编译出版的重要工作。

（1）翻译出版马克思主义学术著作（不包括马恩全集）。

（2）搜集整理、编纂供给研究用的各种资料，包括目录索引、整理档案、编辑年鉴、年表、图谱等。

（3）出版古典学术著作、近代和现代学术著作。

D．补足重要的缺门、加强薄弱部门。

E．干部培养计划。

3．在这五个方面，目前最困难的最主要的问题是确定研究的中心问题。有了中心问题，就能说明我们的研究方向，规划研究题目。中心问题是我们的计划草稿中缺乏的一个项目。确定中心问题包括下面几个方面：

A．各学科中可能有若干中心问题，在讨论中要确定哪一个、哪几个是最中心的问题。要成其为中心问题，必须：（1）是这个学科中的关键，解决了这个问题，能够推动一系列的研究工作。（2）中心问题是可能从各方面去接触去研究的。（3）中心问题是和本门科学发展和当前的经济文化建设都有密切的、广泛的联系的。

B．中心问题研究后要排队，谁先谁后。中心问题在配备人力等方面要保证其优先的条件。

C．提出国内外情况说明资料。

D．措施、研究题目、人力配备等。

4．讨论、修改的步骤和时间。

A．统一制三个表格：学科表、中心问题提纲、计划格式表。

B．各学科有关的学部委员、所长副所长、学术委员、高级研究员讨论修改制订。

C．暂定二月半以前讨论修改定。

D．各门学科可能有所不同。

（二）订定资料的工作，主要是关于人力的资料。

1．要求。

2．方法。

三、具体工作安排，成立哲学社会科学部〖办〗公室，由各部门调人组成，学部负责组织。办公室的任务：

（一）对内统一规划的格式。

（二）对外统一联系，确定：

1．和科学院各所、各学术团体的联系由办公室负责，各所一律不对外，免得引起混乱。

2．与政府各部门的联系，由中宣部科学处负责。

四、思想问题，重视不足。各种借口抵消规划工作的力量，开大会进行动员。

下午搬至西苑大旅社 103 号。

2 月 3 日

整天在西苑旅社（8 楼 103 号）。起草规划的两个材料。晚上林涧青、潘梓年同志来开办公会议。昨晚宿旅舍，睡眠很差。

2 月 4 日

上午十一点，张稼夫同志召集规划会议。科学院与产业部门分别做。分两个阶段，第二个阶段科学院、产业部门综合。第一阶段现在到二月底，第二阶段三月初到四月底。

长远规划要全面，同时要有重点，不是什么都摆在一样的地位。

中心问题不能和苏联比。如果说可以和苏联比，就是说我们的水平和苏联的水平一样。有多少是多少。中心问题：（一）不受概念限制，不在概念上纠缠。（二）不要与苏联比多少。（三）要和缺门、弱门联系起来考虑。

技术科学已有四百多中心问题。

中心问题写到各学科中去。

中心问题有许多辈。我们不管爷爷、奶奶、孙子，是中心的重要的问题，一起提出。可大可小。我们的规划是斗争规划。

规划是国家的全面考虑，然后分工进行。因此，拿出的草案是以科学院为中心的全国性规划。

缺门强门都要注意，从实际出发考虑。

（一）中心问题。（二）规划的范围。（三）与有关部门的关系。（四）完成的时间步骤。（五）第二阶段。

晚上钱宏来，谈胡绳在北大近代史提纲讨论会上的意见。其中有两点是值得注意的：

（一）从编年体到纪事本末体是一个进步。我们指出，纪事本末体有缺点，也不要完全回到编年上去。可以考虑采用“大编年”的办法。

（二）分期不只是从哪一年断限的问题，而是要说明整个这一时期的社会内容。（我想应明确为概括这个时期的内容、特征，这一时期与另一时期不同之点、历史的过程，如在驳曾文上所说。）

后一点我想到过，前一点未想到。如此看来近代史分期可分为两部分，前一部〖分〗讲分期的两个问题：（一）革命高涨与帝国主义的侵略，社会经济发展，生产力与生产关系的统一。（二）不是断限，要表示出过程。后一部分讲三个时期特点及其内容。

2月5日

看有关近代史分期的材料，处理所中计划事。

2月6日

上午至西苑大旅社规划办公室办公，准备作动员报告。

下午搬至西郊宾馆，比西苑旅社高级。住三楼3343号。晚至中宣部开会讨论动员步骤。

2月7日

上午参加一组会，解决计划问题。并准备动员报告。下午作动员报告，讲两〖个〗半钟头，甚倦。晚宿西郊宾馆。

2月8日

整天作规划工作。晚上在怀仁堂看周信芳《月下追韩信》。毛主席参加。

牙痛，感冒发烧，未看完即回。

2 月 9 日

上午牙痛，感冒未起。潘、林涧青来谈规划问题。下午参加学部常委会，讨论如何进行规划工作。向达发表要集中力量先搞史料学、工具书等老一套论调。在若干具体问题上对学部办公室的工作，表示极为不满。而又毫无理由。此人甚难与相处，是个反对派人物。他虽是付［副］所长、学部常委、政协委员，看来拥护党是抽象的，在具体问题却不然。他在思想感情上总是站在另一个方面。

2 月 10 日

上午找朱砚农看牙，开刀放脓。整天睡觉，烧 38 度。

2 月 11 日

上午找朱砚农拔除右下大臼齿一枚。手术做得不错。据他讲上牙全坏。第一步须先拔七个。体温下降。下午至西郊宾馆一趟。春节放假。

2 月 12 日—15 日

放春假，没有做工作。

2月16日

整天在西〖郊〗宾〖馆〗做规划。昨天下午颐和园经济学家会议。

2月17日

中宣部九人小组会议。

周扬……

一、自上而下，自下而上相结合，不要只强调自上而下。

二、国家需要和个人专长相结合。

三、规划中首先要完成教科书，教科书要放在第一位。讲稿与科学研究不是在形式上区别，而是在内容上区别。如果专题研究是抄抄编编就不能算有科学水平。讲稿有创造，就有科学水平。

方向、中心问题等混乱。

是不是所有问题都要提，要全面的问题。

2月19日

晚上党内会。

张稼夫同志作审干动员报告。今天审干条件好。全国解放、社会主义革命高潮，党员骨干（司局以上）要担任这个任务，需要有坚强的骨干。阶级斗争尖锐，对我们政治品质要求高。审干是为纯洁我们的党，是要了解干部，使用干部，摆到恰当的岗位上。

这次审查后作出结论。

审查包括历史、政治、思想、工作中的问题、学历、工作经验等。

有些人是没有问题的，可以把思想整顿一下。

郁文：

这次审查中宣部领导，主要审查政治方面。着重过去未审查过的。已审查过的分段、分问题。

2 月 20 日

同王冶秋、夏鼐在北京饭店讨论考古工作会议。

一、会议性质：工作会议。

二、会议目的：（一）交流经验。（二）规划交换意见。（三）筹备学术会议。

三、会议领导、会务小组、主席团。

四、日程。

五、总结问题。

2 月 21 日

整天考古工作会议。上午开幕与郭、王献唐、郑振铎同为执行主席。

晚上主持会务小组。提出决议中包括培养干部，继续思想改造问题，加强党的领导，学习马克思主义，批判资产阶级思想。决议中要呼吁大家，特别是工业部门重视这个工作。工种、水利等部门。

1. 反映考古通论组的工作。

考古通论组要打气，指出其远大前途。讲规划的重要性，要首先讲考古工作的重要性。给他们安排一点条件。

2. 有具体问题希望大家都提出，讨论报告就是要交流经验。

3. 希望解决行政问题。

4. 考古、文物系统的统一领导问题。

统一规划加强领导，要解决此问题。（一）学术业务科学院。（二）行政文化部（局长党员），河南安庆怀给裴文中写了信，成为无组织，挨了斗争。（三）思想领导，要中央重视（曾昭燏）。

5. 怕讨论规划——没有什么神秘。

6. 要求看实物，希望看到典型的规划。

2月22日

晚上考古工作会议小组会。会上曾昭燏谈到干部培养问题：（一）老专家一个人做两三个人的工作，对他们要求过多，不给时间。（二）青年人一进所，先批判老专家，把他们骂得一钱不值。然后要他们培养感情对立。（三）青年要求老专家的工作，以培养自己为中心，不【中】跟着老专家中培养。

2月23日—24日

整天考古工作会议。

2月25日

三所学术会议，讨论所内工作计划。写近代史必须翻阅原始资料：（一）《清实录》。（二）《清史稿》。（三）《东华录》等大部书，其他各种论文记录等。

近代史提出了八个中心问题：资本主义发展、近代各阶级、帝国主义侵略与反侵略斗争、政治史、党史、现代史综合研究、中华人民共和国史等。

2月26日

上午休息，下午为考古工作会议同王冶秋同志至郭老处汇报。顺便至砖塔胡同找杜佩珊、吴大羽，均为冀南老熟人，现在都是国务院法制局付［副］局长。晚上改考古会议决议至十一点。

2 月 27 日

上午参加历史三个所的联合学术会议，讨论远景规划，下午参加考古会议闭幕。完成了一件工作。此事郭甚重事［视］，尹达生病。我和王冶秋管实际工作。整整费了一个星期的时间。

3 月 2 日

上午至西苑旅社。下午开支部成立大会。昨晚范长江在西郊宾馆党内会上宣布几点：

（一）规划不大集中，少数人专力做。

（二）有些科学家只强调自己的一门。此点必须坚持先进规划的原则，不能造就落后。这就是党要发生作用。

（三）成立学部的规划的领导小组。

（四）制定工作具体计划。

3 月 7 日

三月四日至七日为郭沫若草拟对苏联专家讲的题为《中国科学院和高等学校在哲学社会科学方面的科学研究工作计划》稿。费了整三天半的时间写了 38000 字。今天下午送郭看，认为可用。下午三时以后去国际饭店找谢尔久琴科谈两事。（一）苏联方研究所的研究计划征求意见。（二）讨论关于编中俄关系资料的问题。我表示两点意见：1. 要放长时间二三年，因无人力。2. 先打印出目录交换，此事需向领导汇报。

法律相差两万六千，十二年可能增加一点。但要增加总数。学生各项数字，请把最大可能的各项数字通知我们。

哲学差 650 人左右——高教部不希望把摊子摆得太多。

3月8日

整天西苑旅社规划办公室工作。晚上看《母女俩》《模范家庭》等独幕话句［剧］。

3月9日

上午规划办公室会议反映了许多情况，工作中问题很多。下午开支部会，准备向中宣部写书面报〖告〗。

晚参加郭老主持的欢迎张劲夫、裴丽生、杜润生三同志，欢送张稼夫的便餐会。人数甚多。所正付［副］所长都参加，陈毅及其夫人也参加。有好多人讲话。

从所内赴北京饭店时范告诉我，干部培养部要王仲去民族学院研究民族史，王表示服从组织。但从无此思想准备。晚上失眠。

3月10日

上午找董纯才谈教育科学规划，下午改完给中宣部报告稿。

王仲来电话，问所中领导人对他去民族学院有何意见，作此决定有何根据。

3月11日

下午在潘处讨论有关规划工作给中宣部的报告和意见。参加的有于光远、狄超白、尹达、李光灿等人。

3月12日

整天规划办公室工作。下午开会讨论法学、教育、艺术、民族学等方面的规划。参加的有夏康农、费孝通、傅懋绩、江丰、吴晓邦等人。晚上向郭老汇报。张劲夫同志在场。在郭处接张稼夫同志电话问哲学社会科学部闹独立性事。因为唐对张、裴写了信，转张处理。

这几天工作、心绪、生活都很乱，睡眠不好，每天感到过度疲乏，面容清瘦。

3月13日

上午在家准备向中央汇报的材料。

哲学社会科学部现有八个研究单位：哲学、经济、历史一二三所、考古、语言、文学。共有各级研究人员324人。其中

研究员　68人（包括兼任8人）

哲学　10

经济　8

考古　8（兼2）

语言　8

历史一所　3

二所　5（兼2）

三所　9（兼1）

文学　17

付［副］研究员　32

助研　52

实习员　172（其中语言48人，哲学只3人）

以上人员中共有党员　46人，其中：

研究员　15人（叶籁士、尹达、何其芳、力扬、毛星、杨恩仲、蔡仪、

王修、潘梓年、狄超白、范文澜、刘大年、林里夫）

付［副］研〖究〗员　7人

助理研究〖员〗　6人

实习员　18人（经济所9人）

关于对胡适、梁漱溟思想批评，今年三月十二日统计批判胡适思想文356篇，出版论文7编（正在编印第8编）。

科学院开讨〖论〗会　18次

批判梁漱溟文　60篇

出论文一集（正编第二集）

科学院讨论4次。

关于人文学。苏联科学院有爱特诺格拉斐亚（Этногарфия）研究所，我们的译名不一，有名［民］族学、人种学、民族志、人种志等。它的研究对象很广，其中包括福尔克洛里（Фолклорь），我国译名为民俗学、人文学。

苏联小百科全书载：

民族学是一门历史科学，主要是用直接观察的方法，来研究世上各民民［族］（Нарогав）文化特点和生活特点，考察这些特点历史变化和发展，考察各民族的起源（民族起源学）、分布（民族地理学）和各民族的历史文化关系。民族学跟其他历史科学有密切的联系，特别是考古，又和语言学和人类学也有密切的联系。

这门科学目前还不是很发展，在资本主义国家也是很混乱的。大要包括以下三方面的研究对象：

（一）历史的：研究各民族的来源发展变化、相互关系、地理分布。因此和考古、语言有关。（如借用的语言、文化的特点、相互影响等。）

（二）现实，研究民间的风俗习惯。如过八月中秋、端午等节日，跳龙灯、衣食住行的习惯等。

（三）自然现象的。所谓体质人类学，研究人的骨骼构造，如从鼻梁到后脑有多宽，从脑门到下巴有多长等。意大利有一个法学家便是以作这种研究，来判来［断］某一类型的人是犯罪的人而出名的。完全是资产阶级唯心主义的一套。中国有吴汝康（医学家）等二三人是研究这方面的。夏康农对此也在行。（昨天晚上同夏康农一起吃晚饭，谈到此事。）

苏联已把民俗学发展到研究集体农庄的生活、劳动模范的心理等方面。

我看这种作法并不科学。

3月14日

上午在西郊宾馆举行国务院科学规划委员会成立会。陈毅付［副］总理、郭、李四光均讲话。下面为李富春同志讲。

科学规划的任务。

一、在十二年之内赶上世界水平。

二、在又多又快又好又省的条件下，建设社会主义，为社会主义工农业生产服务。这两个任务是互相结合的，完成了这两个任务，又可以推动科学前进。任务的光荣性、艰巨性都在这里。我〖们〗的规划工作是关系国家能不能建设社会主义，关系国家命运的问题。

我们现在的科学规划不是一个部门的个人的，是全国性的。只有先有了全国规划，才能有个人规划。因此，制定的过程，是一个摸索的过程。十二年赶上先进水平，先要找出到底从哪些项目上赶。目前我们摸出350个项目。只有先确定这些项目，才能进一步确定哪些项目是科学院的，哪些是其他部门【工作】的。至于如何研究，达到什么结果，这不是科学规划的任务，而是将来实践的任务。

方式一定是经过自由讨论来集中智慧。讨论要活泼生动。

设备、分工、干部培养，现有力量的发挥，与苏联合作，科学情报等，都属于具体措施。规定了科学研究的任务。还要规定这些措施。

希望我们的规划定出后是十全十美，那是不可能的，也是不科学的。因为科学是发展的。十二年是要变化的。我们长远规划的作用就是（一）使我们有全面观点。（二）有明确前途。（三）随时检查按照计划办法，有组织地进行工作。（四）有计划后可以随时发现我们的弱点。

陈毅同志最后讲话中特别说道："我们认为群众的创造力量是无穷的，我们主张集体主义。但是科学研究是要靠个人钻研，甚至是要靠天才。天才不是表示是天生之才，是个人长期劳动、积累知识的结果。法国有句话：'天才就是刻苦劳动。'科学研究必须如此。"

3 月 15 日

上午在家整理书籍，准备每天上午在家看材料或改稿备课。不这样，不行了。计划会长期化。周遂宁来谈一小时，乔克湘的问题，她自己的问题。

古代史的分期
近代史的编写
组织文章
郭、黎，现代史的土地问题等
考古会议的报导

3 月 17 日

吴德峰，上午九时至国务院二办找吴德峰谈法学规划。住处为香山慈幼院南门，熊希龄姨太家。

周扬“社会科学的规划与自然科学的做法可以不一样”。

规划的要求：（一）大的要求正确。（二）基本措施都是可以做得到的。这就可以了。

现在即着手搞哲学社会科学十二年总纲。包括：（一）十二年我们的总情况和总的任务，研究、干部等方面。精神是根据毛主席《改造我们的学习》的精神：马列主义中国化。整理遗产，总结革命经验，介绍外国先进的东西，创造自己的文化。搞多少个十二年要解决的问题。（二）第二部分列出所有各方面的中心问题。（三）干部，各种、各类的进度指标。（四）机构，研究的所、系。

总的东西不搞出来，去搞每个学科的具体内容，是舍本逐末。

下午二时至周扬住处谈整个规划安排。谈完后讲到《经济研究》上林里夫的文章问题。林此文违反党的政策。党现已作出结论。现狄、林均有不同意见。又有人写文章同意林〖的〗意见。起初周扬认为学术问题可以讨论。后来认为这是两个问题：（一）狄对党组决定有意见，可以正式提出，不能在下面自由反对。（二）学术问题可研究一下。周特别举出毛主席最近的一个重要指示。经过情形为：前些时苏联来了两位研究中国哲学史的，一为杨兴顺（原籍宁波，十一岁至俄国，现五十多岁），一为谢宁。〔按：此两人均极主观，杨断定老子是唯物论，谢宁研究孙中山，认为孙中山晚期的实际活动，比发表的言论进步。其言论中的民生主义部分，原是美国一个医生亨利（或威廉）的主张。极端反动。孙的文章是别人为他代撰的。许多词句都是抄的美国人的。因此孙中山的死是国民党右派害死的。谢来中国是要从宋庆龄那里证实他的论断。他的主要意思是要把孙中山说成马克思主义者。苏联某些专家的主观臆断，水平有限。此两人可以代表。〕谢、杨到广州访问时，在一个党外人士参加的集会上，谢谈话中说毛泽东认为孙中山是二元论者，是把孙中山估计过低了，是不正确的。表示不满意毛主席的分析。当时影响不佳。陪同谢、杨活动的广东省某人为此作检讨，写报告给中央，经过周总理。意思是要把此事向尤金大使反映一下，说明谢的自由主义。报告最后送到主席处。主席在上面写了一个批语。大意是，学术问题上不同意见的议论不要去禁止。在学术问题上对任何人的意见都可以议论，对于他的著作，不仅外国人可以议论，中国人也可以议论。禁止这种言论是不对的。

3月18日

翻阅《清史稿》。

3月19日

上午至西苑，下午翻《清史稿》。

3月20日

上午翻史料。下午参加钱俊瑞念专家名单问题，是否主观？没有材料，材料从何来？有了完整的材〖料〗还需要我们做什么工作？现在就要统一从我们这里做——工作抓得不紧。对规划工作，重要性认识不足。对工作性质不明确问题——性质是辅助，党员另有责任。

吕叔湘：国家的规划我可以做。我自己的规划做不出来。因为没有时间做研究工作。

有些具体工作有缺点，或者有想法没有说出来。如专家集中报到后如何办。

晚上开党小组会。

上午钱信忠来。他是前天从苏联回来的。带少将肩章，任军委卫生〖部〗付［副］部长。

专家名单制表发出。

3月21日

上午翻史料。

下午至西苑，等车时在办公室遇王仲。其情绪很波动，对工作调动极不满。并表示："不管别人说什么，不能影响自己的存在。我才不去管那些咧！""我知道有些人是那别人……好，不说这些啦！"起来就走了。此事人事局实为不当。

晚上范、吴晗等在翠华楼同谭其骧谈编修杨守敬地图工作事。

3月22日

上午翻史料。杂事多。

下午至西苑旅社，讨论干部培养指标。

我们【有】现有各门科学人员数字，要三个数字。

（一）各门科学十二年发展干部增长总数。

（二）十二年各门科学合乎规格的各类专家总数，基本干部。

（三）有学位的专家数。

得出这三个数字的根据。

（一）数从十二年科学发展和专业需要与现有人数的差额中产生。科学研究中包括中心问题的研究、中心问题以外的研究。事业中包括综合大学、师范学院、专门的社会科学院。

（二）数从现有力量中产生，力量包括现在即能培养干部的，十年内不断成长起来的力量。两者的累进。

（三）参考苏联经验。

这三个数是可能的。达到以后可以：（一）基本上满足科学研究的需要。这些研究包括几百个大问题。（二）满足机构设置的需要。一省一个综合大学，一省一个专门学院。（三）提高学术水平（博士、付［副］博士）。

3月31日

下午参加研究生导师座谈会。

后至西苑规划办公室，讨论潘梓年稿。

最近规划办公室所整理出的哲学社会科学各科现有力量人数如下：

哲学共369人，其中研究109，付［副］29，讲84，不明者147。

语言共372人，其中研究116，付［副］62，讲136，不明者53。

法律共382人，其中研究61，付［副］8，讲108，不明205。

文学共831，其中研究294，付［副］153，讲190，不明194。

历史共 1140，其中研 338，付［副］157，讲 403，不明 242。
民族学共 60，其中研 30，付［副］10，讲 6，不明 14。
经济共 1342，其中研 424，付［副］179，讲 546，不明 193。
教育共 529，研 209，付［副］87，讲 192，不明 41。
总共有助理研究员讲师以上 5020 人。
教研　1581 人
付［副］教研　685 人
讲助　1665 人
级别不明者　1089 人
这个星期内每天上午在家备课，进展甚微。

4 月 1 日

下［上］下午写讲义提纲，得 1000〖字〗。

4 月 2 日

上午写讲义提纲，下午西苑旅社。金冲及提出孙中山到底代表资〖产阶〗级还是小资〖产阶〗级。举出董必武纪念孙中山说，节制资本、平均地权是当时可能提出的最好的主张。据此是代表广大人民。石峻等编近代思想史则有另外的说法。因此怀疑孙中山是否代表资〖产阶〗级。

4 月 3 日

上午写前提纲。下午规划办公室开会。周扬参加。晚参加世界科学成立十周年纪念晚会。在政协礼堂举行。至下一点始回。再次见奥巴林院士。

4月4日

上午至规划办公室开会布置工作。下午做事少，写提纲数百字。

晚上参加党内关于斯大林问题传达会。近两个多星期《参考消息》载英美通讯社消息说赫鲁晓夫在第廿次党代表大会的秘密会上作了批评斯大林的讲话。今晚宣读的：（一）列宁有关评论斯大林几个口授文件。（二）赫鲁晓夫的长达数万字的报告。报告中包括以下几个方面的内容：

1. 列宁对斯的评论。斯的粗暴态度，其中有斯干涉克鲁普斯卡雅的私人生活，克提出的信件。一年以后列宁给斯的信件，其中提出：（一）斯向克道歉或（二）列同斯绝交。

2. 残酷的内部清洗和镇压。这种清洗镇压，是1934年第十七次党代表会后开始的。1937、1938〖年〗为高潮，至1939年始缓和。第十七次党代表大会所迁出的一百一十余人被枪毙，逮捕达七十八人，为百分之七十。此次大会代表一千余人，遭同样命运的在一半以上。基洛夫的谋杀也可能为斯所主使。这些人都是在反托派、人民公敌的罪名下杀害的。绝大多数是党的骨干。1953〖年〗至现在有七千余〖人〗要经过重新审查恢复名誉。其中许多是被杀害了的。斯成为迫害狂。许多中央委员、高级干部提出了沉痛的声明书，一概为斯置之不理。斯为屠杀、酷刑制造了理论。

3. 卫国战争中，斯的指挥错误极多。事先有各种确实情报知道德国进攻，但在不给敌人以发动战争的口实的理论下，不在［作］任何准备。斯指挥战争，从未到过战场，是凭地图仪指挥的。哈尔科夫一役，赫鲁晓夫、华西列夫斯基均认为【不】必须改变原来的布置，斯坚持不改。结果遭受数十万人的伤亡。这就是斯的天才指挥。对朱可夫元帅却捏造事实加以打击，说朱每次作战前先抓一把土在鼻子上闻闻，然后决定进攻与否。

4. 对国外的关系，对少数民族的关系，完全不合党的政策。在与南斯拉夫关系恶化后，斯对赫鲁晓夫说，只要我动一动小拇指，铁托就不会存在了。自大狂到极点。战后对西部的一部分少数民族加以大迁移和屠杀，其中包括格鲁吉亚民族。

5. 贝利亚的发展是利用了斯的弱点。

6．自我吹嘘，自我颂扬。这最清楚的表现在《斯大林传略》《联共党史》两部书里。《斯大林传略》一书，斯在书的清样上加了许多颂扬的话，包括说自己是最伟大的军事家，说自己是现在的列宁。《联共党史》只有斯大林的活动。而且一个小组编的书，最后变成了他个人的著作。他最欣〖赏〗、难忘的1919年电影，他站在战场上拿着刀指挥作战。其实真实情形全不是这回事。伏洛希洛夫知道得最清楚。

报告最后讲到两个问题：（一）可能有人说这样看斯大林是不公道的。因为他在三十年内是领导者，其作用不能轻视。答覆：这只说明想这样的问题的人没有从个〖人〗崇拜中解放出来。（二）斯大林的错误既是如此严重，政治局委员何以不反对。答覆：当时反对是极其困难的，谁反对，谁就一定要被杀害。十九次代表大会上毫无道理地对莫洛托夫、布尔加宁作鉴定。如果斯晚死几个月，莫、布就可能不能在这次代表会上发言了。布尔加宁表示，他后来每次到斯那里去，便想到不知是否还能回来。

报告中用了品质恶劣、卑鄙手段、狂妄等字眼，并加以讽刺。开始和结尾处都讲到斯反托派斗争的正确。他的坚强意志、明确的语言逻辑力量等。全文中心是反对个人崇拜。

4月5日

整日写讲稿。

4月6日

上午写讲稿，进展甚微。

下午开规划办公室会。

4月7日

上午写讲稿。

下午接见南开大学历史系学生，至西苑旅社办公。

4月8日

全日有四五小时写讲稿。

4月9日

上午至西苑办公，得编纂百科全书各项估计数字如下：

1. 共需十二万五千条，8000【千】万字。

2. 苏联百科全书八万条，5500万字。中有四万条、3000万字可以翻译，有2000万字可以利用。

日本百科辞典有十一万五千条、1000万字可以翻译利用。

中国旧有的辞书（包括《四库提要》）等中有五万条、2000万字可供整理利用。

中国需新增二万条，2000万字。

3. 翻译苏联较易，有五人三年可将3000万字全译出。译日文比较难，因为好的日文人〖才〗少。整理中国需要有较高水平，易［亦］难。补充新的更不易。因此十二年之内的步骤和要求可以：

（一）首先翻译苏联百科全书，将有关的3000〖万〗字全数译出。

（二）其次为译日文的，整理中国的，各译整出半数。

（三）最后为补充新的，十二年之内补半数。

全日有两小时写讲稿。

4月10日

上下午均写讲稿，得2000字。

4月11日

上午治牙，有一小时写讲稿。
下午办公室会，周扬主持。

4月12日

上午西苑办公室会。下午写讲稿。

4月13日

整日看两小时稿。

4月14日

上午西苑同李云扬等谈规划中的干部培养数字。下午吴泽来访。四点以后至杨仁楩处谈至晚六点始归。

4月15日

游八达岭。上至近处的最高峰，走得很慢，休息四五次。相当气喘。中途遇温济泽，领越南代表团参观。他们不敢上去。乘汽车，去时走三小时，回来走两小时半。南口以北路相当险。居庸关久震其名，但破废不堪，与想象全相反。南口以北至八达岭为河谷，两侧为高山峻岭，其实处处可设防，不止居庸关、八大［达］岭两处也。

4月16日

整日写讲稿。晚上在前门外鸿宾楼欢迎埃及古史学家法和里教授，有马坚等人参加。

4月17日

有六小时写稿，第一部分完。共一万八千字。费时约两星期。时期是分散的，集中起来效力会高些。

4月18日

上午写讲稿。下午西苑办公室会。

周扬和康生谈中国古代兵学著作值得总结。其中最有辩证法。因为不辩要死人。中国有许多东西值得特别研究，要反对教条主义。

4月20日

上午写讲稿，下午四点至西苑。晚上续写。共得2400字。

4月21日

全日写讲稿。下午看有关少数民族史料，进展甚微。因今天开始写《六七十年代国内各民族和清政府的反面民族政策》一节。

4月22日

整日写讲稿得2500字。难。

看到最近一期的《中国青年》上有一篇《珍惜时间》的文章。其中有几点是：（一）早晨睡醒，立刻跳下床，不要再睡半个钟头的懒觉。（二）引达尔文的话："从来不认为半个钟头是不重要的。"这两点很重要，应坚持实行。

4月23日

早五点半起床，工作至九点，写稿一页。九点以后，上午的全部时间开会。

4月24日

上午潘梓年处，于光远来谈中央关于少数民族的调查工作等。下午办公室会布置人下各地调查现有人力资料。

4月25日

整天在办公室规划处。顺便〖去〗编辑部一次。

4月26日

上午、晚上写讲稿，进展甚微。下午改历史规划稿。

4月27日

上午西苑改历史规划稿。
下午写提纲。

4月28日

上午写讲稿提纲。下午西苑办公室会，周扬主持改规划稿。

4月29日

上午写讲稿。有杂事。下午西苑会，改规划稿。

4月30日

上午科学院党委召集座谈会，讨论《无产阶级专政》一文的学习。裴丽生传达中宣部对此指示。

一、苏共廿代表大会，揭穿了对斯大林迷信的盖子，积极意义大，消极意义小。这种迷信最大的损失是思想工作上没有大的发展。欧洲各国马列主义一些衰退，引证主义，演绎，没有综合和分析，不用脑子，抄袭。米高扬到中国来谈到苏联历史学这些年没有发展。引证，不管是引证谁，都是不用脑子，不从实际出现［发］。我们要反对演绎、引证主义。这就是教条主义。我们的历史经验是着重反对教条主义（《人民日报》文章最后一部分即谈此）。

二、要老实，要靠老实吃饭。不要作假报告。

三、群众观点、群众路线。这是文中最重要的一条。群众是历史的创造者。（苏联专家有人怀疑我们的群众路线是否尾巴主义。）斯大林的理论中也强调了群众的作用。但是在这方面他的实际行动和理论是脱节的。

四、民族问题。斯大林在民族问题上有错误。对于大民族同小民族的关系处理不好就不能有无产阶级的团结。我们汉族有大民族主义的倾向。毛主席讲中国地大物博，地大主要是少数民族，人口占百分之六，土地占百分之六十。即以百分之六的人口占百分之六十的土地。

物博问题，主要矿产资源是在少数民族地区。汉族地既不大，物也不博。其他阶级不可能正确处理民族问题，只有无产阶级马克思主义才能正确处理民族问题。

五、肃反问题。主要是内部肃反（外部是镇压）。斯大林在这方面错误最大。这是很重要的历史教训。每一个国的党都要过此一关。中国也有些问题，在内战时期。但是我们基本上解决了这个问题。苏联肃反公安系统直接处理，政府、党不能干涉。毛主席讲，我们一般不要秘密杀人、打人。这是胆小鬼的作法。因此肃反的关键在于政策。

六、集体领导和个人负责。这是辩证法的两个方面。部队是党委领导下的分工负责制（行政上厂长负责制，但必须在党委领导下）。斯大林由于集体和个人的矛盾，最后把个人放在集体之上。

七、和平过渡和议会制问题。中央的看法苏共报告中可能把已经掌握政权的国家和尚未专政的国家有混淆。举的例子是中国、捷克等。这个提法不知是否对资产阶级有麻痹作用。但是不能因此麻痹了自己。此问题是牵涉到兄弟党的关系。我们的国家已不存在这个问题。我们不要替别人作结论。

八、错误问题。人类还在青年。谁也不能说自己在个人和集体问题上不出问题。任何人不要以为自己一定是正确的，要虚心。

九、苏联现在情况很好。我们要支持苏联。我们的态度就是这一篇文章。

学术问题，我们一定要实事求是，反对个人崇拜。李森科的问题，在德国引起很被动。我们一定不要脱离群众，脱离科学的实践。

外国进口书籍限制过严，是自己限制自己。

下午至西苑。这两天在西苑旅社连见两个十年前的熟人。此两人要说名字才记得起来。但他〖们〗都认识我，认为只是胖了一点。

昨晚同范文澜谈起我至马列学院教课事。他不同意将近代史分为三个部分，而认为应照主要矛盾来分期，并认为中国是半殖民地，不能与俄国历史相比（指资本主义发展）。其最值得注意的理由是，1919 年以前如此分法，以后一段很复杂无法这样分。昨晚今早我一直想此问题，得出初步意见如下：

一、外国资本主义侵入和封建制度的破坏，近代第一次（1840—1864）。

二、半殖民地半封建制度的形成，资产阶级的改良运动和近代第二次农民革命运动（1864—1901）。

三、资产阶级领导的革命及其失败。资本主义发展（1901—1919）。

四、大革命和土地革命，官僚资本主义的出现（1919—1937）。

五、彻底殖民地化的趋势严重增长，全国人民在中国工人阶级政党的领导下胜利进行反对帝国主义的斗争，中国社会重新走上独立发展的道路。（1937—1949）。

这样分期可以满足三个基本要求：

（一）1840—1949〖年〗社会性质并无变化，从［分］期要从头贯到底。

（二）1840—1949〖年〗的历史，是半殖民地半封建的历史，一切阶级斗争是这个社会的指标。同时又影响这个社会的发展变化。研究要说明这个社会的阶级斗争，更要说明这个社会的发展过程。范只从矛盾上讲，是放弃了说明社会发〖展〗这个主要的基本的研究任务，不妥。

（三）统一分期标准——革命高潮。在1919〖年〗以前有太平天国、义和团、辛亥革命三个高潮。1919〖年〗以后是大革命、解放战争两个高潮。抗日战争是解放战争这个高潮的条件和准备。

（四）拿主要矛盾作依据，只能说明革命发展的历史，不能说明社会发展的历史。况且矛盾必须是以社会的生产力发展为基础的。而矛盾则只是生产关系的表现。

（五）从抗日战争开始，高潮是持续性的。1937—1949〖年〗，持续了十三年。（太平天国有十四年），最高潮是解放战争。

（六）〖其〗中仍以革命斗争高潮作为划期标准，才能表明人民是历史的主体。

5月1日

未去观点［礼］，写稿1000字。

5月2日

整日写讲稿。

5月3日

整日写讲稿。有杂事。

5月4日

上午写讲稿。下午参加党内传达会。

周扬在宣传部长会议上讲话。

学术批判有成绩，可能采取运动、清算的形式，但不仅是运动的形式，或清算的形式。要和风细雨。讨论各省可以自己进行。指名的或运动形式的批判要报告中央。

学术问题和政治性问题要分开。以后中央对学术问题不作结论。作结论要让学术界学会自己作结论。我们学派太少，不要阻塞学派的争论。政治性的问题就是直接反人民反党的问题。一般的唯心论或有错误观念，不能当政治问题。俞平伯的批评在学术政治上讲得多了一点。向资产阶级投降的思想是带政治性的。而俞本人的问题是学术性的。科学上不正确的内容、错误的结论，假设上的错误等，都不能简单当作唯心主义去批评。李森科（魏其统，雅尔赫切，德国人）问题在德国很被动。

教条主义和庸俗化，均须反对。庸俗化是简单的教条主义。

学习苏联是中央的方针，不变的。但是不能搬用。苏联的教条主义——特别是社会科学相当严重。同时苏联也发生用政治作学术结论等。这些我们不要学习。学习苏联不要迷信，不盲目崇拜。要有独立思考，有创造性，结合中国实际。

学术上不要有宗派主义，要民主、自由讨论。

裴丽生传达毛主席在中央政治局扩大会议（省市委书记）上的报告。

总的形势对我们很有利。我们的任务是把一切积极的因素和有利于我们的因素都要调动起来，为社会主义建设服务。

一、重工业和轻工业的关系、工业和农业的关系。在这方面我们没有犯路线的错误。我们一贯重视农业。苏联揭发长期没有改善农民生活，有路线性错误。我们的生活必需品较多，倾向稳定。但我们也有问题。建设投资对重工业多了一些。现在要增加对轻工业、农业的投资，更好地满足人民的要求。积累资金。正因为注意重工业，所以必须注意轻工业。

（农民，全国人口六分之五在农村。轻工业、农业，就是农民问题。）

二、沿海和内地的关系。这主要是工业部的问题。现在沿海各省占全部工业百分之七十。如果两三年内要作战就要搬家。十年至十二年可以争取不打。因此我们对沿海要采取积极的方针。

三、经济建设和国防建设的关系。过去五年平均军费政费共百分之三十二，军占二十四，政百分之八。今后准备成为百分之二十至十五。经济发展了国防就能发展。我们对战争是有戒备的。问题在于发展工业。

四、国家和生产单位和生产个人之间的关系。国家和生产单位，如果国家把所有利润拿去会影响积极性，要给生产单位一定的权限。和个人的关系。我们的基本原〖则〗是在生产不断发展的基础上改善生活条件。科学家、教育家要多增加。政治工作人员要增加得慢一点。和农民的问题。农业生产合作社和农民还有问题。合作社生产资料搞多了一点。农民收入少。现有合理分配国家税收、合作社，农民个人之间的比例是前二者共占百分之三十到四十，社员个人的收入要占百分之六十到七十。今后要保证农民的收入每年都有增加。如果不注意国家和个人收入的比例，就不能调动积极性。

五、中央和地方的关系。现在的问题是地方权利小了一些，对于发挥地方的积极性是不利的。美国的联邦州和联邦是有矛盾的，但在资本主义中它是发展最快的。这个问题可以研究，但不能宣传。大区制度是不好，高、饶的独立王国就是大区形成的。但是教育、农业都是地方做的。但组织专门机构研究。但我们必须集中统一。

六、汉族和少数民族的关系。这问题是苏联的一条经验。苏联是俄罗斯和其他民族的关系。我们是汉族和少数民族问题。地大物博是少数民族，人口最多是汉族。金银财宝都在少数民族地区，要着重反对大民族主义。

七、党和非党的关系。这不是新的问题。苏联只有一个党。我们要考虑一直到共产党消灭可以有几个党派。我们要两个问题。共产党万岁，民主党派万岁，要万岁都万岁。一切事物都在历史上发生，也在历史过程中灭亡。最后有一个管理经济和文化娱乐的组织。有反对派存在，反而感到自己不孤立。这也是辩证法。苏联在肃反中把反对派都消灭了。

八、敌我关系，革命与反革命关系。反革命是消极、破坏的因素。反革命可不可以转变为革命力量，消极因素可不可以变为积极因素。大多数人可变，要靠社会条件。我们在1951—1952年镇反是对的。没有那时的镇压就没有今天的宽大。镇反是社会的，肃反是内部的。斯大林说愈斗争愈尖锐。没有时间是不对的。现在反革命大为减少，社会秩序大为安定。但不是没有反革命了。今后社会上一百个中杀一两个是必要的。机关内部一个不杀，大部不抓。高岗是自杀的，我们没有杀。敌人有时希望我们杀掉一些人，消灭证据。百分之九十八劳改。这是政策。现在应着重把反革命力量调动来参加社会主义建设。一个不杀是政策，但不能据此制成法律。

九、是非问题，党内关系。党内没有不犯错误的人，只有一种是犯错误较少的和一种犯错误较多的。这两种人的关系，犯错误较少的人往往采取不允许别人革命，不允许改正。其实犯过错误的往往不犯错误，不犯错误的，往往可能犯大错误。犯错少的应帮助犯错多的去改正。党内批评要恰如其分。合乎事实，不要过火。使每个人能发挥积极性。

十、中国和外国的关系。要把架子放下来，坐下来听先生讲。学习世界一切先进国家和民族的长处。我们常常是一点，不是优点就是缺点，不是两点，是不合事实的。学习要是［持］判批［批判］态度。李森科问题就是重要的经验。学习要学习长处，不要学习短处。社会科学有一条基本原则：马克思主义的普遍真理与中国革命实践相结合。（马克思也可以批判分析接受。）

（又毛主席在另一处讲到斯大林有七分正确，三分错误。在中国问题上过去支持王明，抗日后支持蒋介石是错误的。中国出了三口气。）

又自由主义可以有，需要有。

又艺术的方针是百花齐放。学术的方针是百家争鸣。

5月5日

上午开二组会（近代史第二部分）讨论如何制订提纲。

下午陆定一同志召集近代史问题会议。我与范文澜同志同去。三时到他的住〖处〗。何干之、廖盖隆、田家英、黎澍先后到。陆反覆说明要打破两个盖子：（一）组织的盖子。（二）教条之盖。只有这样才能活跃近代、现代史的研究。谈话前，许立群先提到南斯拉夫大使对少奇同志谈话，要中国历史家不要受苏联史学家的影响。举出：（一）尚钺中国史受到苏联史学界恭维。（二）叶菲莫夫《中国近代史》两书均须注意。陆讲到范的汉民族形成文甚好。听说反对者多，是由于斯大林的教条。决定要我们作计划扩大近代史的研究。田家英编的党史亦改用政治史名义，并在科学院出版。

5月6日

上午杂乱。下午至潘处开会。

5月7日

上午去郭沫若处汇报工作。

1．规划。2．建所学术委员会。3．建立科学工作组。

重要问题92，重要著作193。

4．资产阶级思想批判。国外学术活动。

5．学术论文评奖。学术活动，几个会议，国外。

缺点：学术活动很少，学术领导不够，不全面。机构弱，调查了解情况不够。

常委会工作：规划、评奖、工作报告。

张曙、张奚若、嵇文甫、欧阳予倩、田汉、费孝通、夏康农。查津贴院外研究办法，提出建议。

下午写讲稿。

高级2575人

中级2097人

初级4906人

共9578人。

晚至周扬住处开会讨论修改规划校样，至十二点。

5月8日

上午所内工作会。

下午写讲稿，写康梁等思想部分。有点新意见。近代有几次思想论战，几次解放思想的高潮，此其一也。

5月9日

上午写讲稿。

下午开历史研究编委会。郭老参加有新改革，准备发表《百家争鸣》的社论。

5月10日

全日写讲稿，进展不速。

高级党校来电话，决定下星期四上课。但四讲都还没准备出来。共讲六讲，每星期一次。学员为高等学校、党校的理论教员。

5月11日

上午写讲稿。

下午中宣部会谈规划中的干部问题。

一、研究生（教研系统）指标。

二、出国干部数

专门化、研究生高教系统都有打算。

程今吾

1. 哲学、历史、经济三门共须一万六千人，数字太少。

2. 各部门分担多少，要分配。

3. 考虑不要到高等学校调人，从其他部门开辟来源。

干部规划必须归口为：1. 高教部。2. 教育部。3. 科学院。各部门的研究所各培养多少人。

教科书16000。

5月12日

上午写讲稿，下午找谢尔久琴科谈话。

大连市图书馆藏罗振玉藏书十二万册。在破庙中，无人经管。大连图书馆关闭准备把书分散，共有四十多〖万〗册。其前身为南满铁路图书馆。过去是不对外开放的，不能使之散失。其中有关亚洲各国的资料。

辽宁图书馆有许多档案多种，堆在张作霖公馆。有许多关于东北土地问题的材料。

在哈尔宾［滨］、大连发现对日本人过去收集的资料和研究成果很不重视，有许多关于地质方面的东西。

南满铁路私立图书馆是两个。铁路图书馆打算分掉。现属铁路□。谢尔久琴科已和大连市文物局谈过，交给科学院他们不反对。

去年有一个日本的代表团去东北特别注意在市面上收集有关东北的自然社会的各种资料。他们对东北很感兴趣，而我们却没有利用这些资料。

俄国侨民把东北材料带往国外。有的带往南美。其中有一个商人最近将俄国前驻中国大使的密件带走。对此要采取措施。

有一批俄侨可以利用，名单已提出。我们要注意日本的资料，研究日本。

许多材料没有被利用，损失了非常可惜。要采取对策。Хионин，老汉学家，编华俄辞典。大连领事一再提出对此人要作安排，不能让他离开中国去别处（如美国）。希望到中国。有苏联籍对此人有鉴定书，交给张克明。

Скварцов Баранов Поносов（植物学家，苏联植物学家知道此人）。

谢不愿在北京过夏天。乔克湘结婚，面许未去。

5月13日

整日写讲稿，得2000〖字〗。有杂事。

5 月 14 日[1]

5 月 15 日

上午写讲稿。下午中宣部九人小组会。

5 月 16 日

整日组织规划稿修改的许多问题。有一小部时间备课。

5 月 17 日

上午开始在马列学院上课。听课的有许多熟人。如张更生、陆慧年、藤飞等。苏联专家福罗福亦参加听讲。准备不足，讲得很忙。有一部分头绪太乱。反映一定很糟。是过去作报告、讲课所未曾发生过的情况。今后方法要改变，一直讲下去，不要先念提纲后解释。

下午西苑办公室会。

5 月 18 日

上午看参写提纲的参考书，如《马氏文通》、夏曾祐中国通史教科书、容闳的《西学东渐记》等。

下午林涧青来谈规划事。

---

① 此日日记漏记。——编者注

尚须做许多补充材料的工作。

晚七点半同王可风往南海“静谷”访田家英，商量整理搜集现代史资料事。他们要求第一步先做两件事：（一）大事月表，不厌其详。（二）编文件集。然后在这个基础上编出《资治通鉴》式的材料书，逐年编写。每年选几件主要的事为中心来叙述。混编年纪事为一。这是毛主席提议的办法。我看近代史也可以这样做。

至田处是走新华门，此为中央人民政府大门，第一次入南海见瀛台。过去每次至中央机关均经西门。我对田讲，地名“静谷”，名符其实。

又晚上谈容闳《西学东渐记》第九章“产茶区域之初次调查”内，记其至华容一段甚详。黄丝为此时华容之特产。已往不知。

毛娃又扁桃腺发炎。

5 月 19 日

上午开科学院编辑出版委员会第一次会议。地点为南河沿文化俱乐部。全体委员廿人多出席，郭院长讲话，陶孟和付［副］院长主持。

郭讲“百家争鸣”。争鸣的意义是各学科开展社会主义竞赛，及学科内部不同意见的研究竞赛。技术科学与物理、生物科学竞赛。史学内部，我研究历史，刘大年同志搞历史，我们竞赛。争鸣不是乱鸣，而是要深入研究。只有研究才能成家，成家就有了鸣的资格。

经济出版工作是推动科学研究的一个重要环节。把出版的远景规划作为一个重要问题讨论，提出规划。编辑出版工作各机构之间应有很好的合作和协调，把关系搞密切搞好。

今天的编辑出版工作，重点是出版工作。这是科学院的中心环节。只有如此才有利于推动“百家争鸣”。

翻译著作六年共出 279 种，其中有 271 种是译苏联的，只有 8 种是别的国家的。

下午看史料。

5 月 20 日

整日写讲稿，得 1200 字。

5 月 21 日

上午写讲稿，得 1200 字。下午党员正付［副］所长会，讨论新增学部委员名单等事。又至周扬处商量规划稿。

5 月 22 日

上午所内工作会。下午规划杂事。

5 月 23 日

上午备课。十二点参加北京饭店侯外庐主持的接待蒙古史学者会议。

下午有两小时备课。武衡、杜润生来。晚上参加北京饭店郭老主持的接待埃及古代史专家法和里、文化代表团团长易万比教授的会。

5 月 24 日

上午讲课，较上次效果好。

下午西苑办公室会，总结出去调查材料事。晚上博物馆会。

5 月 25 日

上午在家处理杂事。

下午图书馆学会。

5 月 26 日

上午备课。

下午怀仁堂陆定一讲百家争鸣、百花齐放。

周总理讲科学规划将来如何实现，提出：（一）要重点，（二）要有先后。我们的规划中缺乏这两点。要从具体措施中解决此问题，分工、机构、人员。

下午六点举行酒会，周总理招待作规划的科学家，与每人握手。他的记忆力真好。我告诉他自己的名字，他马上说：“呵，历史。”

5 月 27 日

做事少，琴买衣。

5 月 28 日

写讲稿。杂事多。晚在西苑旅社开支部会，批评陈哲夫。

5 月 29 日

上午工作会讨论房屋及肃反总结。

下午肃反总结大会。与裴丽生等会谈房屋分配。向情报所作检讨。

5 月 30 日

上午备课。

下午至西苑旅社开研究生招生委员会。

5 月 31 日

上午上课。

下午在西苑旅〖社〗开档案学会。

今天上课情形尚好。但恐讲不完，速度太快。

6 月 1 日

整日处理公文，只有一小部分已办。案卷还有一大堆。非三数日不能理清。

6 月 2 日

整日写讲稿，进展甚微。

6月3日

整日写讲稿，得2500〖字〗。抄书的部分多。全日雨不停。琴下午回□。

6月4日

有半天时间写讲稿，其他为规划定稿杂事。

6月5日

上午所内工作会。下午写讲稿。

6月6日

上午办公室召集各学科负〖责〗人开会，布置规〖划〗大会事。

一、规划是方向性的，大家可以选择。

二、重要的著作教科书组织。个人做要受到鼓励。

下午为开会事找郭老至中宣部，又至办公室。

6月7日

上午至高级党校上第四次近代史课。听说尚钺在此讲古代史，百家争鸣。

下午在西苑布置大会的琐碎事务。

6月8日

上午修八角亭，做事少。下午开规划办公室会。

6月9日

上午九时西苑旅社开规划大会的秘书、记录会。

6月10日

上午打杂。

下午规划讨论会召集人会议。

会前下午两点学部常委先就规划交换意见。郭老、周扬均参加。本来定今天下午是大会，郭初不主张，后来同意了，周扬也不主张，结果改为召集人会。到会一百三十人，为各学科负责人。会上我先讲规划制订的过程。接着周扬讲话，郭讲话。最后我说明讨论会如何开法。

周、郭讲到“百家争鸣”时有几点值得注意。

（一）“百家争鸣”是有时代性的，它是一定时代的社会经济的反映。今天我们争鸣与战国时不同。我们的争鸣是社会主义的竞赛，各学科的竞赛，一个学科中各种意见的竞赛。

（二）百家争鸣是否要有条件，即是否要加以限制。例如要先成“家”然后再来争鸣。或要提出实事求是作先决条件。对此有两种意见。同时也有一种意见似乎规划和争鸣是矛盾的。有条件的争鸣和认为矛盾是不对的。

（三）百家争鸣和宣传唯心主义的问题。我们站在国家利益的立场提倡马克思主义，对唯心主义则不提倡。但允许其发表著作。这和对宗教是一样的。允许唯心主义并不是什么政策上的策略。完全是科学的发展规律。即有矛盾、有斗争科学才能发展。允许唯心主义是要和它斗争中来发展科学，目的是追求真理。

（四）无论对百家争鸣，唯心主义或唯物主义，我们都不欢迎那种空洞抽象的东西，而欢迎有深入研究、有道理、有自己的意见的东西。

目前学校里讲课只讲别人讲过的，不讲别人没有讲过的，没有自己的意见，这很危险。

6月11日

上午各组开会。我参加近代史组。邵循正传达周扬意见，太啰唆，一个上午占掉了。

下午继续开会。

发通知700人。除民族未开会外，到500人。到会人数不算少。表明大家积极性很高。

6月23日

上午改驳曾稿，付铅印。曾文又作修改，提出了《美国侵华史》“基本上是片面地看问题的，主观主义的和反历史主义的”。七大错误或缺点：1. 没有顾及资本主义的发展不平衡，宣传了美国自十七八世纪即有高出于他国的侵略野心的有一套完整〖计〗划的“计划侵略主义”。2. 没有顾及近一百年各帝国主义侵华势〖力〗的消长变化，宣传了美国自鸦片战争以来一直是中国最主要的敌人的主张。3. 一贯宣传了美国通过日本侵略中国的说法，似乎日本侵略中国只是美国侵略中国的工具。4. 分期没有根据。5. 全书对一系列的大大小小的政治事件作了随心所欲的解释，很多是反乎常识的。6. 全书夸夸其谈，没有提供材料，提供了许多奇怪的结论，有的材料错得很厉害。7. 全书突出地贯穿了“左”的片面观点。全书中同样有很多右倾观点，经常处在“左”右摇摆之中。

下午处理历史编辑部杂事。

6月24日

上午未工作。

下午处理所内杂事。

6月25日

上午处理所内杂事，发出给中宣部（为郭毅生告状事）、科学院（为南京史整处增加编制事）材料。

下午看一个提纲。晚上在周扬处开会。

6月26日

上午工作会议，讨论所内评奖和培养干部的办法。

下午再谈赫鲁晓夫在第二十次党代表大会上的报告。过去只是听念了遍。参看材料上载“美国国务院已在六月初全文发表。这个报告是在秘密会上作的，足见苏联党内还有问题”。

在开会之前，于光远谈到上午中宣部部长办公会议传达毛主席的几点意见：这次人民代表大会上有三个问题有人有意见。一是释放日本战犯，二是允许宣传唯心论，三是两个万岁。关于一，毛说，如果全部杀掉战犯可以解决我们在若干年炼多少钢的问题，可以全杀。但不能解决此问题。如果全放可以解放台湾，我们就可以全放。但也做不到。那么我们就留下〖一〗批，放掉一批作为政治资本，慢慢使用。关于第二个问题，是目前的事实。允许它只是承认了事实。关于第三个问题，提两个万岁，没有处［用］而又有用。如果能够所有右派组织起来成一个右派政党，都是好的。可惜有困难办不到。

另外关于国际局势的两个阵营问题，毛主席说：不要提三个集团，但两个阵营的对方要提美国，另有一个非美国势力的存在。只要做得好，十年之后美国可完全孤立。

又在此谈话中周扬讲到苏联某些人的极幼稚。林涧青谈到曾彦修极偏激。

6月27日

上午看一组提纲，并准备开学部常委会的杂事。

下午续备第二段提纲稿。

6月28日

上午学部常委会，郭沫若、李达、范文澜、王亚南、胡绳、翦伯赞、于光远、狄超白等均出席。对远景规划作出几项技术性决定。

下午看叶菲莫夫《中国近代史》译稿。

6月29日

全日准备第二段提纲。

6月30日

上午张遵骝谈话。下午周遂宁、余元庵、王崇武谈话。张的谈话有一些新的东西，是新情况下知识分子思想变化的典型例子。

7月1日

下午休息，至景山游，这是第二次。

下午参加郭老召集的历史哲学教科书编辑问题座谈会，陆定一同志参加。

7月2日　上午　中宣部

上午参加中宣部召开的社会科学刊物主编会。

下午二组提纲讨论会。

7月3日

上午所内工作会，讨论实习员培养办法。有结果。下午一组提纲讨论会。

7月4日

上午处理学部事。下午改一组提纲。

7月5日

整日读《清实录》。

打算从今天起，开始新的工作计划。

7 月 6 日

全日读《清实录》，完三册——只是翻一遍，找出要用的材料，未查对年月和加上抄写者看的标记。

7 月 7 日

上午读《清实录》，下午至高教部开会，讨论编写教科书事。黄松龄主持，翦伯赞等参加。

7 月 8 日

上午读《清实录》半册。下午董谦来，晚至潘梓年处谈学部机构人员等事。

7 月 9 日

上午王崇武来谈编历史图谱事。并至西苑旅社参加高教部教学大纲讨论会。

下午有部分时间读《清实录》。

7 月 10 日

上午读《清实录》。

下午至西苑旅社参加黄松龄召集的会。讨论教科书问题。

7月11日

上午所内讨论一组提纲。

下午继续讨论提纲。李新、彭明来谈现代史编写问题。

7月12日

有半天时间有［读］《清实录》。上午两小时处理学部杂事。下午五点以后至周扬处。

7月13日

整日读《清实录》。做完六册抄写标记。至现在为止，共用约五天的时间，读完第一函十册。晚上全未利用。加上晚上两小时，速度可以加快。（晚上读完一本。）

7月14日

上午读完《清实录》三册。

下午北海漪澜堂同尼基菲诺夫等谈编写历史图谱事。七点时经山东麓回，见大桥□□□新作修整。一九五二年□□□□ [①]

---

① 此处日记本破损，看不出下文。——编者注

7 月 15 日

上午读完《清实录》三册（中间还有王崇武来谈一刻钟）。

下午参加高教部教学大纲审订闭会式。晚上郭沫若、杨秀峰主持宴会。

7 月 16 日

上午读《清实录》一册。其余的时间处理编辑部事。抄写员舒林来开始抄写。

下午读《清实录》（完二册，参加二组会一小时）。

7 月 17 日

上午声乔来谈。他从德国回来来谈现代史。看《清实录》。抄写标记二小时。□小时作志记。其余的时间至学部同潘、尹谈科学院、高教部开党组联席会有关社会科学部的事。

7 月 18 日

上午十点做完《清实录》第二函抄写标记。按现在的情形看，两天可以读完十册，一天可以做完十册的抄写标记。共三天完一函。如果无杂事，速度还可加快。其余时间处理学部事。

下午至语言所开会，讨论青岛学术会议事。韦悫、王力、罗常培、吕叔湘、丁声树等在。他们坚邀我去青岛。回来时至哲学所访王仲不遇。

晚上读《清实录》两本。

7月19日

上午至北京医院洗牙，后在所内讨论二组提纲。

下午用二时读完《清实录》三本。其余的时间讨论二组提纲。

全日身体不适，发烧至37.5。

7月20日

上午用三小时又十五分的时间读完《清实录》五册。烧退，精神较好。

下午连晚上共约五小时，做完六本抄写标记。烧退。

7月21日

上午两小时半做完四册抄写标记。

下午、晚上读完《清实录》七本。

7月22日

上午理发。董谦来。至潘处谈工作。下午读《清实录》三本，做抄写标记两本。晚上参加波兰国庆节招待会。是酒会，没有固定的座位。在一个桌上同坐的有邵力子及其夫人（邵近七十，夫人四十余岁，讲话浙江口音。劝我不要吃酸黄瓜）、罗隆基等人。另外同桌的有一中年妇女。同罗隆基开玩笑，说他不结婚，别人有意见。答话很诙谐。同桌的另有武衡和他爱人。至九点始散。

7月23日

上午至北京医院取牙根。医生姓李，手术很好。取出来毫不觉得。麻醉过后亦只微痛，没有特别难受。可以照常看书。整日躺下未做事。

7月24日

上午处理学部和所内杂事，准备去青岛，参加语言会。

7月25日—8月4日

廿四日下午八点从北京乘北京青岛直达车，于廿五日下午三点四十到青岛。廿六日因人未到齐未开会。廿七日至八月一日开座谈〖会〗。这次会议的起因是在西安师范学院教书的傅子东有一篇语法的文章投至《中国语文》，《中国语文》未登。于是傅到处告状。因他是四川人，写信给陈毅、郭沫若、吴玉章、刘伯承等人，痛骂语言所吕叔湘等专横压制。傅认为汉语的结构服从意义，即句子的结构是由句子的意义来决定的。吕、王力等人〖认为〗，在一个句子里意义和结构是统一的。分析句子时意义服从结构，即结构变了，句子的意义也就变了。傅的主张，不失为一种学术见解。但他的论据、方法完全不能说明这种见解。陆宗达、丁声树、王力等均认为他是“三家村”来的，是“土克〖郎〗”“不成家数”，不愿意同他讨论。语言学家中的知名人物对这个会一直是抵抗不满的。会的本身虽无大坏处，会外吕叔湘提出是四川人给陈、郭等写信就要开会，万一有个湖南人给毛主席写信又如何办。潘梓年在语言家中提出照顾地方性和傅的吃饭问题也不适当。

王力是王国维的学生。他谈到王国维讲《尚书》时，一句一句讲。十句中总有两句自称为“这句我不懂”的。这种态度应该效法。

车到了青岛就像到了外国。所有房屋不是德国建的便是日本建筑的。全非中国风味，与其他城市不同。

前后洗海水澡三次，俯泳仰泳各能维持四五尺远。

八月二日和三日因台风影响，海潮、海浪大作，甚为壮观。三日下午一时从青岛乘直达车于四日上午九时到北京。

8月5日

星期天，休息。

8月6日

上午至北京医院拔取牙根。右侧两个牙根同时取出。施治为女大夫周掌珠。从上麻药至手术做完共约三小时。避免了开刀，无甚痛苦。因伤口较大，整日出血，无痛的感觉。

8月7日

体温颇高。除了处理一些杂务，大部分时间翻阅过去十天的《人民日报》，未做其他的事。

8月8日

上午科学院党组会，讨论经济所狄超白、林里夫事。至下〖午〗两点。

下午处理学部杂事。

上午有两小时看《清实录》，并做抄写标记。

下午至中宣部开会讨论与苏联合作编历史图谱事。无最后结〖果〗。

8 月 17 日

上午做完《清实录》抄写标记九本。

下午同刘导生至中宣部谈工作。

8 月 18 日

上午林甘泉、张芝联等来谈。布置刘导生去各所了解情况事。去医院看牙。

下午晚上读《清实录》七册。

8 月 19 日 （星期日）

上午两小时做完六册《清实录》抄写标〖记〗。下午一小〖时〗做完四册标记。

其余的时间处理公文，写信五六件。

8 月 20 日

上午三小时半，读《清实录》八册。

下午三小时读完《清实录》两册。做完十册抄写标记。一日完《清实录》一函。时间尚有余裕。

8 月 21 日

全日读《清实录》十册。标记七册。晚上参加周总理欢迎老挝（南掌、寮国）首相富马的盛大宴会。富马 51 岁。看到很年轻。太太则可以看出 50 上下。同席的除罗常培、袁翰青等熟识者外，有陵其峻、乘志、翁文灏。翁为第一次见面。此人貌甚不扬，身材矮小，左颊凹陷，年约六十。风度亦并不特别大方。如果不是道破，不会觉得是当过政府行政院长的人物。

饭后老挝和中国方面均有人演唱。老方为付［副］首相及一女团员，均年青。我方为汉剧女演员陈伯华及京剧女演员三人。是余心清临时组织的。全是名家。陈最美。

8 月 22 日

上午读《清实录》，进展慢，得 4 册。

下午同刘导生至郭老处谈工作，汇报青岛会议情况。

晚上参加金灿然在前〖门〗外煤市街丰泽园举行的为尼基福罗夫送别的宴会。曾彦修在场。他是人民出版社付［副］社长兼付［副］总编辑。

8 月 23 日

上午刘导生来所谈情况。开了一整上午的会。

下午读《清实录》。

8 月 24 日

整日读《清实录》。本星期共完三函，是迄今为止一个星期读书最多的。

8月25日

上午读《清实录》，完七册。

下午开会。先是湖南省委宣传部陶浦生等来谈湖南成立历史考古研究所事。后是狄超白等来范文澜同志在八大会上发言准备事。

8月26日 （星期日）

上午有一小时做《实录》抄写标记。一小时完三册，每册标十处以上。十点至车站送尼基福罗夫返国。

下午一点又三刻钟，做完七本抄写标记，平均十五分钟一本。每本十标左右。七天内共完四函。

8月27日

上午同刘导生至科学院谈学部事。

下午晚上读《清实录》九册，标三册。

8月28日

全日读完《清实录》一函，费七小时。有一个钟头处理学部杂事。早起补完昨天的一函。另有周遂宁谈话半小时。

8 月 29 日

上午九时半至潘梓年处。下午参加科学院党组会，讨论哲社规划。

从昨晚起，起早带晚，仍完《清实录》一函。

8 月 30 日

上午替范拟在八大会上的发言稿。费时一上午无结果。

下午开学部办公会。潘、刘等均参加。

晚上读《清实录》六册。

全国工商业资本家和资本家代理人人数

（不连家属）1955 年统计和估计

私营工业（四人以上）和私方 143969 人

合营工业 14758 人

私营商业（二人以上）117621 人

合营商业（估计）1400 人

进出口业 2482 人

饮食业（三人以上）21971 人

服务业（三人以上）15000 人

交通运输业（估计）20000 人

已处理的批发商 76871 人

（未处理的批发商已计入私营商业项内）

不在职股东 30000 人

以上共计 444072 人

〔见中共中央委员会的第八次全国代表大会的政治报告（第二次稿）附件〕

8 月 31 日

上午读《清实录》。

下午四点半去北大。先找杨仁梗［楩］，后见罗常培谈语言所事。六点三刻回所。

全日连早起共有小时读书。[1] 连昨晚的六册共完《清实录》两函。到现在为止，这个星期已完五函。每日一函。

晚上见范读他的八大发言稿。他讲到今天毛主席在一个会上谈到学习苏联的问题。指出我们要学苏联，但是要〖学〗先进的东西，不是连落后的东西也学。苏联绝不会是一切都是先进的。苏联人放屁总是臭的不能是香的。别人有些是落后的东西，我们就不去学，云云。

9 月 1 日

上午十时至医院拔牙，取左下大臼齿。事先化脓，据诊为牙周炎，拔后至晚继续有血。左下腮微〖痛〗，晚睡眠大受影响。

勉强看《清实录》完九册。

9 月 2 日　（星期日）

上午读《清实录》一册。做完全函标记。此星期内完六函。六天之内有三天半是有杂事，仍能完六函。除了加上早晚时间，主要是抓零星时间。有几分钟也能看半册。

下午给党组写信，请解除我学部秘书兼职。原因有四：

（一）目前学部人力已较前大为充实，解除我的秘书职务，对学部工作毫无影响。

---

① 原文如此。——编者注

（二）我的兼职过多，能力实在不能胜任。

（三）事业荒废，研究计划一再流产，太不像话。

（四）身体条件很差，对现在担任的工作体力难以支持。

9月3日

上午替党组草拟给中央的报告，内容是关于社会科学方面科学研究机构分工问题。有一小时读《实录》。

下午读《清实录》，连上午、晚上共完十册。

9月4日

上午同刘导生至民委刘春处谈成立民族研究所事。有一小时做《实录》标记。

下午、晚上读《清实录》。做完前一函标记，另读完一函。

9月5日

上午参加科学院编辑出版委〖员〗会。会在南河沿文化俱乐部举行。有两个付［副］主任是新人物，一为杜任之，山西来。一为朱务善，曾在苏联三十多年，讲话称"我们苏联"。有□小时做完十册标记。

下午晚上读、记完《实录》一函。另找潘谈辞去秘书事。他表示"不要急"，云云。

9月6日

上午、晚上读、记完《清实录》一册。

下午开学部会。同罗常培等谈语言所事。

9月7日

上午读《实录》。连昨晚读两册，共读、记完一函。

下午开所内工作会，讨论整风，招考研究生出题等事。

9月8日

上午有一小时读《清实录》，连昨晚和今早共完七册。上午开学部会，林涧青等参加。谈分工、建立机构、开常委会等事。林请我和刘导生在文化俱乐部吃午饭。在车上我向他讲，要坚决辞去秘书，请他支持。他说他们考虑。我应离开研究所，做研究员和学部工作，“现在不是解除秘书名义的问题，而是要换一个名义”。其意指学部付［副］主任。前些时已有多设付［副］主任之说。我表示打死我也不干。这是引用郭老的话。

下午裴丽生、潘梓年来所，同范讨论八大发言稿事。范要我替他写初稿。

9月9日

上午为范写完发言初稿，约1500字。

下午给罗尔纲写信。罗病得很厉害，生活极不正常。又拟招考研究生中国古代史试题五道。

9月10日

上午搬家。由八角亭搬至研究所西侧。从1950年9月30日出医院，住六年。这六年中除了先后两次出国，一次去武汉、上海，一次去青岛，共约半年。其余的光阴全是在这个八角亭里度过的。此处明代为东厂，清末为荣禄故居。八角亭中原有铁质假葡萄等装饰，据云是英国人送荣禄的。此园在民国初年由袁克定以十万两购赠黎元洪，后为黎府。八角亭曾为直系军人举行秘密会议之地。抗战期间日本人居此园，为东亚文化 ×× 会会址，实乃文化侵略的大本营。战后国民党接收，胡适、傅斯年分住在此。胡住亭西院正房，傅住亭东侧。1949 年 6 月来北京，我即住此园北面花厅。于今七年矣。八角亭虽不适于作住宅，周围石山翠柏，环以藤萝丁香等花木，风景清丽，环境安近［静］。最近几年以［已］新建房屋、全园大受影响，而且在三十到四十岁之间。其中生活虽有若干变化，研究却毫无成绩，且没有认真做过研究工作。迁居后应从头做起。其他条件，主要是摆脱些杂事后，当有研究的可能。新居在研究所最西侧，西墙外即是太平胡同。对面为民盟总部大楼。房共十间，原为语言所长罗常培所居。是两年多前才盖的。不甚讲究，却自成一个小局面。搬来之后再到八角亭去看，不胜留恋之情。

杨仁梗［楩］来谈出版世界史刊和建立世界史研究机构事。

下午同刘导生至郭沫若处，谈开学部常委会事。又同范改写他在八大会上的发言稿。

9 月 11 日

上午同荣孟源等讨论招研究生试题。十点至北京医院拔牙。今天拔上颚对内的一个牙。原来并不痛，为装假牙便利而拔去。医生仍为周掌珠。这是最近拔去的第五个牙。其中有三个是残根。

下午勉强读《清实录》三册，记完十册。连上星期六共完一函。

9 月 12 日

上下午共有一半时间读《实录》，阅完十册。下午三时半开会布置整风事。

辞去学部秘书信昨天已发出，下午打电话问潘梓年，他表示一定要党组讨论一下，似乎有一点不痛快。

9 月 13 日

上午记完前函《实录》，处理杂事。

下午开学部常委会。

9 月 14 日

上下午六小时看完《实录》一函。下午三点半开所内工作会布置一九五七年计划。

9 月 15 日

上午晚上读《实录》四册，其余的时间为范改八大发言稿。今天八次代表大会开会。晚上范来，稿要重写，讲百家争鸣问题。

9 月 16 日

整天替范写发言稿。空话很难讲圆满。晚上至十一点仍没有完成。

9 月 17 日

上午直至下午三时写前项发〖言〗稿。共 1500 字。太费劲。其余的时间读刘少奇同志政治报告。

9月18日

整天读《实录》。上午读六册，记完一函。并有全总职工、学校校长来谈资料事一小时。下午晚上读、记完一函。

9月19日

整日读《清实录》，看、记完一函。下午买大木椅三张，共55元。

9月20日

上午处理学部、所内和编辑部杂事。下午至西苑旅社修改总规划草案。晚上和潘梓年同车进城。他告诉我党组已同意解除秘书职务事。等着办手续了。

9月21日

上午开所内工作会，讨论1957年所内计划。决定开近代史学术年会。

下午继续至西苑修改规划稿。

晚上为韩事给郁文写信。

早晨丁名楠告我昨天的《光明日报》上李元庆、刘导生等人。

9月26日

上午同韩长耕、李瑚谈话。李要求调动工作。

下午至西苑旅社。修改总规划中科学史部分。参加的有叶企孙、钱葆宗等人。

9月27日

上午有一小时记《清实录》。

下午至西苑改总规划语言部分。参加的有王力、魏建功、吕叔湘等多人。

9月28日

上午一小时记完前函《清实录》。理发，托卖照相机。

下午修改总规划教育部分。

9月29日

上午修改总规划图档博及外语。十二点至国际俱东部出席郭老主持的欢迎捷克布鲁塞克院士宴会。

下午去看万得龙（龙彼得）未遇。此人极反动，此次来中国，接待很麻烦。

9月30日

整日读、记完《实录》一函。

10月1日

参加天安门国庆观礼。早九点同范至劳动文化宫后门入。庆礼上午十时起，至下午二时结束。淋雨共五小时。国庆节大雨，七年来第一次。游行未抬领袖像，今年是第一次。是和以往的现象不同。天安门仍挂□□，对面树有马恩列斯像。此为反对个人崇拜的表现之一。

10月2日

上午休息。

下午晚上共读《清实录》七册。

10月3日

上午王崇武来谈。

下午读、记完前函《清实录》。

10月4日

全日用六小时读、记完《清实录》一函。下午给吴晗写信，谈谭其骧编绘杨守敬地图事。

晚用翦伯赞和我的名义在西郊宾馆请万［得］龙。

10月5日

上午读《清实录》十册。下午至学部开会，讨论总规划修改事。

10月6日

上午记完前函《实录》。

下午读《实录》三册。

10月7日

全日读、记完前卷《实录》。

10月8日

上午处理杨仁梗［楩］事，分别写信。

下午改明年学术会议计划。董谦来。国钧等三人回湖南。读《实录》三册。

10月9日

上午读、记完前函《实录》。

下午钱宏、周遂宁来。至历史研究编辑部，并同尹达谈杨仁梗［楩］事。晚至西苑会餐。规划办公室解散。

10月10日

全日读完《实录》。上午读、记完一函。下午晚上读完十册。

10月11日

记完前函《实录》。

10月12日

上午未做事。下午工作会。整天读《实录》三册。

10月13日

科学院党的活动分子会。张劲夫传达毛泽东同志在预备会上的发言。如下：

1. 今日总结七大以来经验，团结党内外国内外的一切积极因素，为着把我们的国家建成伟大的社会主义国家。

首先要团结，现在我党1054万党员，是伟大光明正确的党。过去有人对此怀疑，外国朋友对我党是否正确有怀疑。如对资产阶级的政策，整风运动等。现虽了解的较多，但仍有人不了解，认为七大以来不一定都正确。事实摆在面前，两个革〖命〗都取得了胜利。这是十月革命以后的大事件。五十六个国家党代表来参加我们的大会（早□时四十九个国家）是很好的事。过去大家只看到我们落后的一面。现在我们国家的面目改变了。

光有党员是不行的。百分之九十以上的工作群众做的。我们必须好好团结国内群众。把国外全世界一切有用的力〖量〗和可以借助的力量都要利用。为了社会主义的建设。我们可以成为伟大的，伟大的革命、伟大的建设、伟大的党。过去人家看不起我们是有理由的。蒋统治期只出几万吨钢。我们三个五年计划中就有二千多万吨钢。当然还少。我们可以赶上世界最先进的国家美国。完全应该，完全可能。我们不赶上，六万万人就要从地球上开除“球籍”。

第二思想作风方面。要继承过去的传统反主观主义、宗派主义、官僚主义。今天讲一讲主观、宗派问题。这两个主义搞清了又发生，发生了又要搞。斯大林为何犯错误，就是因为主观主义。主观和客观不相符合。过去革命我们受主观主义的害很长很大。损失白区百分之百，红区百分之九十。直到整风才把这个问题搞清楚。马列主义必须和中国实际结合。主观主义今后一万年一万万年都会有。人类不毁灭，总有主观主义。党和非党要对革命有用的都团结。我们首先要团结党派。国外首先要团结苏联的党。斯大林的错误是部分的暂时的。苏联的党主要的大量的是好的，也有部分的是错误。

我们国内最好的教员是蒋介石。帝国主义也是我们的教员。坏事有教育作用，不过是间接。和我作过斗争的人，只要承认这点就可以合作。和自己闹别扭的人就要团结。和自己意见相同没有什么要团结了。

此次中委候选150—170。上届中委全选，包括李立三、王明。此次选举三八线为界。（曾镜冰、黎玉、刘子久。）150—170，比上次扩大一倍。等几年再扩大。三八式党员是我们的基础，其中人才很多，不好安排。上届中委做了工作，未辜负七大对他们的委托，正确的。进行的革命和建设，克服了不利于中国革命的机会主义。这是对整〖个〗中央委员会讲。个别的中央委员不能讲。王、李我们还要选。我们不选举犯错误的人，我们就要犯错误。即对有错误的人排挤，变成王明路线。我们是马克思主义者，不跟王明学。最基本的一点是王、李不是一个人，是反映小资产阶级观点的相当一部分人。小资产阶级内部有一部分人不坚定。高兴起来狂热，不高兴垂头丧气，患得患失，生怕丢东西。我们的党是工人贫农的党。现有一百多万知识分子，可以归入小资的有农民、城市贫民……他们前怕龙［狼］后怕虎，主观主义最大，宗派主义不少。选举他是表示对有思想错误的，和对反革命、分裂派是有区别的。王、李有政治纲领有社会原因，我们党内遇到重要关头动摇，王有时最左，有时最右，我们选了他。七大以来已十一年，没有什么损失。选了他是否鼓励了犯错的人，是否有人因此去犯错误而望得中委。不会的。我们党员鉴于他们犯错误更谨慎一下，引以为戒。这样好像是有点不公道。要从正确或小错中让出位子。是这么一回事。但还另有一方面。正因王、李犯错误出了名，我们等待他们改正错误。我们党内有很多小资产阶级分子，出了名有很大的作用。王、李个人关系不大，关系大的是成百万小资产阶级分子。有了王、李两面旗帜，成百万动摇的小资产阶级可以安心了。对王、李如此，对他们也如此。对王、李如此，得到一种利益。即对改造小资产阶级有利。

第四［三］，此次大会时间匆促，安排好，可以开好。大家要好好准备。

陈云讲八大名单

一、八个方面。军队、地方各20余人，文教、妇女5人。

二、范围大小问题。170人较适当。资历老的有些未包括。因为我们不是“老资格委员会”。他是要指导全国革命的。有些未列入的在发展前途上比已列入的好。

三、是经过中央政治局和各代表正付［副］团长综合研究过的。

四、代表的地区分布反映了中国革命发展过程。

毛主席在各单位谈过后讲话

七大的选举团结了全党。过去我们有过路线错误。这些路线错误并不止是犯错误的个人的事。我们也要负责任。如果我们觉悟很高，错误路线就行不通。我们打仗打了廿二年，过去的失败和挫折教育了我们。现在是建设，这是新东西。希望建设时期的错误不要像战争时期那样多。现在我们中央委员会是政治的委员会，还不是科学的委员会。我们要学习。有人怀疑中央不能领导科学和卫生。这当然不对。但是有原因，我们确实没有人懂。

就党的高级干部来说，主观主义、宗派主义是比较少了一些。但是还有。如一长制问题就是。

我们这次大会应是又一次团结大会。这个名单上海、天津、武汉城市工人没有。这是因为中国革命是农村先胜利。我们经过二十二年的农村斗争，学会了马克思主义。不能说明我们这个党不是马克思主义政党。马恩本人也不是工人。英国工人阶级多，但英国工人阶级不如中国农民革命。我们执行的马克思主义政策，所以我们能进行革命取得胜利。我自己过去【没】第一次去了当选中委，第二次没有去未选，第三次去当选，第四次未去又未选。这就说有很大的偶然性。我在“左”倾路线时代共受处分二十处，被开除党籍一次（后说是开除政治局委员）。从自己的经验看，是经过曲折的，其他同志也可能受曲折。应当把曲折当经验看。世界上的事哪能那么公道呢？共产主义也不会绝对公道。共产主义没有矛盾我不相信。有矛盾就有主观主义。应当说七大以来，比较地公正。我们的任务是应当力争比较公正。也许今天名落孙山的人是将来【是】对中国革命最有贡献的人。名单上的人只会在二十世纪中做工作了。当选不当选有很大偶然性。

裴丽生传达关于党章问题

一、设名誉主席、主席、付［副］主席、总书记四名，是因为实际工作繁重，须要强化。同时领导也比较稳定，即去了一层还有一层。

二、毛一再强调要有名誉主席，自己准备当名誉主席。此次选举投票时毛主席投票选刘少奇同志为主席。毛主席提出他有许多东西要总结。如果有二三十人帮助，把它写出来，也许对比处理实际工作对革命贡献大。

一九五八年

月　日①

成为事实上的政治单位，被赶掉。蒋介石要垮。（三）进联合国，让中国进联合国，保留蒋介石，这我们不干，不进去让蒋介石作个□代表，我们去，是进安理会。蒋介石要自己否决自己。（四）美国搞掉蒋介石，但美国很难动手。如果从金马撤走，美国可以搞军事政变。（五）托管台湾，一定要搞掉“中华民国”的牌子。所以我们在“五关”斗争中，要重重障碍，不使其实现。所以我们要打打谈谈。这是黄少谷说的，很好，使我们得到锻炼，是最好的现场。因此，我们得出的结论，把台澎金马〖留〗在蒋介石手上一个时期，比拿台澎换金马有利。我们曾经一度设想分两步走，先收金马，后收台澎，现在看一气呵成好。但我们要准备〖应对〗美国的封杀，好心的糊涂人要调联合国出来干涉，我们拒绝。准备再决定一次。〖说〗我们是侵略国，有了一次，再有一次没有关系，也不要怕和平中立国家来劝。中国人民是爱好和平的，又是有战斗气氛的，因为被压迫，是要反抗的，不怕。一时的诬蔑、误会我们不要怕，有道理甚至准备搞□□中国，有的大使要走掉，这对我们没有关系。

分析三方的矛盾，美蒋都是反动派。有人说蒋介石可能和我们一致起来。其实同一个阶级在两个国家也是可以打仗的。现在的问题是美国逼着蒋介石不能活，我们没有逼蒋介石。所以现在是美蒋的矛盾，超过和我们的矛盾。这是蒋介石存亡的斗争，是要发展的。我们利用蒋介石抵制美帝有多少积极性？〖蒋介石〗是反动派，但还有一点民族性，与侵略性有矛盾。蒋介石十年反共，但还有过抗日战争这点积极性，尽管很小，也需利用。同时利用蒋

① 这一页日记从下面开始，前面的文字已失落。——编者注

抵制美国守住台澎金马，再过若干年是要变化的。我们建成了最高的社会主义社会时，台澎必要［受］影响，晚一点收回对我们并无损失。西藏等地不是平衡发展的，晚点收回可以。总之台湾〖不在〗帝国主义手上和在中国人手上要好。台湾坚决主张归还祖国，和第三路线——即坚决做美国走狗的，都是少数。动摇的是多数。至于那时用和谈还是军事斗争，仍是两种可能。再有就是中美会谈，既是内战，我们与美国又无战争，为什么还要会谈？我们还是要谈，华沙有人问美国何时不谈，他答覆：十年后回答。这就聪明了。中美是两个大国，谈判不解决问题，也没有坏处。两个大国有点关系没有什么不可以。有人问我们光警告，不打，这是不是阿Q。不是，警告的目的是记账，记账而不打，不是示弱，而是准备力量。美国欠了账总是要还，欠账越多，还账越重。警告也不是毫无效果，四十次以后他不来了。我们这样做是为了孤立美国，暴露其侵略性。我们是新生的，一定会强大，最后实至名归。

（4）反帝斗争中若干观点。

八个观点，是毛主席讲过多少次的。

（一）谁怕谁多一点。毛主席多少年的观察，帝国主义怕社会主义多一点。兹举十四件证明这一点。帝国主义杜勒斯，英国工党都是怕社会主义的影响。中立国家苏拉瓦底都是不放心，这次是□就怕拖下水。

（二）美帝搞的军事同盟是侵略的还是防御的？我们回答是侵略，也是防御的。首先是侵略，那些同盟，驻军的国家包括英国，对社会主义问题是针对我们的。但防御性居多。在台湾也是防御中的侵略，但是防御不了的。

（三）国际局势是紧张好还是不紧张好？我们答覆：一、紧张不好，二、紧张也不怕。紧张都来自帝国主义，他要和缓［紧张］，当然不能拉住。他要和缓，是可以和缓的。但内部就能控制，经济危机就会更重。西哈努克承认了中国，美国还得大为招待。中立是必然趋势。美国不敢和缓，要搞紧张。我们如果怕紧张，就是威胁。当然我们不是紧张的制造者，人要在压迫中奋斗。

（四）美国在一个地区搞了乱子，是让他脱身好，还是不脱身好？他在各地搞乱子越多，绞索越多。美国在黎巴嫩撤好，但他不走，可以说是反面教育事件。总是对立的统一，从反面促进发展。

（五）反动派登台好还是不登台好？如果能制止是不登台好，但是不能制止，登台就登台，总要垮台的。戴高乐就是这个例子。人们对他还有幻想，对朝左转的路还看不清。戴高乐决定办法摆脱法兰西危机，人民会最后了解的。戴登台要搞点独立性，就要和美英吵架，他没有办法，人民失望，最后就要把他抛弃。不仅戴高乐是如此，如巴基斯坦、缅甸、泰国都有点向右转。只要我们认清了方向，只［知］道他们是要失败的，就可以确定我们的战略。帝国主义帮助反动派，使人民学会组织武装斗争。

（六）帝国主义对我禁运问题是好事还是坏事？是好事。首先害他们自己，不能做买卖使我们可以自力更生。我们有两条：自力更生为主，外援为辅。国内市场为主，对外贸易为辅。美国不卖给我们，就逼出来了，自己搞设备在兄弟国家贸易是互助合作。少吃点粮、鸡、鸭也要保证对兄弟国家出口，对亚非国家是平等互利，并帮助他们共同发展，和帝国主义完全相反。

（七）帝国主义承认我们好，还是不承认好。承认也好，不承认也好，硬要承认按照主权原则承认，不拒绝英、荷。是承认一半，而在中国承认中国，在联合国承认台湾，不承认我们一样可以存在。美国十六年后才承认中国［苏联］，苏联仍强大，美国承认不承认并无［不］希罕。和我们有经济、文化来往的有七八十个单位。联合国进去也好，不进去也好，我们八九年花果山时代，说话自由，没有不好。我们不急于参加联合国，受束缚。人在年青时总是受艰难困苦才壮大起来的。

（八）和平好还是战争好？当然和平好，战争也不怕。台湾海峡如果打起来怎么办？如果敢把战争加在我们头上，我们一定要抵抗，不能屈服。美国有人想搞局部战争，能否局部打，成问题。因为牵涉两个阵营。如果美国在局部战争中使用近代武器，我们没有可以买，可以借，要回敬。也许这个局部地区的原子战争就制造了全面战争。我们就要有信心接受这个战争，前怕狼后怕虎不行。

总之必须各种问题都想想，来增加我们的信心。

（5）我们的光明前途。

反帝斗争和建设，是我们的长期任务。要我们鼓起干劲力争上游，建设社会主义。有理有利有节来反对帝国主义。我们希望在一个不长【期】的时期结束帝国主义。

11月7日

裴丽生同志传达郑州会议。

这次会议澄清了〖关于〗社会主义、共产主义的许多糊涂观念，起草了十五年社会主义建设四十条。1958—1972年。

党中央和毛主席提出的总路线照耀下，大跃进形势下，我国1958年基本上实现了人民公社化，是我国伟大创举，将大大加快社会主义〖建设〗速度。我国将经过这种形式大大发展生产力，逐步使社会主义集体所有制过渡到全民所有制。同时在社会主义过渡中物质条件将不断增长。在15年或更多一点时间内，我国要在按人口平均主要工业产品〖上〗赶上或超过英国水平，使农业主要产品和产量赶上或超过世界农业最先进的水平，科学文化超过最先进的水平，消灭脑力体力的最重差别。

十五条纲要是到共产主义的纲领。

一、社会主义建设必须以全国为纲，以此促进工业、农业、机械制造业发展。

二、钢的年产量至1972年达到4亿吨左右，即每人平均半吨，或半吨以上，铜、铝等应相当。

三、1972年机床年产量160万台左右。

四、1972年煤年产25亿吨左右。

五、发电。

六、全国铁路达40万公路［里］左右，同时各地【根据】大小汽车年产60万辆。

七、开辟连结全国的主要河流，河网化。

八、化学工业产量品种赶上超过最发达的美国。

九、……原子能达到最先进的水平。

十、棉、毛、人造纺织品达每人平均三十丈左右。

十一、〖粮食〗从1958年起，三四年内每年产量一万五千亿斤左右，每人平均两千斤。同时提高工业作物的比重，提高、加速林、畜、渔的发展。

十二、耕作制度改变广种薄收，耕作园田化，农业工厂化。提高劳动生产力、缩小耕地面积。农业机械要结合我国特点。全国面积十八亿亩，只播种六亿亩。以六亿种绿肥。1972〖年〗，5000—10000亩。

十三、灌溉排水。

十四、耕地施肥，每亩30000—50000斤，有机肥料为主。

十五、1958年起耕地每三年轮翻一次，一尺到三尺。

十六、种子。

十七、因地制宜，合理密植，水、土、肥、种、密、工、管、害八字仙方。

〖十八、〗

十九、除人力所能及的荒山要绿树成荫，平原木材自给，山地木材外运。

廿、大力发展畜牧，每人两头猪，十只鸡鸭。

廿一、技术革命、文化革命，提高共产主义教育。

廿二、实行教育为无产阶级服务的教育方针，在十五年内普及中学教育。

廿三、发展科学工作，系统总结我国革命经验，总结人民创造经验，普及科学知识，在所有人民公社内建立科学研究机构，在提前实现十二年规划的基础上达到最先〖进〗。

廿三［四］、发展人民艺术文化，百家争鸣，百花齐放。

廿五、改进医药卫生条件。

廿六、发展群众体育事业。

廿七、实现上述规划，必须充分发挥人民的积极性，发挥人民公社的优越性，是生产单位，也是政权单位，是社会主义过渡到共产主义的较好的组织形式。农村已实现，城〖市〗也应采取实［适］当特点形〖式〗实现，大城市慢一点。

廿八、民主生活，建立同志式的互助合作的关系。

廿九、劳动和休息要有节奏地结合，要保证劳动力休息睡眠不得少于十二小时。十五年内做到每天劳动六小时。

卅、人民公社按城乡不同条件实行不同形式的供给制和工资相结合的分配形式。工资适当增加，逐步提高供给品，使社员有适当选择的自由，产品的数量愈增。

卅一、每人的基本消费资料：细粮一斤，肉半斤，油一两，蛋两个，布每年一百尺。

卅二、依照有利生产的原则逐步改造城乡房屋，建立新式居民点，包括学校、敬老院等。现在城市应园林化。应废除历史遗留的不合理的家长制，适应家庭老幼的团聚。

卅三、公共食堂必需办好，保证吃好、吃饱，老幼病孕要适当照顾。

卅四、托儿所、幼〖儿〗园必须办好，要比在家里好，要培养合格老师。

卅五、人民公社的计划纳入国家经济，公社各级组织。

卅六、人民公社应按发生先后原则发展生产商品，货币价值法则仍有其作用，逐步过渡到产品交换。

卅七、人民公社的总收入，公社积累和上交部分应兼顾两方利益。

卅八、为了准备条件，为打败帝国主义侵略发展全民皆兵。

卅九、中华人民共和〖国〗公民可自由加入人民公社，地富等可作非正式社员。

四十、加强党的领导实行政治挂帅，任何人要走群众路线，不能压服。

毛主席读两本书的建议。

毛主席在郑州会议上的讲话。

《斯大林苏联社会主义经济问题》这本书应研究，应着重读前三章。有许多值得注意的问题。很多东西是正确的。有些可能斯〖大林〗自己也没有搞清楚，客观发展，计划经济没有展开讲。他的心目中可能认为苏联经济已反映规律。他们对轻工业、农业未重视是吃了亏的。我们是在优先发展重工业下，轻工、农业兼举。斯〖大林〗还提技术决定一切、干部决定一切是只专不红，是不要群众，只注重工业，没有注意轻工业和农业，这都是一条腿走路。我们提出农业以粮为纲，工业以钢为纲。斯大林在第一章里只是提出问题，没有解答问题。第二章商品生产，三章价值法则，我相当赞成其中许多观点。但如论生产资料不是商品，今天中国仍是商品。最后三封信中最后一封信差不多是完全错误的，基本上是不相信农民，是自己骗自己。总的问题是没有找到由集体所有制到全民所有制的办法。国家对农民控制得很死，两组过渡，由集体所有制到全民所有制，由社会主义到共产主义，没有找到办法，苦恼。商品生产是旧社会遗留的，我们暂时把他保存下来，在社会主义下商品生产交换不起调剂作用。我们的调剂是计划，是政治挂帅。斯大林论生产关系，没有谈上层建筑。我们为基层服务的整风，干部下放劳动，工人参加管理等，都属上层建筑，不谈这些就是只谈经济，不谈政治思想。苏联同志长谈【玄】我的劳动，不谈政治思想就不行。但是我们了解没有共产主义的思想运动，要过渡共产主义是不可能的。人人为我、我为人人，不大妥当，左右都离不开我。资产〖阶级〗法权思想表现为资〖产阶〗级法律，教育也为之服务。资〖产阶〗级法权要破除一部分，如老爷态度等。三风已产生，但商品生产、价值法则也属资〖产阶〗级法权范围，我们就不能那样破除。有人想破除一切资〖产阶〗级法权，恐不妥当。现在地富右等想回资本主义，但要到共产主义的是大多数。到共产主义要有步骤，人民公社一方面为自给生产，一方面要发展商品生产，我们要利用商品交换价值法则，作为一个工具利用，来发展生产。中国是个商品生产不发达的国家，还需要一个发展阶段。人民公社有的吃饭、发工资还有困难，有三类社，不够吃饭、仅够吃的、有余的。总之我们商品不发达，要到共产主义〖就〗要破除一部分法权。对价值法则、工资等要保留。现在有的思想混乱，好像越快到共产主义越好，这是不对的。

十五年建设的四十条，成都会议讲过。要废除历史上遗留的家长制度，但不是要废除一切家庭。家庭作为一个生产单位要废除，消费也应废除，但男女老幼总要有一个人带头，要有班长。劳动紧张时男女一时分居是可以的，但建立住宅不能斩头去尾，住宅要适于团聚。

商品和商业的问题。人民公社必须生产适于交换的社会主义商品。我们要发展社会主义商业，利用价值法则的形式发展生产，过渡到共产主义。一方面共［公］社中国家调拨的物资要扩大，一方面是商品生产要扩大。否则发不了工资。徐水现在就不能发工资。有些同志一提到商品就埋怨。有些资〖产阶〗级法权要破除。一九五三年改为工资制是对的。我们退让一步。但搞得等级森严是不适用的，是父子关系，是猫和老鼠的关系，要天天破除。最近一二年来，干部下放体力劳动等，把等级森严的空气初步改变了。大跃进与此分不开。没有干部搞试验田，等等。现阶段还要保留工资制，多劳多得。

城市公社资产阶级可以入社，但资〖产阶〗级帽子不能放。民主党派、资〖产阶〗级知识分子。社员一类是无〖产阶〗级，一类资〖产阶〗级。四十条是我们奋斗的目标。有些指标要打 ××。□业种树。公社之间与国〖家〗之间可以合同制。社会主义生产是由国家计划调剂。资本家被允许入社，一则以喜，一则以惧，怕降低待遇，怕劳动。要说服工人。第四十条是讲工作方法的，不要谎报成绩。

社会主义和共产主义问题，两个过渡要由集体所有制进到全民所有制。有些同志不赞成。这两制中划一条线，实际上是两种，一是安［鞍］钢式的，一是如徐水的。两者是全民的。不划线不行。斯大林划了线的有三个条件，六十页第二段：在实际上不是在宣传上过渡，第一，增加社会生产品，第二，把集体制提高到全民制商品交换，到产品交换。交换价值提到使用价值。中国要用极大的力〖量〗发展生产优〖质〗工业，工农并举。有些人以为我们到了全民所有制，是不对的。第三，保障社会一切成员，发展体育智育，六小时工作制，自由选择职业，这点不容易。还有改善居住条件，增加工资，这些条件都是好的，但缺乏政治思想条件。苏联对此没有一套办法。我们要增加商品，就必须采取多快好省的路线，要有政治挂帅、群众运动，几个并举才行。不初步〖废〗除资〖产阶〗级法权思想，就不能多快好省。全面的全民所有制含义是：一、社会生产资料为全民所有，二、社会商品（包括生活资料）为全民所有。目前人民公社的生产资料，如土地等和产品，应逐步增加其全民所有的成分。增加这个部分，即增加国家调拨的部分。我们要从生产资料着手。人民公社的性质是以生产为中心的，工农兵学商相结合的社会主义的基层组织。这是大跃进的产物，是实现两组过渡的最好的方式。将来要过渡为共产主义的基层组织。公社的体制主要是劳动调配问题，主要是要有责任制，各部分的劳动分配比例要合理。公社吃饭问题，食堂要办好，现在粮食是小米、小麦、粳稻。要吃得好、饱。大城市建立公社要放慢一些，小城市可以先做。放慢了不会是机会主义。

（劲夫补充）

社会主义商品不是为了营利，是为了发展生产。商品早就有。总路线是否合乎规律还得继续证明。大中小并举以大为纲，中央地方并举以中央为纲，必须抓住主要矛盾。

要团结中国五亿农民发展生产。有许多人要剥夺中小生产者，就是剥夺农民。我们好多同志规律没有摸到，又忘记了农民。这是巩固工农联盟问题。我们的商品生产比巴西、印度还落后。

今后工作

一、跃进为纲，抓元旦献礼运动。

二、抓明年的计划：（一）研究任务。（二）措施指标。中心围绕国庆十周年。所里工作要有元帅、有枝叶地排队。因为人物力有限，不能样样急。

基本：抱（西瓜）、带（学科）。改（对资、作风）、协（内、外）。

三、多写跃进的总结报告。

四、理论研究工作问题。

五、高级知识分子的情况应再摸一下，了解有什么问题。

11 月 23 日

上午九时三刻至前门车站，十时四十五分开车往西安。这是今年第四次离京至外地参观。夜十二点抵郑州。

11 月 24 日

早七点起，车过张矛车站。晚上与计委张同志同间，睡约六小时，甚满意。七点多至三门峡，后经陕县潼关下。一点多至西安。持信直赴交际处。交〖际〗处在人民大厦，规模宏大无匹。至则导生、其芳诸同志先在。下午参看碑林，尹达并至。晚上给此地诸位介绍郑州会议、周总理报告。又研究行程，决定我、何、唐三人入川，再转武汉；刘、尹先返京。至十二时始散。晚上失眠，睡二三小时。郭老题人民大厦联语谓“勉哉吾党二三子，猗欤广厦千万间”云云。

11月25日

上午看半坡遗址，馆址为陈□看后拨款50万元所建。遗址郭书，内容丰富可观。住舍、陶棺葬（幼儿葬室旁）、捕鱼等生活习惯表现显著。址在市东北。

接着看兴庆公园（在城东南部）。唐长安城之一部。有两处屋基特殊，并有大量莲花砖等遗物，据推断为明皇之“花萼相辉”楼和“勤政务本”楼云。公园新建，风格特异。

下午看酆西遗址。有大车马坑，保存完好。有四马一车、两马一车。马饰武冠，车宽四五尺，蔚为大观。这一带车马坑随处皆是。据出土物断其为西周所遗，甚为难得。尹达、马辉同行，考证者推为周酆京所在地。旋过酆河东返，至“邦镐村”，西北有洼地，估计为汉武帝之昆明池。村名“邦镐”，有人推定其地即周镐京。再东北数里即秦始皇阿房宫遗址。我初不甚信，但看遗址全为夯土所建，当可信其是真。再往东又看一直在发掘之汉代遗址，出土物有王莽币等物。有人推想为汉城内之辟雍明堂，盖未央宫即在此西北不远。这一带真是古文化丛集。行万里路信为有益，仅是书本知识，不和实地考察、文物印证不行。

11月26日

上午西北大学党委付［副］书记吴大羽讲。

西北大学一院八系（地质系），语、史、文、经四社会科学系。

工作——一风吹五浪：1. 生产劳动，2. 科研，3. 批判，4. 写作，5. 军事体育。风是共产主义教育。

学校抓的生产较大的有十几项。炼钢、机器修配、金属、玻璃、半导体、稀有元素的分离、原子堆、养猪【厂】场、野生有用植物利用等、印刷厂（工作人员参排字有困难，短期不易掌握技术）。

科学研究有文学、考古、历史、经济、语文等研究所。这些所是系所合一，一个单位两块牌（所属分院建制）。历史语言两系学术批判已搞起来。作法主要是发动群众轰轰烈烈干。批判后提出正面的东西写作。历史系准备做毛主席论历史科学、马列主义在中国传播史。批判进行时，先经过民主党派等和老教师谈清楚，党出面开座谈会。他们顾虑：（一）怕群众，怕一面倒，怕整个否定。这些都在座谈会上讲清楚。是批判错误的部分。陈登元［原］要求批判要厚今薄古，即批判今天和最近写的东西，不要批判过去写的东西。有人提出批判以后今后不能教书了怎么办。要指出不能这么自尊。要教书，不正确，继续批判。陈登元［原］顾虑职业不好办，想到人民大厦卖纸烟。办法：发动群众，大字报、座谈会、写文章。陈登元［原］问题，抗拒较大。有的态度好，争取主动，和群众共同批判。最多数是中间状态，不抗拒，也不主动。历史系提出要把批判作为一门课程，校内以后校外，国内以后国外。

郭绳武（系主任）谈历史方面的工作。

研究所的建制属分院，分院管计划、编制、经费，工作由系内进行。今年计划（明年元旦献礼）：一、毛泽东论历史科学（集录的——南开大学已集一本）。二、解放以来历史科学的两条道路斗争。三、马克思主义传播史（初稿已出大约四万字。传播和实践思想的斗争，主要以政治为中心）。每本书交给学生的一个年级。每年级须廿来人，教师参加进去，师生合作、所系合作。明年十一前准备集中力量研究中华人民共和国十年史，围绕这本书写出一些论著。十一以后往陕北调查，从土地革命到陕甘宁边，搞出整部的历史。主要的困难是缺乏指导力量，只是依靠青年搞。青年干劲大，无所畏惧。以上属于研究所的计划。还有群众性更大的属于历史系，今年准备写一千五百篇文章，十八部书。群众性更大：（一）研究人民公社，分人民公社见闻录、人民公社与共产主义、人民公社与历史科学，个别的人民公社史。（二）教育方针体会。（三）共产主义教育，着重联系思想，每个人可以写“我的思想与共产主义”。（四）学术思想批〖判〗。

资〖产阶〗级学术思想批判最近在开始。特点是：（一）对象集中，火力主要是陈登原。提出批判与自我批判相结合。准备工作：1. 收陈〖过〗去突出论点翻印分发。2. 少数人收集陈著摸底，看主要有什么问题，以便确定批判集中于什么问题。写了一个《陈登元［原］批判引论》。3. 让陈本人有所准备，同大家一起下乡劳动。现在他准备自我批判。开始时动员，大字报带头【报带头】提出问题。现在是进入第二阶段，组织骨干力量，研究陈的代表性著作，写出质量较高的文章。（一）陈著解放以前的著作是《中国土地制度》，由一个年级包干，批判其为反动政治服务。（二）以《历史之重演》这本书的唯心史观为中〖心〗（大学讲稿的序言），由三年级包干。（三）《国史旧闻》为第三个重点，集中批判其繁琐主义，集繁琐主义之大成。以此为中心批判其治学方法，为反动政治服务、唯心史观、繁琐主义，这是三个中心。陈要我们批判时厚今薄古，他自己的检讨是厚古薄今。这个工作是吃力的，但搞好了以后，能肃清影响，提高自己，都很有帮助。原来的课程都已停讲。现在讲课的方法是古今倒置，先现代后近代，最后古代。共用一年半时间。各年级同时进行。现正考虑中外合流，但还不成熟。教研组已名存实亡，实际已成为资〖产阶〗级思想批判的资料室。现代史四分之二的时间，近代古代的四分之一（古今倒置，中外合流）。

西大经济系三个专业：统计、会计、工业经济，三个专业系里教授、付［副］教授十七人，其中多数是如刘不同等政客、官僚、局长之类转来的，队伍极其不纯，现已改变。经济所全是经济系的人，专职的只有一个统〖计〗学，是半工半读。

学术观点中的几种：

一、买办观点，贩卖帝国主义的一套为帝国主义辩护。

二、循环论，陈登原（有《历史之重演》一书）之流，蒙文通（三盛三衰）。

三、文化种族论，陈寅恪、唐长孺。

四、历史学就是史学（徐中舒）。

五、历史随人摆的（胡适之流）。

西安集贤庄八路军办事处旧址。

盩厔（周至），县名。

下午中级党校座谈。中级党校萧枫。

陕西科学分院哲学科学所所长谈的规划，主要是自下而上的。把大家已有的东西集中起来，现决定搞九个研究所。

问题：地方的社会科学研究所主要是做研究，还是主要组织别人研究？

校长讲：第二中级党校有一百多人是学文化的，年龄在四十岁以上，党龄在三八年以前的，目前还写文章，每人三篇，写革命英雄故事、经验总结。打算编成二十本书。另有六七百人是学理论的，年底可以写三千篇文章，从其中选一百本书。内容主要是社会主义教育课程，总路线中的认识问题。作法是经过批判暴露思想，然后写学员中的右倾保守思想。如条件论、紧张论都加以驳斥。最近学习毛主席指出的两本书，结合写文章。

西安市委宣传部：（一）讲师团辅导讲课。（二）全市近五万干部每人写论文一篇。（三）工人农民学理论。有大华印刷厂工人学哲学学得好，能讲课，报上已发表理论和实际结合的新问题，不是不去联系实际，而是不能从实际提到理论上去。资〖产阶〗级法权理解为罚权，人民公社就是共产公社，就是共产主义和个人主义的结合等。总之基本知识缺乏，现实问题不能在理论上认识提高。目前研究那些理论问题方面［向］不明。最近是围绕人民公社。工农学理论的问题，一是如何讲清必要，一是如何坚持学习。工人大部分学不懂《实践论》《矛盾论》。老工人可以懂。特别是工农学理论如何与社会主义教育相结合解决。

反右派斗争，树立对立面，红专大辩论，进行政治思想革命，批判资产阶级思想，这是学习马克思主义的较好的办法。树立对立面，要有人有事好批判。只有斗争中学马克思主义理论才能比较深刻、比较多快好省。这样就解决了理论联系实际的问题。以上是如何学马克思主义问题。再有就是如何建立理论队伍，应该专职和兼职相结合，但专职一般生长慢。

最后理论研究和教学问题，主要问题是跟不上政治形势，如何办。最近想从社会主义向共产主义过渡这个问题，这可能好跟上。

西安师范学院政治教育系二百多人写了两千多篇文章。学生在工厂中半工半读，办法是两个人接一个人的班。问题：（一）理论联系实际无办法，往往马后炮。（二）鸣放辩论学理论方向〖是〗对的，但零散无系统知识。（三）四门政治课不好同时开，是否单一。

渭南县今年要编著一百本书，写几千篇文章。县委设编著小组办公室，发展成为渭南县出版社。各公社都有编著小组，正出书八九种（这是劳动人民精神上彻底翻身）。初期多是文艺作品。有关生产的现已开始总结工作经验。炼钢以后，许多红专大学，有牌无人。

陕北延安十三年研究介绍问题，明年十周年必须搞。

11月27日

上午临潼华清池，同尹达洗澡一次，水清，甚快。

下午西安灞桥人民公社。

党委书记讲：全社11157户，人口58892，整半劳动26324人。土地：123335亩土地。青壮年占总人口50%。劳力指16岁以上的。耕畜6022口。有胶轮大车400辆，铁轮500辆，手车300辆，汽车7辆。有十二行播种机110辆，双人双铧250辆，社地长东西40华里，东西[①]30里。领导分三级：社、作业区、连队。社委51人，常委19人。社委有一室八处、三委、一办公社［室］。分粮、棉、蔬菜、果林、家禽、财经、商业、文教、工业。有计划委员会，福利、科学等工作委员会，武装保卫等四处。机构太大，打算缩小。今年亩产平均1207斤，十一月份起吃饭不要钱，吃饱为止，不定量。包菜、包看病。伙食标准每人五元三毛五分。大部分粮为小麦玉米。耕地过去大犁最多五寸深，现在一般一尺深。密植试验从每亩播三五十斤至一千斤。现在证明每亩四五斤种子合适，一千斤无用。四粒麦子才有一粒落地，其余沾不着土。社有专业剧团，有周刊《红旗报》。较大的社办公［工］厂16个。每天保证有十小时，休息吃饭等十小时，一月休息两天。今年总1800万元，积200余万元。23%生产费。分配48.7%。公益金3%，每人平均97.26（九十七元）。

11月28日

上午座谈。

从现在资产思想批判中看到的几种情况：（一）理论水平，一般有所提高，经过胡适批评等以后，一般的问题已掌握，据此对资〖产阶〗级思想进行批判，能说明许多基本问题，作用很大。而这些多半是青年或青年学生为主，老师参加的。（二）复杂的问题用简单办法解决，或解决不了用压服办

① 原文如此。——编者注

法，青年因此以为什么问题都解决了。（三）有些是学术上完全可以争论的问题，不一定是明显的资〖产阶〗级观点。这就有一个问题，学术批判抓什么？应抓世界观，即抓基本观点，抓两条路线，抓最明显的问题。（四）教学改革中存了旧的一套，新的一套没立起来。西大历史系提古今倒置、中外合流，两者已实行。作法是群众自己提高群众，研究代替学习。

下午十一点起程赴成都。

11 月 29 日

在西安至成都道上。

晚上睡眠很差。夜三点过秦岭毫无所知。早起来在群山中进行，沿途山洞甚多。过甘肃地区见大闹钢铁的群众从工地遣返。下午三四时以后山渐低，进入丘陵地，住宅建筑多为木结构瓦顶，与北方迥异，与湖南湖北等地亦不同。竹木渐多，山上多树。晚八点多到成都，马识途（分院院长）、沙汀（四川文联主席）至站迎接。晚住四川人委交际处第一招待所，地点在永兴巷，与何其芳同志同房。

马识途同志电话 2627。

11 月 30 日

上午游览杜甫草堂、武侯祠。

草堂在成都西南郊区，楠木参天，竹林密布，风景优美，一派自然相，毫无宫廷气，繁华引人入胜，和德国歌德公园有同样风格。墙有崇善[1]做四川总督时石刻诗，不像话。周善培一联内容平平，其人不足取，不应挂此。展出杜诗板［版］本极富。后至武侯祠，其地刘备坟，竹木清幽。

① 此处人名有误。据查，崇善未曾做过四川总督。——编者注

12月1日

上午成都，省委宣传部李亚群、黄觉民部长、马院长来谈。

李谈：学术批判只是“破”了方向方针等，学术本身尚未“破”。破了外行不能领导内行，有些是压服。学生中现在是“有今无古”，搞两条路线方向等问题，基本上是压服。过去是厚薄问题，现在是有无问题。去年高中毕业生大字报拥护流沙河的人数量惊人，草木篇问题还未深未透。

研究机构尚未搞起来，方向往哪里走是问题。

历史方面，奴隶社会、封建社会生产。

马识途：目前分院主要是搞自然科学，社会科学还未搭起架子来。高干哲学学习班陶庸提出矛盾是相对的，统一是绝对的，结果是压服。

黄：刚搞过反厚古薄今，以后还要搞学术批判。结果就炼钢，作为一个战略部署来讲尚未开始，个别的学校自己搞了一些。许多人是认识了解决了问题，没有见诸行动（？）。不少的人，包括一些领导干部对理论迷信，怕摸哲学。除了迷信而外，还有经验主义问题。主要的当然是反教条主义。但是有人怀疑今后是否要搞理论，有人认为政治教育就代替了哲学的学习。我们不是专家路线，但是否就是否定专家。《上游》上李大章写过一篇文章，把经验主义的比重提得相当高，哲学社会科学部座谈后，回来传达，大家对于社会科学情绪不高。

李亚群：各地民歌甚多，各地已出版的近百本。省委宣传部不收原稿。另有民间故事等。省委准备发出通知，搞文艺创作运动负责干部，一年给予三至五个月的创作假。写作的人顾虑很大，两顶大帽子“脱离政治”“不务正业”，另一种顾虑怕请了创作假，写不出，不能下台（方法还未开始）。

教学改革，要劳动力的单位很多。李井泉同志提出要规定几条，全日制的学校要维持一星期有五天上学。苦战变成苦“站”，一年参加一个月劳动，实际都站过。理论处长期只有一个大肚子看门，谁都看到有问题，谁也不敢提。拆城墙，除四害，运煤炭等，这是全国的现象。这种“练人”效果很大，但没有和教育结合。

黄部长：群众路线问题，要讲辩证法对立同一、统一有矛盾，因此要结合，就有矛盾。有矛盾所以要有结合。这不等于大家一样，有群众活动，有专业分工。

李：目前的教学改革是“有工无读”（不是半工半读）、“劳而无功”，多少劳、教，多少工、读，都是问题，要解决。

马识途：学部给中央的报告或批语批评中最好有一句话：各省广泛加强哲学社会科学工作，并可仿此原则办理。

反对教条主义，不等于反对书本，反对科学文化知识。

李、黄：对于开全国协作会议，（一）马上开没有人去，并且明年搞献礼，开会有困难。（二）要开可以条条开，如文学、历史等每一条条摸出经验，然后开总结性会议，提高一步。只有这样开才行。不要为开会而开会。

蒙文通和北京上海出版社十几部稿子合同，都是旧的。蒙文通两边发工资，科学院，他的儿子就是助手，是科学院给的，什么也不参加。

下午至文联陪谈，谈者苏民。

“诗歌下放”在《星星》上展开争论。这是一个方向问题，怎样使诗歌接近群众的方向问题。下放干部都要完成稿件任务，这方面完成得不错。但劳动就差一些，如何结合是问题。或者反过来都去炼钢了，不能完成写作任务。

郭炳和。

12 月 2 日

上午川大历史系

徐中舒：政治上抗拒党的领导，要历史系一切按照他的〖要求〗办事，认为党只管政治，由他管业务。徐认〖为〗马列主义只是一家之言，百家争鸣，马列也可讨论，不应作为指导思想。最严重的是阶级调和观点：《诗经》所描写的不像有阶级的社会。历史研究上的争论，不是外国侵〖略〗中国，封建制度还要延续下去。

蒙文通在成都散布一批右派言论：川大党员都是没脑袋的。过去讲宋史，八个星期讲了一个王安石。他认为国内史学界根本没有人懂得研究历史。要从经济基础讲起。农产量高低和人口多寡决定历史发展。1956—1957 年川大学报上发的文章认为农民和地主是一个阶级，又认为史料就是史学。徐中舒：“史者何，人类生活之记录也。”

缪钺：古史教研室主任，（一）天才教育，认为海派和科班，只有科班才行，繁琐考证。

以上三人现均未开课。

本学期只开一门课：（一）中华人民共和国史（最近三周才开始），教师学生同上。教师或学生，或请外人请［教］。目的是为准备明年十周年纪念。（二）贯彻厚今薄古。（三）教学和研究结合以后，准备古今倒置讲历史。现在争论：（一）恢〖复〗时期是否无产阶级专政。（二）资〖产阶〗级是否专政的对象。办法是报告、鸣放争辩。这种办法，教师学生都分别有些意见，古代史如何学。

科学研究三个方向：（1）中华人民共和国史（即原来讲稿）。（2）十年来的四川。（3）伟大的十年。办法是全系师生集体干，世界史、亚洲史组都参加。（一）批判国内修正主义、教条主义。（二）地方史从今年开始，多个节日都有献礼。三八节妇女史、五四史、五一工人史、七一地方党史。这些任务分给各连师生。此外还搞中国通史、世界通史、四川史方面专题研究和四川简史。现有内部刊物《红色史学》已出两期，北师大的大纲大受启发。

“历史必须有几百年几千年才能看出结果，历史不是故事”——近代现代史不是科学。又历史科学的地位和作用，有的认为可以学了不走希特勒的道路，有的认为学了可以当专家，有的认为古代史分期争论没有意思，不学也可以建设社会主义。这就怀疑历史有什么用处，不如地质、化学与此有关的教学生产相结合，有的认〖为〗历史讲古代炼铁术，头发对炼钢的作用等。总之这个问题长期没有解决。厚今薄古有三种意见：1. 必须从今起。2. 必须从古起。3. 目前必须厚今，这是权宜之计。今后中国讲史从今到古讲，世界史从古到今。今古是 2.5 比 1。差不多是四分之三与四分之一。五四以后整个历史占总数二分之一。世界史、古代、中世、现代各三分之一。今后本系开一门课，批判本系资〖产阶〗级观点，要提倡自我批判。

蒙文通循环论——四川史三盛三衰，中国只有春秋有史学、六朝有史学，宋有史学。因为只有这些时〖期〗有哲学，也是三盛三衰。整个中国史，三百年必翻一个跟斗，皇族是一个阶级，农民地主是一个阶级。

历史研究所可以办个情报性的刊物。

2823　第一招待所（永兴巷）

2627　分院办公室

樊其惠　办公室主任

郭炳和（川大历史系总支书记）

刘绍平　蔡曙光　权建中　张修云　胡显慧

余涧兰？四川师范学院副院长

下午四川师范学院：全院近三千人，有文史数理化五个系。交心，破、立、破，然后搞规划。这个学期已上课两星期。炼钢、学《论纸老虎》，同学多在公社、工厂。调查中百分之十几的人反对新的教育方针，“一锄挖不出《史记》，一挑挑不出《春秋》”。“手足发达，理论缺乏”教育方针大辩论。138—147之间的放假、劳动、学习，最多不超过147，以月为单位计算，这个月炼钢任务更大。历史系同学放在一个老区的公社（钢、坝），在那里学劳动人民历史、写历史，在那里坚持上课，五分之三劳动，五分之二学习。结果是劳动少，尽是带一般干部使用。目前已编出七门课的大纲。有的由师生合编，有的背靠背编。最近的讲课的方法是老师先讲提纲，然后同学讨论鸣放辩论，最后老师作结论。

任正清同志

老师172，教授5人，讲师5人，中学老师3人，其他为助教。系主任贾问津，民主人士，右派言论，到公社去了。系有近代、古代、世界史三个教研组，都是老教师。有四个教授是在地方上搞政治的。系主任解放前教中学，业务都差。资〖产阶〗级观点、唯心主义观点很重。教学上红旗插不下去。谌致远教国际关系史，成套的资〖产阶〗级观点，教材取舍完全采取美国资〖产阶〗级学者的著作。讲师基本上能按马列主义观点讲解问题，但知识少。但借口是教学效果好，同学反映好。

世界史的教学最突出的：（一）对马列主义词句一勾二抬，尽是引马克思词句，没有自己的话，学生不能很好地理解。（二）修正主义观点，对国际国内重大事件如：匈牙利、南斯拉夫问题等均是修正主义观点，夸大历史个别人物的作用，轻视人民的作用。

中国史的教学是材料堆积，繁琐考证，重视〖史〗料、轻理论，按统治者的系统组成教材，不是按劳动人民的系统组织教材。认为用马列主义写问题是“口水话”，很肤浅，讲课学生不服或自己讲不清楚时，就引两句马克思主义来压服。

近代史讲授中帝国主义观点，认为没有外国侵入就没有资本主义发展，没有工业。讲劳动人们起来斗争，寻找革命方向差。“上课打讲稿（即先生念、学生记），考试背讲稿”。

教学改革以前是从古至今，现改为从近代到现代，再回到古代。古代史过去是两年上，现在是半年上。近现代过去一年半，现加成两年。目前开的课：（一）中国古代史。（二）中国近代史。（三）现代史。（四）世界史分古、近、现三门课。（五）亚洲史。以上是主科现加付［副］科：政治经济学、哲学、马克思主义经典著作选读。

教学方式：同学下乡带去一门课，先重点讲授指定参考书，辩论，最后作结论。教材是同学老师共同编，已编出六门大纲，已有《中华人民共和国简史》（油印）。今年要在元旦前完成：（一）修改教学大纲，用三结合办法进行，明年一年完成全部教材。

教学整改中批判了资〖产阶〗级思想，暴露出科学研究的观点：（一）一鸣惊人，必须是别人没有讲过的、做过的。（二）从个人名利出发，把教学放次要地位，因此形成少数人研究，冷冷清清。现在提出的尖端方向：（一）四川史，特别是革命史。（二）少数民族史，彝、藏等。（三）中华人民共和国史、抗美援朝、土改等。（四）亚非民族解放运动史。所有这些师生合作，搞群众运动。

许多资〖产阶〗级知识分子认为中国史书都是统治阶级的，找不到劳动人民的史料，只能按照这些观点讲。

范老等人写的通史和教学大纲结合不起来，这是资〖产阶〗级知识分子认为这些书没有材料、讲不具体，道理一般。他们只重史料，结果从旧史书中去找。

12月3日　上午

参观金牛公社，成都会议在此举行。

党委书记谢旺讲：

金牛人民公社14700户，11580农业户，60810人，劳力2230人，女

10700。全社耕牛 1186 头，奶牛 1286 头，3 台拖拉机。

公社是九月十八日成立的。原有三个乡，四个场镇：查梁子、旧子口、土桥、马家口。公社是一个党委，党委下面有农业建设、财管、基建、文教卫生四科。下面有十八个耕作区，另有两个农场，一个畜牧原林厂。从西门到土桥十五公里，从南到北三十公里。目前办有二十二项工业，一百四十五个。有水力发电厂五个，已发电。最大型的砖瓦厂分十五个车间，有酿造厂等，炼钢十五万斤。基本建设上，完工的居民点两个，有三个正在修建，原计划十八个。全公社计划搞成一个万户居民点。南北六十里，买廿个汽车就可以解决交通问题。居民点的房屋，花八块钱一平方，木料砖瓦是旧的，砂子不花钱。市委帮助设计，训练人员。有八百七十个农民已掌握技术，变成修建工人。群众很满意。邓小平同志、周总理、毛主席指示要修共产主义的房子，要搞绿化。

公社有三个幸福院，有 380 人。最大的有 89 岁，最小的 50 岁。生活比农民好些。一般农民每月吃饭三元五。全社 564 个伙食单位，有一所大学，有学生 124 人。又劳动，又读书，已开学二十多天，有三所业余学校，有十五个小学，交公社办的有十个。学生都住宿。

农业生产总计 61840 多亩田，要少种多收，1957 年平均产量 800 斤，1958 年粮食平均 5000 斤。有水稻、玉米、红苕等。套种三四季，菜收多至廿四季，明年水稻亩产 1500 斤，小麦 1200，玉米 4000 斤，红苕 50000 斤，洋芋 10000，菜蔬 60000 斤。水稻增加 64%。今年平均下 50000 斤肥料。公社生产以菜蔬、付［副］食品为主。1957 年平均两万斤，今年平均基本上达到六万斤。公社成立一个卫星兵团，搞□收小麦、菜籽，目的是培养高产。三个营分搞三种作物，分配原则还未定。伙食供给制，医药公费，穿草鞋，公社发。文娱活动公社有电影机，有川剧团，零花钱这个月发钱一次全〖劳力〗一元五角，半劳力一元，付［副］劳力、儿童五角，幸福院一元。一个伙食单位一个月杀一口猪，可以打四回牙祭。农户目前仍有付［副］业如鸡羊等。一户多的有廿元。计划中的分配原则是多劳多得，除分粮、公积金，其余部分给社员。九月以前各社员评公［工］分，九月以后全社拉平评级。每月每人大小拉平三元，积累占总收入的 40%。去年每人除粮食外平均收入一元。油盐服装，自理。一户最低分几块钱，最高分 80 元，还有不开张的。

一个星期有两晚不加夜班，其余加到十二点钟。一个月放了一天假。早晨五点半起床，中午十二点吃饭，两点上工。中间学文化，写大字报。下午六点下操一小时，七点上工，晚八点半吃饭。栽秧打谷各搞了七天通天亮。突击完成以后，准备不加夜班。

12月4日

上午自成都至都江堰参观，往返一百廿公里，一去车行一小时半。

灌溉廿四县六百一十万亩土地。

紫坪铺水电站。

都江堰地处灌县城边，在成都西北，其形势大致：

所谓“离堆”是个极小的山头。成都上面只容得一座“伏龙观”。从此处开凿的一套沟不过三四丈宽、深亦三四丈，现在水深七公尺。沟名“宝瓶口”，其作用主要是防止进水冲垮土堤。此地尽大小卵石，防水工程用大小竹篮装卵石堆砌，都是就地取材。鱼嘴上有索桥通对岸，一半已坏待修，走起来摇摆不定。离堆上一二华里有二王庙，供李冰父子。庙系依山建筑，规模宏大。如果自下面拾级而上，甚为吃力。成都等地来参加兴修水库的机关干部居此。

12月【2】5日

早六点半起，七点廿分自永兴巷招待所出发，至车站八点行车，晚八点整抵重庆。市委宣传部文艺处长王觉等至车站接何其芳。住重庆宾馆，地点在民生路，新盖的楼房。何住302号房间，对街为抗日战争时的新华日报社，门面狭窄。现已改为水果摊，右侧一小巷。

12月6日

上午单独活动。何、唐住重庆作家协会。我参观重庆市博物馆。

四川古文化——巴蜀文化部分很丰富。说明文称：甲骨文中有“蜀御”“蜀射”“征蜀”等文。一般所论巴蜀时期是指殷周时代的“巴国”（以重庆为中心）和“蜀国”（成都为中心）。下至纪元前 316 年秦统一巴蜀为止。《春秋纪传》“文公十六年‘楚大饥，庸人率群蛮叛楚……秦人巴人从楚□……”。此巴人为四川人。有人解巴人庸人为巴陵华容人，显非是。

昭化宝轮院出土之距今二千二三百年巴蜀时期的船棺甚为特殊，长约一丈七八尺，宽近三尺。为整树所挖刻，殉葬品甚多。

成都火车站青杠坡出土“授经画像砖”，上有一人坐榻上讲学，六人坐席上听讲。席与榻相隔一丈，称为“函丈”。此当为“函丈”之由来。又听讲者身佩小刀，叫作“削”，是用来削去竹木简上错字之用的。此是“笔削”之由来。此时有文翁讲学传经，文化大盛。

重庆江北香国寺出土之东汉 25—220 年的砖墓形与一间独立山小房无异，可容三四人座［坐］卧。

苏东坡“幽人无车不出门……”手稿亦系仅见。全计三百余字，有两三行三四句修改涂抹。

整个博物馆内容丰富，惜无近代现代史部分。

博物馆位于枇杷山公园内。整个公园和博物馆建筑物为四川大军阀三［王］陵基住宅。山高临江，地势险峻。最奇者高地有亭，亭是一装饰物，其基础是一钢骨水泥作战工事。

下午　重庆周钦岳付［副］市长

肖华清体委主任　陈今吾

德阳丸案（反日）1926？

万县惨案　（英国开炮）1927？

三三一惨案　王陵基（刘湘部的重庆卫戍司令）大屠杀。

蒋介石派他们四川发动三三一案。石青阳（国民党右派）、向初仁、戴某等。

这时刘伯承领导泸州起义，局势紧张。

三三一是四一二前的大屠杀。三三一是为了反万县惨案的群众运动。为蒋介石支持刘湘、王陵基下手。漆树芬是这次大会的主席（左派）被打，省委负责人杨闇公（杨尚昆长兄）化装逃走被杀。

与国家主义派在四川的斗争。

杨树民——国家主义派的秘书长反对《新蜀报》（主编周钦岳）。

国家主义派唱读书主义，不参加政治斗争。为纪念五卅运动，左右两派展开斗争。六七月间杨树民等反对左派报纸，全川报纸展开反对。

萧楚女这时参加。张闻天这时在某女中教书。与国家主义派的斗争是从萧楚女开始的。

鲜英是刘湘参谋长，张澜副官。

12月7日

上午北培［碚］西南师范学院教务长方敬同志谈：

西南师范学院是在解放后西南几个师范学院有关系的合并起来〖的〗。现有十三个系科，是全国师大师院中系科最多的。全院学生5100人。中文、数学两系最大，历史系有学生400，老师500人，教授、付［副］教授70人。邓子琴是历史系最好的，向达的同学、汤用彤的学生，现已入党。吴宓一度在历史系，现调至国文系文学系。赖以庄川东才子。

历史系有辩证主义历史唯物主义教研组。每个系都有这个组。如马克思主义与化学等。这个学校的教学改革做得较好。特点是：

（一）是群众性大，两个星期写了三百张大字报。

因教师多厚今薄古，搞校勘、目录、考据、出典等眩［炫］学。资〖产阶〗级知识分子指责我们不重视科学研究，实际上是要在这方面争领导权。我们的科学研究观点和他们的观点实际〖是〗不一样的。当时群众路线和专家路线未分清，语言学的争论很多。

历史的主要问题是把历史人物牵强附会，联系实际，重史料不重视观点，拒绝用马克思观点、阶级观点研究。陈寅恪、徐中舒大受推崇，帝王将相的历史受拥护。

戴蕃瑨（陈先骕学生）一人十五万张大字报。

（二）规律掌握得比较好。

现在教历史是从近代、现代到古代，这是有过争论的。即近代和现代是有联系的，完全颠倒古今不妥。古史部分减少，近代现代增加；外国减少，中国增加；古代史原有大量减少的主张，后来觉得太少不行。而且主要不是时间问题，而是内容问题。现在准备四川现代革命史、四川少数民族史。世界近代史是以《共产党宣言》和《莫斯科宣言》为纲，中国近代史以《中国革命与中国共产党》为纲。

系主任郭豫才（搞先秦的）。何汝泉——系秘书。

下午游北碚，公园有温泉、乳花洞等胜景。梁漱溟在此搞体仁学院。

批判的观点：（1）历史不是上层建筑。（2）史观产生于史料，多掌握史料就有了观点。

课程开争论：

（1）开设顺序问题。古代—近现代，还是从近代开始？有人认为研究近现代没有味道，有人认为先学近代现代是临时办法，长了不行的。

中国现代革命军曾至川北的南充、宜南、巴中等老根据地调查。收回的文字、碑刻、课本、条例等，已写出《四川现代革命史初稿》。《四川少数民族史》以藏、彝、羌等为中心，初稿已完。两种都有廿多万字。另外正编《四川乡土史》。再有就是编写厂矿史，已脱稿几种。这些都是准备明年元旦献礼的。在祁江工地编有《祁江铁矿史》。

已提出要批判的有梁启超、何炳松、雷海宗等。三结合搞了十一个教学大纲，九种讲稿。

古代史占 34%，近代 26%，现代 39%。现在古代还有一点增加。

在工地上课不能按章节讲，主要按单元讲。如宋辽金元中分为经济发展、阶级斗争、文化等几个单元讲，不按历史发展分章节。先预习，然后讲，复习辩，最后教学小组研究后作总结。

师院学习参考书：

范、尚、吕、何干之……各组主要的看一种，然后集合辩论。

《历史研究》《历史教学》等老师都订阅。过去四年级由老师开讲座，讲当前争论的问题，然后同学讨论，没有写出文章。

黄天朋讲近代史，付［副］教授。

李春鐘、黄淑群（讲师）〖讲〗现代史。

近现代史一般都很弱。

周钦岳要《历史研究》创刊号。

八年抗日此栖身，“三打维支”笑语新。
戴笠为邻居在右，总看南北过门人。

1958.11.9

12 月 8 日

上午参观重庆曾家岩 50 号周公馆、人民大会堂、解放碑等处。50 号为旧三层楼房，构造不规则，底层大小合计不足十间，底层全归周馆。中层国民党特务占用两间，上层窄小，归周馆。乔冠华、龚澍即在此结婚生子。故今年十一月董老来此题诗有“三打维支”之句，以两片面包夹火腿形容之。三打维支此语译音也。中层有周、林（彪）、董住室，是按原样布置的，设备简陋。日本投降后，特务住的两间房归并过来，归吴老住，此时办事处已改为公开的四川省委，吴老任书记，张友渔任付［副］书记。与民主人士接触，并与国民党办理交涉。地下省委则完全是另外一套。这时何其芳同志是第三次来此工作，情形甚为熟悉。1947 年国民党强迫撤销办事处，吴老等一行被迫返延安。

12 月 9 日

早六点半自重庆宾馆出发，至磨儿石码头上民权轮，八点启碇开往武汉。磨儿石在嘉陵江、长江入口处。晚八点至万县，沿途江的两侧尽山。其芳家居万县城里，上岸探亲十二点始。1926 年 9 月 5 日（？）英兵船炮轰居民，是为万县惨案。其时杨森驻此。杨早已挂革命招牌，因事与英驻军交涉，英即开炮示威。杨军略事还击无效，英舰从容退去。

12 月 10 日

晨六时半起床。六时三刻立舷边看两岸山势险峻。问船员，称此处为夔府峡，巫下［峡］尚在下面。稍后，广播员宣布这是巫峡，巫山神女十二峰即在峡中云。但山势已渐平，峡已过去，什么神女峰也没有看见。然后即过巴东县城，在江南岸山坡上蜿蜒城街。八点多过秭归，县城在江北，未及见到。县城稍下不远有村落、深沟、庙宇。船员称深沟名“香溪”，即昭君洗脚处。诗中所谓“生长明妃尚有村”之地也。庙有屈原庙、昭君庙。相传屈原亦秭归人，其芳谓汉以前书未记屈原生于此处，此乃后来志书所载，不可信。“香溪”紧接西陵峡，至船头观看，最窄处两侧山岩壁立，宽不足一百公尺，水流至此，波澜翻起。适逢下游来一拖轮，民权轮又从峡中回倒，给拖轮让路，始能过去。江面狭窄险峻可见。广播员称此处有所谓“天书宝剑峡”“牛肺马肝峡”，皆难指实。只有左侧石壁有一凹入处，略似箱形，或为好事者附会为藏天书处。广播员称过去有“青滩不算难，只怕鬼门关”。此处水急山险，略可相当。以下江面礁石矗起，屹立江心，船不敢快行。十二点至宜昌，山势疏阔。前既平坦，峡已过完。唐诗中有“两岸猿声啼不住，轻舟已过万重山”“巴东三峡巫峡长，猿鸣三声泪沾裳”。现在峡中不但无猿啼，而且草木稀少。

值得注意的，山虽崎岖峭壁，从坡上有时可以见到房舍居民，宅旁只种有少许玉茭，不可能有其他作物。这些人过去生活穷困可以想见。

12 月 11 日　星期四

六时半起床。昨晚九点睡，早四时醒，睡七小时，为此次出门以来睡得最好的一夜。问船员这一带地名，答以小地方，不知名。推其地当已过塔市邑一带。南岸地多芦苇，江堤离岸尚远，又有薄雾，远处一无所见。八点多钟船过城陵机［矶］，往岳州方面［向］看去，因距离远，城市与洞庭湖面均看不见。矶在江南岸有建筑物一二所。二十年前八月间与浴生等赴延安从此地经过，瞬已廿年。浴生牺牲，我亦渐衰弱。中国则发生了翻天覆地的变化。与何、唐等谈及往事，记忆犹新也。

方壮猷

下午五时半民权轮抵汉口第二码头，误点半小时。京［金］口以下距武汉廿余华里，便已看见长江大桥之墩。抵埠有湖北分院综合所付［副］所长万中人（钟仁）来接。八中全会尚未结束，旅馆十分拥挤。万等预定汉口中山大道1401号万国旅社。房子建筑已十余年，完全是旧式旅馆。我同其芳住头等房间，一天房钱四元五角。房屋当街，通宵人车来往喧腾。汽车过时，床铺抖动，至下〖夜〗三点尚不能入眠。其芳通夜酣睡。与孟老电话联系不通。

宣传部办公室李明阳　孟福堂同志　72211转73311

武汉综合研究所小汇山五号　万中人　73310　71688

现住汉口中山大道1401号万国旅社。

贲文湘、黄惠贤、曹木清，武汉大学历史系。

12月12日

上午分院、武汉大系［学］看李达同志，并到历史系座谈。李达同志提出要“抽税”。

红专辩论，一开始辩论历史科学与现实。许多人认为历史不能重演，与现实无关。领导提出四结合，历史与现实，理论与实际，脑力劳动与体力劳动，知识分子与劳动人民要四结合。初期拔白旗是着重批判了政治上坏的教师，对于一般资产阶级学术思想未着重批评。历史系办了一个十七亩八分的农场，暑假开荒坚持下来了。为不为现实服务，实质上是要党的社会主义的方针，还是要资产阶级的方针。这就是两条道路的斗争。学生、老师中都斗争激烈。有的人公开表示不要到洪［红］安去只能暴露缺点。各种借口不肯下乡。某老师〖被〗蚂蟥咬了一口，怕伤风几天不出工。有洪［红］安调查报告可供发表总结。

初期拔过白旗后，没有划清资产阶级界线。吴宇景［于廑］、唐长孺在群众中有很大影响，认为红专旗子。历史科学特殊论，挖土不能挖出巴黎公社、筑堤不能出万里长征。再有是工农同学特殊论，认为工农出身劳动已无问题，问题只在于学知识学了以后再当普通劳动者是浪费，不愿意做普通劳动者。

群众对吴、唐迷信很深，这次不但〖搞〗他们的教育思想，而且也搞他们的学术思想，分别成立两个战斗司令部，每部廿来篇论文。

十一月一日开始动员，准备了十天左右。总支提出批判吴、唐学术思想为中心，大搞科学研究。参加者二年级和四年级两个班，一百多人。唐的讲义、作品很多，不胜其看。唐自认为自己【教育】思想是资产阶级的，但教育思想不一定是。群众认为，名义在总支领导下，实际上是在唐的领导下，认为唐做学问是踏实的。同学对于自己能否科学研究是迷信的。司令部是领导【下组】，由系总支和支部成员组成。批判文章是发动大家写的。先做动员，破除对唐、吴，对科学的迷信，说明目的。批判目的，不止于扭转资产阶级方向，而是要对这段历史提出自己的看法。搞法是按马克思主义几个基本原则，如阶级斗争、资〖产阶〗级法权、基础与上层建筑等问题来检查唐的作品，分工写文章。按照大问题分成许多组看文章。三天中普遍发现问题。选择中心问题、典型例子。最后写出九篇论文，先背靠背讨论修改，然后面对面在大会上批判。唐的作品中最根本的是认为南北朝这一段历史是统治阶级内部的斗争是历史发展的主动力，这是根本弱点，被抓住了。在民族问题上，关于拓跋问题的文章中贯穿着拓跋文化与汉文化斗争（《历史教学》1956 年第 2 期），实际上是陈寅恪的文化史观，甚至更突出。又在民族问题上用大汉族主义观点看待少数民族。批判以后的收获：（一）对唐的迷信确实破除了。（二）对阶级观点是进一步明确了。（三）同学对科学的迷信有些破除了，认为群众是可以搞科学的。对【写】这个阶段的讲义编写有了一个看法。在这以前在唐、范书上都看不明确。（四）唐本人心情尚舒畅，表示〖有〗干劲。（五）同学中对历史专业能结合现实、能为现实服务的信心巩固了。原来认为搞古代史为什么要劳动〖人民〗，思想不通。现在认为要有劳动人民的立场才能正确理解古代史。不限于谢灵运、寒门、贵族的概念了。唐引用马克思关于水的理论，来说明当时的封建形成。这一次批判了。

批判过程中有些争论。有的认为均田制有作用，有的认为是落后的。对民族文化的看法也有争论。因为有些理论问题不能解决，现在群众引起学哲学、学政治经济学的热情（李达同志很强调历史系必须学这两门课）。现在提出扫哲学盲。批判的缺点是：（一）深度不够。（二）有些问题简单化。科学研究已写出中华人民共和国史（17 人，15 天完成的）。另外还写出中国近代史、宋明清史、现代史下半集，都已完成。另有鄂豫皖调查，武汉大学校史（已有 46 年），二年革命斗争史。准备搞长征史。

刘仰峤同志要陈、周讲话。

红安调查办法

调查包括 58 县。先写洪［红］安党史，搞鄂豫皖苏区的历史；同时搞湘鄂赣、洪湖等三个地区。明年把湖北省党史调查告一段落，省委统一抓，党员都要担任写党史的任务，各学校搞一个革命史。此外副产〖品〗资料学报传记等。中央在这里组织有战史调查。办法是组织各有关校系参加，上下结合，找有关的领导同志，如郑位三等访问。现在武大历史系参加的已有三百多人，民族学院、中级党校、政法学院有几十人参加。总负责领导的是中级党校。在县里交给县委一位同志负责。

1. 薄古薄到什么程度，课如何排？

2. 现代史中如何厚今薄古？

3. 地方史调查，如何下厂下乡，如何与劳动相结合？何干之写的是党史，不是人民史。

要求指导，学历史怎样学？

学历史还应学哪些课程？——文词美富，金玉其相。

国文系可否写工厂史？——文史相通。

衡量论文的标准。什么是尖端历史科学？

下午搬至茶港新村省委招待所。压伤手指。

晚上万中人、朱剑农同志来谈分院工作。先讲哲学社会科学综合所的工作。现分三个组，历史方壮猷负责，哲学李达负责，经济朱剑农负责。原来经济方面负责人杨开道，现已成右派。经济组分政治经济学、农、工业组三个组。哲学方面主要是研究两类矛盾，现在增加人民公社有关的问题。经济只有两个人工作。有某留学生在农村中劳动两个月，农民不知道他会讲英语，是知识分子。这是一个好的典型。

方壮猷今年五月来所，现有五人。省委决定争取五年内完成革命史。分院第五中级党校党史教研室，武大历史系分别先后近百人至洪［红］安调查，先找几个乡作试点，然后作普查。麻城已搞完。作法与洪［红］安不同，主要是依靠地方力量，一是下放干部，国务院有三百下放干部在那里，有十几人参加工作。二是中小学教师。

这样一个多月，麻城搞完，下放干部很愿意参加这个工作。他们要献礼。并且因为此地工作近一年，情形熟悉。从分院下去的共三十多人，一个多月搞完麻城。第一起以大学师生为主，第二起以地方为主。

作法：首先从三同下手。先搞典型人物的调查，典型革命人物、家庭下手，可以细致些。省委先作了布置。第二阶段主要是党史。先是半天劳动，半天调查。麻城阶段劳动搞得较少。

现在武大分鄂豫皖，华中师院分片包湘鄂西根据地（二方面军）、湘鄂赣，分工领导，武师等包下。分院历史组以文献材料为主，搞大事年表。

鄂豫皖	湖北　13 县	安徽　9 县	河南 7 县
湘鄂西	湖北　16 县	湖南　7 县	
湘鄂赣	湖北　六七县		

郭步云第五中级党校党史教研室，曾向中宣部反映此意见（郑位三、徐向前曾参加此会谈，郑为洪［红］安人）。

现在省是实际领导，自己负责县里名义领导，就有了积极性。

要求中央统一安排。

现在的问题是：（一）重复，下去调查过若干次，找的尽是那些人。下面生产任务忙，去的单位很多地方不胜其烦，负担很大。（二）各抓一点，不能解决问题。（三）现在力量已组织起来。下去的有四百人，连地方的，下放的近千人的调查大军，浩浩荡荡去调查的人，只要东西，拿走东西，不留下东西，地方有意见。两个倾向：（一）把重要的写在自己的调查账上。（二）都想找肥田耕，不耕瘦田。（三）各地不协作，有些互无联系的问题重复式不能解决，或浪费人力。（四）现在是农闲的时候，适宜下去。

万中人同志讲，过去研究是脱离实际，现在倾向已转变。问题在于如何联系实际。学习哲学的经验是抓生产环节。省委宣传部长提出哲学学习的要求是有什么中心、实际，就联系这个中心、实际。搞钢铁就联系钢铁。罗田群众学哲学自学自教，组成很大的一个农民讲师团。

目前的调查工作有三满意：（一）调查的对象满意，出了自己的东西。（二）学校满意，改造了老师思想。（三）研究机构满意。

困难是弹簧，看你强不强，你强它就弱，你弱它就强。

洪［红］安准备组织革命老人在红专大学讲革命史，在老根据地农民讲历史的条件完全有，工厂老工人也可以做，如二七罢工等均有老工人可找。这是重要的历史普及工作。老师去记录，可以缩短体脑劳动。要有人提倡。解放战争、抗日战争，城市农村都可以做，有的是材料。

下午四时以后从万国旅社搬至省委高干招待所洪山区茶港新村三路7号，是孟夫唐同志代办的。孟、王住宅均在附近。晚上先是孟来谈，以后万中人、朱剑农、方壮猷来谈。睡眠近六小时。

右手中指在汉口上汽车时碰伤。唐为此事甚为抱歉，经骨科医生检查证明未伤筋骨。

12月13日

上午省宣传部密加凡部长谈：

理论工作目前主要搞共产主义运动。作法从调查若干人民公社入手，着重研究两个过渡，消灭三个差别。现在争论社会主义教育和共产主义教育有无差别，再有农村中的矛盾是两条道路的矛盾和先进落后的矛盾哪个是主要的。我们考虑社会主义教育主要解决两条道路的问题。共产主义主要解决先进落后的问题。陆部长讲区别先进与落后，主要看对共产主义是满足于集体所有制，或是准备条件向共产主义过渡。中宣部通知加上社会主义。周扬认为要有区别。这不是单纯理论问题，在实际工作中有问题。鄂城公社的主任提出三大原则：（一）机器所有权归公社，使用归本社。（二）劳动力首先本社使用，然后公社调。（三）分配按小社分配。这是本位主义的原则。有的认为这是两条道路斗争，有的认为这是先进和落后的斗争。后者较妥。此外，对无报偿的劳动等采取什么态度？这些如果都当作两条道路就困难。两条道路是要立即解决的，这是少数人的问题。先进和落后是可以等待的，是多数人的问题。并且向共产主义过渡是思想问题，还有物质问题。

农村中两条道路矛盾是否主要的，有怀疑。如果是主要的，为什么提出进行共产主义教育？因为理论上没有解决，所以最近下通知提的是两条道路，两种矛盾。

我在党校作了一个报告。供给制算不算各取所需？有人认为各取所需是共产主义因素，大家在因素上钻牛角尖。因素不是整［真］理，共产主义还是食粮食，就吃粮食，粮食供给就是共产主义。

资产阶级法权残余。资〖产阶〗级法权最本质的是资本主义剥削制度。残余到底是什么，混淆不清。我们的国家是资〖产阶〗级法权残余。正确地讲，粮食供给制是共产主义因素。这些都属于共产主义宣传研究。

第二大事是总结宣传十年的成就。经济政治文化各方面写历史。主要从政治、经济发展历史来写。有些部门很可能搞成技术性的。已提醒注意主要是写方针路线怎么贯彻的。省委宣传部领导写湖北十年思想斗争，准备按运动发展来写。有知识分子改造、农民教育（严重问题的是教育农民）、对工人的教育等方面。按运动分期、按问题分方面编成资料，再写文章放在前面，作为结论。通过这个工作，促进实际工作部门和理论部门更好地结合。实际工作部门很忙，省委专门作了加强理论工作、规定全省500理论骨干、每年【建设】理论队伍的提法（见6页）。

解决目前迫切的理论问题工作和研究基本理论这两者如何结合，恐怕前者应为主，但不迫切不等于没有现实意义。把理论和实际两股力量扭在一起，没有彻底解决。

过去一度认为县委书记、乡书记写的文章都是理论文章，是发展马克思主义。这看来是不对的。只能算是报导性的文章。《红旗》也如此（陈伯达与河北谈话有此）。这只是半成品。要发展马克思主义必须是补充新的原理，或原有结论有新的表达形式，这算是发展。有人认为这是思想不解放。我认为把发展马克思主义看得太简单是不对的。前一个时期有偏向实际等于理论，把发展马克思理论看得太容易了。

一是共产主义教育，一是十年革命经验的总结，这两条为纲。

要总结十年必须总结一下辩证法和群众路线。陆定一同志讲当前理论三个方面：（一）共产主义教育。（二）群众路线。（三）辩证法。

过去这方面是抓规划、抓组织，现在要抓理论活。

党史工作力量已组织起来。党史中最大的问题是对苏区各时期工作的估计，有的中央没有结论，这是最棘手的。里面有争论。这对写得好不好关系重大。没有估计不能正确使用调查材料，这个问题是比较复杂的，研究概括是更高级的。

资产阶级思想批判要求三五年内基本肃清资产阶级思想影响。其所以提三五年是应在第二个五年计划期〖间〗完成此任务，然后再过渡到社会主义

（第三个五年计划）。

群众路线。过去批判马哲民等是少数人集中写，那是专家路线。资产阶级学术思想的社会影响主要〖在〗知识分子中。应以青年知识群众为主体来进行批判，这才是群众路线。

各学校系科正在编教材。

共产主义研究要和调查相结合。例如城乡关系，需作典型调查。

发动群众要和专业相结合。138、147 和调查有矛盾。

1．研究机构要有力量。

2．作党的助手，便于提高。

下午同何、唐至武汉作家协会访问。文学中争论的问题很多：（一）浮夸、夸张的倾向，夸张是否就是浪漫主义——夸张要真实，要有目的。（二）人民内部矛盾怎么写？（三）正面人物要不要写缺点，怎么写——要根据主题是否需要，有目的地写，否则不写。

12 月 14 日

上午夫唐同志邀游东湖吃鱼，下午参观武钢。

12 月 15 日

上午十一点卅四分乘广州北京直达车从汉口返京。

一、学习六中全会决议目的：①

（一）提高理论。（二）联系思想（《经济研究》发表了与郑州会议针锋

① 这一页未标明具体时间。——编者注

相对的文章）。（三）通过学习安排明年的工作。社会主义向共产主义过渡发展了马克思主义有重要意义，要研究。

二、明年工作安排：

（一）资产阶级学术思想批判。（二）现实问题研究。（三）献礼。（四）政治思想工作。

批判一要继续，二要提高，三要结合（群众专家、机构、学校）。要有策略，打打停停，针［争］鸣。——各学科如历史要有一个总的估计、分析。哪些人的问题批判过了，批得怎样，是否深入，哪些问题未解决要提出，哪些人的问题还要批判，如何组织力量，怎样帮助高等学校的批判提高结合。如期开会，把过去的文章拿出来研究，检查已有的成果。现实问题，即社会主义、共产主义问题的研究。

1. 要研究学术批判的形势、研究对策——批判质量问题——要量中求质。群众性的批判不能要求太高——即研究所要经常知道批判的形势并提出政策意见。

2. 要组织力量〖写〗研究文章，特别选出有代表性、有倾向性的文章加以批价［判］。

3. 组织讨论，有多种多样的讨论可以进行。如关于陈寅恪批判的现状，就可以专题讨论。找对陈有研究、对批判文章有研究〖的人〗，就可以开会讨论。

4. 研究所要写出一些质量较高的批判文章。

5. 提供资料，包括动态、述评、编选文集。

中国资产阶级历史学的几个流派

史学界六派

一、正统考据学派：陈寅恪等。

二、洋奴学派：买办阶级历史学，或外国侵略者的辩护士派，蒋廷黻。

三、食货派：陶希圣。

四、古史辨派：顾颉刚。

五、战国策派：雷海宗。

六、东南大学派：（？　已不成派）。

一九五九年

1月18日

中宣部出版编辑人员会议

周扬同志讲：

今天找报刊出版同志讨论学术批评百家争鸣问题。

资产阶级学术批评等，学报是主要战场，意义很大。思想战线上的革命论文集很多，有大一些的著作。北大、师大文学史准备展开一些讨论。

人物批判很多，声势相当大。文学方面批判二百七十余人，讲师以上差不多都批判了。要引导到更有成效的方面去。形势最突出的是教授大部分没有服，不敢讲，不敢反驳。只有马寅初、周谷城两人有点例外。北大文学史，文字气势更大，但不一定都很妥当。五六年提出百家争鸣，我们是要搞学术，但右派来了一个政治进攻，我们来了一个反右派，是政治斗争。现在的学术批判主要是高等学校在整风，插红旗，破除迷信的战线下出现的，声势很大。有一定的声势是必要的。这是一个革命。过去是一个李希凡新生力量，现在是许多李希凡批判了许多俞平伯。现在的问题是要把战果巩固一下，总结一下，提高。我们子弹大概不多了，教授还有子弹不敢放。要造成一个局面，要使他们敢讲。这不但是对知识分子团结问题，还有发展学术，对新生力量培养问题。我们还低得很。这就要贯彻百花齐放、百家争鸣。从一方面说我们过去是大鸣放，出了许多东西，一方面又是没有对立面。这起两个作用：（一）蔽塞；（二）麻痹，使学术停滞、简单化。不引导就有可能走到这个方面去。要团结更多的人建设我们的社会主义文化，关键就是要辩论。有了辩论他们就能心情舒畅，并拿出他们的知识为社会主义服务。

文学史就用现实主义反现实主义两条线值得怀疑。北大师大两本书要讨论。两大本写两首诗夸大得不得了，未免过分自满。科学、社会科学、文学国内外是有一个标准的。把我们的一切都说得十分好，对我们有什么好处？

一方面强调破除迷信，一方面要强调向外国、向专家学习。否则我们会落后的。

乔木同志讲：

中央认为需要开个会，使学术更健全地发展起来。

首先这个批判是必要的。只有这样马克思主义才能占领阵地。要依靠群众，就必然有声势。不要泄气，泼冷水，要积极态度。过去也可以说是积极态度，但不是非〖常〗积极。因为有些出版发表的文章，有应该负的责任没有负起，有些缺点没有避免。支持不仅有鼓励，还要有帮助。

我们是要让群众批判运动得到胜利。我们采取哪种态度才能使它更能得到胜利？是自信，还是要提意见。完全不置一词，不能说是完全积极的。

再有，对于争论的态度，辩证法就是要有对立面，没有对立面，就不起辩证法的作用。争论只有一方，没有二方，对争论是没有利的。教授的反批判无非是两种：（一）是资产阶级的反攻，有了反攻，我们并不害怕，我们可以击退。（二）不同意的意见九点有错，一点正确，这也很好。消灭了我们的错误。要使批判进行的健全，我们应看看，以求避免。

批判要有分析，一是对资产阶级立场观点，二是涉及知识、事实的问题。事实正确与否就要弄清楚。对右派我们不要辩护，但不要惹麻烦，攻击它的正确的事实，经不起推敲，限于被动。

批判有立场、观点、政治上的是非的问题，同时有其他性质的问题，有作风的问题，必须加以区别。我们要经过长期斗争，使多数心服口服，使我们的学术提高。这个批判是一场革命，是好的，但也有把不同性质的是非混在一起，盛气凌人。

在学术性的问题上，谁也不免会犯错。有见不到的，疏忽的。否则就不能进步。对学理的问题，知识、事实的问题，强词夺理不行。学术批评要平等待人。韩愈“无恒师”的故事。不要把话说绝了，不要白［把］话说错了，就不能做老师。我们不加帮助，青年越去越远，走到一个重要的错误的道路上去，回头就困难。批判是长期的，这不仅是对资产阶级，而且是对知识，对我们还不完全知道的东西的战斗。

批判是批判错误。还有一个问题是百家争鸣，百花齐放的问题。学术的发展总是建立一个结论，又为一个新的结论所代替。这是和批判性质不同的问题。

编辑担任很大的责任，对我国家文化兴衰关系很大。因此对此要采取积极的态度，要使得这讨论能够进行，这不妨害声势。有些学术问题，不是多数赞成就可以解决的。我们要辨风向，但不能完全跟风走。编辑不容易，要负较大的责任，不能保证不发表错误的东西，但不要有常识性的、事实性的错误。对态度非常不适当的文章不采取措施，就会把讨论引导到错误路上去。对资产阶级反攻的东西可以发表。当然我们不是没有立场，无动于衷的。

编辑还有一种责任，要把我国的学术水平提高。大字报，一般文章是否要和我们的刊物上的文章有区别？资产阶级的破烂我们坚决不要，但也坚决不登无产阶级的破烂，不能以此为荣。如果大字报都出版，为什么还要有出版社，还要有编辑？应说有不同，有选择。如果以为有这种分别就是资产阶级观点，违背群众路线，那么美苏卫星就没有比较，因为这就没有高低之分。名称叫作科学出版社，总得有一点科学色彩，要有逻辑，不合大前提的前提，常识错误，范围不同，转移目标等总要避免。组织讨论水平太低，对我们没有好处。这是否会脱离群众、丧失群众路线？不会的。这才能有广泛的群众基础，否则站不住垮下去，就不能保护。这首先不是引起资产阶级反感，而是引起无产阶级反感。我们没办法，我们中央提出责问，何辞以对。人民出版社《中华人民共和国史稿》，这不是保护了群众积极性，现在已经看出，是伤害了群众积极性。

涉及到〖外〗国的，无论哪一种出〖版〗机关〖都〗要特别注意。作不适当的吹嘘，无论站在什么立场、用什么名义，对我们国家都是有害的。对无论什么外国都要分析，你不能蔑视哥伦布发现新大陆，没有什么不能乱讲。中央最近把这个问题当作一个重要的问题，要切实纠正。中国〖共产〗党从来有一个好名誉：谦虚。去年以来我们完全忘记，唯恐不骄不躁。出版物上发这种事件，唯在座各位编辑是问。这样做是损害国家名誉，伤害党的威信。凡是说达到国际水平，推翻了国际上的什么结论等有［要］请示，不要轻举妄动。我们报刊上已发现很多夸张的东西。新华社今年一条：中国电影在全世界普遍受到热烈欢迎。这〖是〗根本没有的事实。不要论资本主义，社会主义国家〖也〗有不欢迎的。但《人民日报》发表了。这是眼前的例子。其他可以推论。毛主席在武汉会议说粮食以多报少，和以少报多，两种比较起来，前者无害，后者危害性很多，结果要饿死人。发明创造没有宣传，损失不过是对积极性无鼓励；宣传了后不真实就是危害。没有超过说超过了，这是客观事实？这就是吹牛，造成损失。多说和少说，两条选择，还是少说一点好。孔子“时然后言”，采取不严肃的态度，是犯罪，是破坏我们的事业。

周扬同志：

献礼成了动力。但是：（一）次数太多，一年献四五次。（二）卫星满天飞。献礼的宣传要适当，多做实际工作，少宣传，要注意。

出版物要提高质量，从政治到技术。大跃进只能跃高，不能降低。

百家争鸣不要下面提，没有贯彻，只搞声势等。为政不在多言，是要做。不要伤害群众，要保护积极性。

师大沙［莎］士比亚、印度佛教等，不合团结原则。左派也有破坏六条标准。

印出来有人看，就能起保护作用。印出来没有人看就成问题。

这个问题是方针性问题，中央很重视。

乔〖木〗：中□宣传，有些理论，中国人口虽多，没有一个人解释得清楚。这是爱国主义，不要是反爱国主义。红专大学向外国宣传，是什么目的？宣传这些是不会有好结果的。我们要根据效果来检查动机。这些搞得不好，出自己的洋相。口气非常大，叫作辩证法。

周〖扬〗：（一）今天谈的是重大问题。这些问题仅限于党内负责干部，暂时不向党外讲。写文章先在负责干部中酝酿一下。我们没有否定成绩，是要继续发展。出版刊物也有成绩。有新气，出了青年的东西，不是只看老先生。产生缺点，宣传部管这个工作的有责任。

真正研究一下，把思想搞一致。有不同的可以提出。

（二）百家争鸣的政策，不要去说，要去做。各部门分头考虑，这个事很重要。百家争鸣牵涉对过去政策的检查。要讲要向中央请示政策问题，只有中央能讲。

（三）作风虚夸，有的由于无知，有的由于要搞成绩。不管什么原因，虚夸就要去掉。过分就不好。高玉宝现在吐血。把国家传统、英雄、数字等强调过分就不利。要检〖查〗一下，特别牵涉外国的。

高等学校编书的问题，请陆、康在教育会上讲一下。要他们量力而行，要三结合，有老师参加。否则可以有两种讲义。在学校有对立面，可以比较。学校编的由学校发行，国家无义务出版。我们要出版必须经过选择。这个口要像一个口。

乔〖木〗：讨论范围不要搞大。不管怎样，要肯定批评，要保护青年积极性，不要讲成纠偏。无所谓偏。合乎客观情况，提出是要更大更好、更全面的口号。不要不适合这个目的。对外宣传不涉及群众。

发言者有王任叔、林默涵、邵荃麟、邓拓、光未然、王子野、包子静、于光远、师大胡同志等。

1月19日

主席讲的培养秀才三个条件

一、较高的马列主义水平。

二、较多的文化科学知识。

三、较好的词章修养。才学识，三个字的先后倒□。

2月6日

怀仁堂

李富春同志传达省市委书记会议，主要是两个问题。

一、1958年全国跃进估计。情况概括起来是全民的、全面的跃进的一年。成绩是十分伟大的，经验是十分丰富的。全面表现在：（一）农业大丰收。（二）工业大发展。（三）人民公社运动展开。（四）人民共产主义觉悟空前高。这四者合起来，生产关系大变革。现在说明：

第一，国民经济大跃进，是全民的大跃进，不仅农业，而且工业，不仅轻工业，而且重工业，不仅生产而且生活。工农产值2126亿元，比1957年增长速度69%。1957年比1952年增长68%。去年一年的速度同过去五年一样。过去五年工业平均增长8%。生产资料的增长……消费资料增长，总产值至1500亿元，速度是28%。生活资料速度比较起来，是工业具体产品：

钢1070万吨，实为1180万吨，比前年增加109%。

煤今年9亿7千万吨，比去年增长106%。

电275亿度，增42%。

棉纱672万件，增49%。

纸157万吨，增29%。

农业总产值，926亿元，增长72%。过去五年只增25%，每年平均4.5%。这是一个大跃进，大丰收，空前未有的。

粮7500亿斤，增103%。

棉6700万石，增104%。

花生1089万石，增112%。

许多数字一年超过过去五年。

铁路运输量，去年8亿3千万吨，增67%。

基本建设投资增225亿元，比前年增79%。

财政收入去年大约440亿，增长40%。

文化教育，高等〖院〗校学生去年68万人，增53%。

普通中学生86万，比前年增65%。

第二，人民公社运动的发展。其意义作用已在决议中详细说明。发展是由〖于〗人民共产主义觉悟提高。

主席最近会议中提出1958年是全民的、全面的大跃进。经过去年的大跃进，已经定下了今后中国大跃进的局面，搭下了一个架子。因此今后可能年年要跃进。跃进有大中小三种可能，但都是跃进。我国有不同的条件，有利〖条〗件如人口多、地广、气候好，有苏联经验和我们自己的经验，继续大跃进是可能的。今后五年内每年增加一千万吨钢，这就是大跃进。我们要在十五——廿年内按人口平均产量赶上英国，在总产量方面赶上美国。要在现在的国际局势下赶时间。通过1956年对今后摸到了边。毛主席对去年三个基本估计：

第一，全民全面的跃进。

第二，为今后跃进奠定了局势。

第三，取得丰富经验，有计划按比例发展的发展。

去年证明下列基本经验。

第一，党的总路线是完全正确的，鼓足干劲，力争上游，多快好省。这里包括人的精神状〖态〗、主观能动性、经济物质条件。第二，从1958年经验证明，几个并举这一套两条腿走路的方针完全正确。证明跃进体制发挥中央和地方积极性的方针完全正确。这正是反映了中国社会主义建设总结起来的客观法则。这就是按比例发展法则客观规律的具体化。这都是相互间的比例关系问题。我们不要设想按比例就一定是各种东西占百分之几十等公式。如果有这个公式，搞计划只需要懂算术，打算盘就可以了。第三，证明以钢为纲全面跃进在中国社会主义建设的现有条件〖下〗是完全正确的。有纲就有目，有中心就要有非中心。要有全面的安排。不恰当就要出毛病。今后相当一个长时间，至少十年内，仍需以钢为纲全面跃进。到不需要那么〖多〗钢以后，钢在［再］变为目。第四，全党动手，集中领导和群众运动相结合的正确。今后还要继续贯彻，充分发动群众。没有这一条就办不好事。第五，去年经验证明毛主席提出的冷和热相结合完全不妥。① 干部和科学分析相结合，普遍真理和具体实践相结合。我们既不要浮夸，也不要把破除迷信变为破除科学。战略上藐视困难，战术上重视。重视不是低头，而是揭露分析其原因，找出克服办法。困难克服了，就达到藐视目的。

1958年的成就是全国大多数人承认的，但少数人是怀疑的，批评的。毛主席说这总是要有的。年年都会有，这是好事。要分析。一种是好心人，对国家大事担心。一种是坏人，地富反坏，资〖产阶〗级分子，就是对第二种人也要加以分析，区别对待。

1958年取得伟大的胜利，但也产生了一些缺点。第一，这是前进发展中产生的。第二，时间短，发展快，没有经验，缺点不可避免的。如副食品紧张是多种原因造成的。现在不是六万［亿］五千万人口，快到六亿八千万了。不管怎么说，大跃进是伟大的胜利，是主流，是本质，缺点是十个指头中的一个指头。因此我们要有正确的认识看法，不要为之吓倒。只要努力是可以克服的。决不能阻止我们继续前进。

下面是主席讲的一段话。

关于1958年的工作看法问题，是工作方法思想方法问题。每个人的头脑里不要只记得几十条缺点，而把成绩挤掉。这是看问题的方法问题，是辩证法，还是形而上学。形而上学是孤立的、片面的，不是统一的，只从表面

---

① 原文如此。——编者注

上、形式上看问题，不从内容上看，只从静止上看问题，不是从发展中看问题。不从发展中看问题是形而上学看问题的最本质的东西。从发展中看，就是要从联系中来看，必须透过表面而看内容。形而上学的看问题最容易集中一点，不及其余。几十几百条缺点还是一个指头的问题。我们伟大的成绩是几亿劳动人民创造的事业。几百万干部绝大多数是做好事的，不能设想他们尽做坏事的。好事多就是由几亿人民、几千百万干部创造出来的。还有我们领导不能说都是做一个指头的事做坏事的。在干部中至多是百分之五不好。九个指头和一个指头的问题要经常说。这是大局和小局，个别和一般的问题。本来是好人，说过了就要变质。1958 年要肯定伟大的成绩，承认个别的缺点。1959 年计划比较形而上学少一点，如工业和加工工业、生活资料的联系等，安排得比较好一点。我们要宣传讨论从全面看问题的方法。经济问题是互为因果的。我们要充分揭露矛盾，用办法解决。不是避开。这里首先是要发现问题。不充分，不能解决。比如三打祝家庄，就要解决三个矛盾。一、盘它［陀］路，于是石秀探庄。第二打破祝、扈、李家庄的联合。第三了解祝家庄内部，于是有孙立打入内部。我们应注意工作方法。——我们（李）常常容易犯职业病。只看条条业务，在北京脱离实际，不注意走上形而上学，孤立地片面地看问题。只看本行本业，不照顾左右邻舍。要克服这种职业病，必须多方面接触群众，从全局大局看问题。我们犯职业病，根本的问题是思想方法工作方法问题。

〖二、〗195〖9〗年的计划。

1959 年以四大指标为纲，来安排计划。武昌会议的安排是正确的，必须保证实现。做具体工作的缺点，是两个目之间的安排不完全适应。这次会议作了第二次调整。

钢达到 2000 万吨，增 77%

铁	2700 万〖吨〗，103%
钢材	140 万〖吨〗，126%
电	465〖亿〗度
煤	4 亿吨
石油	380 万吨
木材	43%
油	153%

碱	82%
化肥	150%
发电机	560%
机车	1000 台　193%
货车	378%
棉纱	48%
纸	59%
糖	200 万吨　122%
粮	13000 亿斤　40〖%〗—73%
棉	49〖%〗—79%
麻	177〖%〗—195%
油料	100%
猪	4 亿头　比去年增长 100%
铁路货运	58%
交通	44%
商业	25%
基本投资	363 亿　61%
财政收入	602 亿　36%

这些数字可以明显看出比去年是跃进计划。工农业总值去年拉长 69%，今年 47%。

比例小一些，因为基数大，绝对数字多了。今年的计划注意了：

第一，工农业的比重关系，注意工农业并举。

第二，注意了轻重工业并举。

第三，注意了原材料工业和加工工业的并举。

第四，注意了去年在跃进中的薄弱环节，如电、运输、化学等。

第五，在农业内部有保证粮棉的条件下，注意了多种经营，如油、茶。

总起来 1959 年的计划和 1958 年比起来，比较贯彻了总路线和几个并举。

但这是开始，还要进一步贯彻发挥。这个计划是一个伟〖大〗的计划，也是一个很艰苦的计划。主席说这个计划经过努〖力〗可以完成。有六条有利条件：（一）全国人民的劳动热情干劲。（二）有 1958 年经验，主要是正面的，也有反面的。（三）今年计划指标并不那么吓人。经过努力可以实现，务必达到。最后赶上英国。（四）今年时间长，还有十一个月，现在就“务实”抓紧，去年大部分时间去“务虚”了。去年不徐不急，否则不能提高思想。（五）今年有了人民公社，经过整理，一定比合作社更优越。可以巩固起来。（六）在方法上贯彻一年抓几次，现在省市委书记只是第一次，三月有第二次。所以这个计划只要努力就可以完成。

当然这个计划还有薄弱环节，如钢、东北的电力、石油等还是紧张。化工原料、碱等还紧张。只要想办法可以调整克服。人民生活要随时注意。大跃进、大发展不可能不紧张的。订了计划各部门不要打算舒服过日子，必须要有紧张的。千方百计的努力，才能完成计划。我们〖努〗力避免生活中最紧张、严重脱节。但是紧张脱节是不可避免的。不能说想〖百〗分之百的平衡。

小平同志讲，人民生活是关系社会主义制度地位问题。我们要使大家欢欢喜喜，心情愉快过国庆十周年。

全国一盘棋是全国千方百计在中央统一领导，大家发挥积极性共同努力。要像一个乐队一样，在统一指挥下分项负责，一个调子。

今年的计划是完成第二个五年计划有决定的一年。国际形势很好，苏共廿一代会开的很好，计划定了要下决心干。

陈毅同志讲对外关系问题①

最近我们对兄弟国〖家〗看不起，对西方国〖家〗有轻蔑情绪。大跃〖进〗很好，带来了一点付［副］作用，是严重的。对外要保持谦虚，反对骄傲自大，轻敌。中央有材料指导要发下。

一、事实，有几十个例子，举几个。

1. 以苏联为首。印尼使馆有人提出“以中苏为首”，这不是狂妄自大，而是公正谦虚。苏联使馆说中国领导同志放在任何国〖家〗都要当主席。驻

① 陈毅同志讲对外关系问题，写在另一页，未标明具体时间。——编者注

匈使馆说，匈牙利没有社会主义气息，广大农村白旗迎西风而飘展，最好归结为党的领导不强。驻越南使馆一等秘书：今后要对越南党的性质进行研究——我看要对此人性质进行研究。电影《快马加鞭》说明有：不用说英国美国，就是苏联也要三两年，要全世界人民都要像我们中国一样快马加鞭前进。□□《省学洋》反苏。话剧《烈火红心》把外国和中国对立起来。外国人看了说中国正在排外。完全否定读书，否定理论研究……幼稚无知，而好自用。外国人要看影响不可收拾。这完全是笔□[1]

① 以下日记失落。——编者注

一九六三年

1月26日

全日写《近代史诸问题》文。
间有客来，得500字。

1月27日

全日写前文，得700字。

1月28日

上午看范老。下午未做事。

1月29日

全日写前文，得400字。

1月30日

上午樊百川等来谈。下午写前文，得100字。

1月31日

上午电疗关节炎。

下午写前文，得300字。

下午毛娃脚病住医院。

2月1日

上午看病。

下午分党组开会布置规划。

2月2日

上午写前文，得200字。

下午所里领导小组会，规划问题。毛娃脚继续大痛。

2月3日

全日均为毛娃病找人。

2月4日

【下】上午看金宗英等稿。

上［下］午外交部林平来谈郭肇唐。

毛娃昨日起服偏方奇效。栏杆市烟袋胡同三号王成德配方（加芥末鸡蛋清调服）。

2月5日

上午看张振鹍稿。

下午近代史组开会。

毛娃出院。

搁笔又三四天了。

2月6日

上午看病。有人来谈。下午晚上写前文，得800字（连抄取前稿）。

2月7日

全日写前文，得800字。

2月8日

上午四川饭店梁集会。

下午写前文得400字。

2月9日

上午档案馆邱副馆长来谈。

下午杂事。

2月10日　星期日

两小时写前文，无进展。

2月11日

全日写前文，得400字。

毛娃十二点四十五两脚小趾又有轻痛，持续15—20分钟。五点以后发痒一刻钟。

2月12日

全日写前文，得约500字。

毛娃有轻痛。十二点半开□。

2月13日

全日写前文，上午写200〖字〗，晚上补资料400〖字〗，共600字。

毛娃脚又轻痛。

2月14日

全日写前文。考虑第二部分，约100字。

2 月 15 日

上午分党组会。下午看病腊［蜡］疗。

毛娃上午十一点脚痛。其他时间正常。用药。

2 月 16 日

上午写前文第二部分。无进展。下午所长办公会。

2 月 17 日

杂事多。陈翰笙、千家驹来谈。写前文，得 400 字。

2 月 18 日

上午晚上写前文，得 200 字。下午腊［蜡］疗。

毛娃十二点半开始轻痛 45 分钟。晚八点半开始痒 25 分钟（晚上用药）。

2 月 19 日

上午写前文，得 200 字。下午北京饭店规划会。

2 月 20 日

上下午杂事。

2月21日

全日写前文，无进展。

2月22日

全日写前文，得700字。

2月23日

上午写前文，得300字。
（第二部分帝国主义完，从十四日至今共十天，才2500字，太慢。）
下午所务会议。

2月24日

上午参加北京历史学会年会开幕。

2月25日

上午政协文史资料北洋军阀资料五人小组会。

3月5日

下午，宣传部会议周扬同志讲：

反修正主义问题。理论工作学术工作要适应这个形式［势］，积极投入斗争。我们的文章是〖摆〗事实讲道理。原理就是那些，和新的事实结合起来就能发生威理［力］。这两篇文章成为当前国际重大事件。可能还要发表。讲美国的和印度的。香港、澳门的问题也还要谈。他们全面进攻，我们是全面回答。这场争论关系中国的和人类的命运。共产党有无存在必要——发生了这个问题——现在要看修正主义是全面的修改了马克思主义——无产阶级专政、无产阶级革命的原理。不是在个别问题上。不是一个党，而是几十个党。时间不是很短而是很长。从二十大算起，从南斯拉夫算起，这一场争论有伟大的历史意义，促进世界革命。这对国外是重要武器。争论下去是否会破裂？坚持团结，坚持原则，坚持革命。

反对分裂，反对修正，反对投降。必须看到，团结是要团结，马克思主义和修正主义是不能和平共处的。团结不到一起的。两者有不可调和的矛盾。发展下去必走向分裂。如与布哈林、陈独秀那种分裂。力争不分裂，而要有分裂的精神准备。人家把分裂强加于我们，那就只有分裂。现在在政治的基本观点上已经分裂。许多国家正在发生分裂。

报上的理论斗争可能和缓一个时期（他很着急，大使见毛主席）。但理论思想斗争是一个长期的斗争。在我们党的面前提出了一个任务，如何防止我们的革命、国家蜕化变质，走修正主义道路。不但我们这一代，还有下一代。关键就是阶级斗争，阶级分析。我们要在各方面加强，强调对群众干部的阶级教育。积极性有两种，个人主义的积极性、集体主义的积极性。知识界是如此。集体积极性应是主要的。农村树立贫下中农优势。我们的思想要重新武装。学术界要形成马克思主义核心，才能团结别人。党的队伍——科学研究机关的党需要加强。现在我们有些人不是起堡垒作用，而是起特权作用。要搞民主集中制，有群众监督。再有就是思想方面加强社会主义教育。百花齐放，百家争鸣须要有领导。如果无领导，必然是资产阶级自由化。简单化、自由化是互为因果的。搞学术工作这两者都不行。遗产的问题，反面教材也是如此。一个时候强调这一方面，一个时候强调那一方面是不可避免的。第一，修正主义，写两种小册子。一、政治理论。二、各学科反修正主义的东西，十来万字。三、反修正主义的资料——不止是反修正主义的，注意经常的材料，作为研究的基础。四、要搞现代修正主义的资产阶级的情况和问题。第二、现实问题。第三、遗产整理。是研究的经常的重要的任务。不要因为要反对修正主义、研究现实问题，遗产整理就不要了。过去摇来摆去，现在不要摇了。现在的问题，遗产整理要更有计划，要用马克思主义去整理。遗产有两部分：一、资料，少数人看的，从古到今，从正面到反动——要求完全。二、继承遗产——那就要批判。把遗产作一番清理。要写出代表我们时代水平的评论——研究马克思主义有的放矢。研究现实问题有的放矢，研究遗产有的放矢——这就表现出了我们的思想力量，我们的时代精神。

3 月 15 日

上午，中宣部会。

康生同志讲反现代修正主义开辟第二战场。

从去年十二月十五发表《全世界无产阶级团结起来》至今，共三个月，发表八篇文章，约 4 万字。影响很大，用不着说。两党会谈信件发表后，赫[①]如何做还不清楚。对方完全不答复，可能性很小。面临一个两党会谈。这次会谈的范围比过去很［更］广泛。要准备大量材料。写文章的力量要转到这个方面。我们发表了八篇文章，系统的论述还很不够。要有专题小册子。去年就订了十个小册子题目。只有陈伯达一个完成了。也不是按原来的计划。两个任务：1. 应多写斗争文章。2. 系统的研究写作。一个是第一线，一个是第二线。一个队伍是不行的。准备会谈，初步要准备 30 种材料。要有两个战场，两个队伍，分工去做。按照中央要求每个小册子要包括许多内容。如战争与和平，包括马恩列斯论战争与和平，老修正主义论战和，现代修正主义论战和，帝国主义对战和的讲法。一本书下面包含一个组。有搞材料，有搞文章等。泰勒："音调不定的号角声。"队伍由陈、周负责领导。二群负责组织。王立、邓立［力］群为发言人。

邓立［力］群讲：

少奇同志讲小册子要求一两年内完成。先准备完成第一年计划。共十个题目。

---

① 指赫鲁晓夫。——编者注

1963.3.1—1964.3.14 全部完全［成］。

正式书十本，材料付［副］产品三四十本。

题目意思：

论现阶段的帝国主义——国际关系所。

民族解放运动——联络部、亚非所负责。

无产阶级革命和平过渡——邓立［力］群。

战争与和平——人民日报、新华社。

社会主义国家对外政策总路线——外交部。

过渡时期的阶级斗争——胡绳。

反对现代修正主义——范若愚。

批判现〖代〗修〖正主义〗哲学思想——邓立［力］群。

论人道主义——周扬负责。

反对修正主义和教条主义——艾思奇。

少奇同志讲：

说现在可能停一停，文章不能停，抓几个题目多练，全面把我的观点谈透。列宁与修正主义作斗争写了好些小册子。我们要写，充分引证马恩列斯论，把修正主义论点彻底驳掉。还要付［附］几份材料。帝国主义怎么讲，马克思怎么讲，要出书。这些小册子对我们的干部教育，对也很重要。① 口头上还讲过两点：一、对方正确的观点要肯定。二、我们的观点要讲透。

4 月 11 日　下午

周扬同志讲：

一、反对现代修正主义国际国内两个方面的任务。在这个形势下理论研究的任务。

1. 如何与反修相配合，为反修服务。要积极参加，不是站在外面。

2. 在各门学科中创造性地搞出马克思主义的成果，在各学科中发挥毛泽东思想，作出新的贡献。

① 原文如此。——编者注

3. 在斗争中锻炼出马克思主义理论队伍。以上是要求。

二、哲学社会科学的任务。一个是长远的需要，一个是目前的需要。根据人力、专长，把任务定下来，充分发挥各种人才的作用，同时培养新生力量，同时解决工作条件。简单说领导的责任：（一）确定任务。（二）组织力量。（三）安排条件。

反修正主义有四个方面的问题。（一）共同路线，世界无产革命的战争策略。（二）兄弟党的关系。（三）建设社会主义的道路问题。（四）学术战线上的斗争。以上两方面已展开，后面两方面未接触。

4 月 19 日

周总理报告（怀仁堂）

我的话是给大家评论用的，允许大家争论。要创造这个民主的风气。必然是民主集中。题目：要做一个革命的文艺工作者。

我讲的革命范围是广泛的。从不反对革命到……彻底革命。

一、基本要求。二、积极参加革命斗争。三、大力加强革命文艺战线。

一、基本要求。

1. 政治立场思想作风问题。这是关系到世界观人生观的问题。毛主席六条标准是讲的政治立场、政治态度问题的。对于文艺工作者，我们经过了两次思想斗争。讲的是思想问题。首先还是政治立场问题。任何作品和思想不可分。树立无产阶级人生观不是一个简单的事，要有长期过程。我们的革命胜利打了一些决定性的战斗。但还有许多战斗在前面。我们必须□文考［艺］上的阵线。短时期也不能要求出现很多好的作品。否则过急，走到错误方面去。一个时期多面有生气，质量不高。一个时期质量高了些，但量少。过去不能责备作家，领导政策有偏差。《万紫千红总是春》把一个缝纫机[①]。现在看来与政策不符。还有《李双双》，写大食堂。这都是好作品。

2. 要树立远大的理想。历史过去了，近代史过去了，十三年也过去了。我们不能只看过去，必须有远大的理想。俱往矣，论风流人物还数今朝。要

① 原文如此。——编者注

看今天会后，必须这样才能看得更远更好更深。看到了今天消灭剥削制度就要想到消灭世界的剥削制度。消灭阶级还是长期的事。并且还会出现新资〖产阶〗级分子。南斯拉夫已变质，中国在变质中，如果不改的话。我们要支持世界革命。还要消灭差别。这当然还是很远的事情。那时候也会有先进与落后、集体与个人的矛盾……认识这些，精神面貌就改变了。认识这些就有了共产主义风格，无产阶级斗志。

3. 要改造自己。知识分子最怕听“改造”二字。旧的要改，新的也要改。文艺工作中要作人类灵魂工程师，首先得掌握最好的思想工具。如何改造？首先通过学习。既要学习基本理论，又要学习技术。要学习政治也要学习业务。既搞文艺，就要学文史。光这些还不够，还要向群众学习。第一是学习，第二是实践。工作实践，生活、劳动实践。长期在城市生活，劳动感情就是差。还有写作的实践，艺术的实践。马恩、毛主席展览手稿都改过多次。何况其他的人。第三通过竞赛评比观摩。还有通过斗争，包括政治的、思想的、经验的斗争。当然斗争不要强加于人，要讲理，说服方式。狂风暴雨只是少数情况下采用，一般要和风细雨。共产党员不能保证不犯错误，同样也不〖怕〗改造。

4. 要不断考验自己。经过惊涛骇浪，看能否站得住。文艺工作者不要以为五反运动与自己无关。我们在斗争中总会有胜利，有挫折，要胜不骄败不馁。现在经的风浪还不很大。能经过更大风浪。

5. 长期奋斗，至死不移。不要写了一两本作品，就停止了，变坏了。每个人的一生奋斗是不息的。从有革命思想到思想革命，是一个长期的过程。

二、积极地参加革命阶级斗争。

现在斗争有两个方面。一个方面国际斗争。目前很激烈。但比二次大战以后形势好得多了。1945—1955年形成社会主义阵营，这是一个时期。1955年万隆会议以后，民族独立运动猛烈发展起来，从那时以来亚非的独立国家33个。其中古巴从民主革命进到社会主义。从当年马列主义到党内马列，两大历史潮流。这都是要冲垮帝国主义的。我们要把这两大历史潮流推向前进。当然这些斗争情况很复杂。有好的有坏的。任何文化活动都有政治作用。现在出现了修正主义，似乎天黑了一半。但终久会去掉的。现在它是一面和缓，一面争取时间搞新的阴谋。一般说修正主义是在走下坡路。他们的来信理不直气不壮。现在的要真分裂他要考虑。他们真心帮助印度，它不致公开站在印度一起打中国。与帝国主义可以部分妥协，但完全出卖给美国是不能设想的。我们可以有各种设想，但要看到不利的方面。当然我们要十分谨慎处理这个问题，必须要有范围、有理有利有节。这是世界革命的前途，人类命运问题。不能掉以轻心，要有责任心。

国际阶级斗争。农村要建立阶级组织，保证公社领导贫下中农占优势。农村分组，在目前情况下不能只有多留多得一条原则。要照顾贫下中农和五保属。自留地没有是错误的，但要有一定的限制。我们在分配政策上要不断端正政策。这是一个历史过程，必须逐渐〖进行〗始能放在恰当地位。自留地、自负盈亏、自由市场，三自都发现了问题，都已经在纠正。文艺团体也有这个问题。党要领导一切，就是一切大事情都要管。但并不是包办一切。文艺战线一定要进行阶级教育。在五反运动中划清敌我矛盾，人民内部矛盾的界线。国内阶级存在，并不是一切都是太平的。我们的眼睛要雪亮。领导要有预见，鬼戏大量了就不利，要禁止。思想上的阶级斗争与政治有联系又有区别。要分析。不要把蔡文姬说成是郭沫若，我们是老朋友，要这样说。

三、大力加强革命的文艺战线。

文艺队伍共只三四十万，但宣传教育力量很大。要造成社会风气、移风易俗。这是一个长期艰巨的任务。因此必须加强这个战线。文艺工作是有一点消闲的作用。但主要的不是这些，而是教育。我很愿看戏，但是又紧张有责任。对《武训传》就看过，没有反对，号召可以研究。

1. 文艺工作方针路线为工农兵。因此要到工农兵中去生活。

2. 文艺工作的目的——为社会主义服务，为今天无产阶级服务，也为世界革命服务。

3. 百花齐放、推陈出新，百家争鸣、薄古厚今——这二百方针应该贯彻。

第一，要通过文艺的实践。第二，要通过文艺的创作批判。

观察政治觉悟提高。要求严格《伏虎记》的争论。毛主席讲：《红楼梦》是清代中叶封建家庭贾史王薛四大家庭衰亡史。记史等可以写一个序加以批判。《安娜·卡列尼娜》是周扬介绍过来的。

几个问题：

一、阶级性问题——我们讲人民是讲绝大多数。人民性就是当时的阶级性。

阶级性的第二个问题是艺术性与思想性是统一结合的。即艺术形式中也有阶级的影响。

当代剧不要写当前的真人真事。

〖二、〗时代性问题——一定要合乎时代发展，合乎历史背景。只能以古鉴今。

整个历史是我们今天的摇篮。近百年史是我们今天的胚胎。《旅顺口》小说要否定。赫要在旅大市立将军像，顶回去了。（苏斯洛夫的宣传也是——这是斯大林宪法以后，自我陶醉，国内没有阶级了等，这不是马克思主义，是民族主义。）

三、民族化大众化的问题。

四、战斗性的问题——战斗性就是阶级斗争的精神。批判精神。并不就是打仗。抒情问题，我们是反对靡靡之音。音乐也是这样。有革命性的赞成，庸俗的反对。

最后，加强队伍，要加强党的领导。走群众路线。

提倡业余群众性歌唱活动。

个人才能要与集体相联系。

师徒关系——我们不反对，但要与封建关系相区别。流派跟山头也是不并立的。文艺、科学都可以有学派但不能有山头。

待遇上要同工同酬。又要政治鼓励，又要不是物质刺激。要提倡劳逸结合，年轻的很容易骄傲，很快就垮台。

张子意同志传达中央五反指示。[①]

彭真：五反运动现在是下决心的时候了。关键是领导有决心，带头洗澡。有的部改得很好。华北局已搞完。全国万字号已发现 800 多起。中央各部有 30—40 起。华北局有重大案件 8 个。外事口未动。想先学习。现在看来要搞

① 这一页未标明具体日期。——编者注

了。光反人家的修正主义，五反是空的。关键一条，领导有决心引火烧身。二、放手发动群众。企业增产节约。这样会掀起跃进浪潮。精简完成后，现在多下来的人包下来，不要送走。有些厂的领导已经烂掉了。中央指示中讲上层建筑要有利于生产力的发展。主席认为写得好。李富春不要讲过去。

薄一波：工交口机关中坚持修正主义的百分之一。变质的百分之一。领导一般检讨工作，动员。对群众。前表示态度，上下夹攻。估计百分之十—十五领导要撤换。要警惕凶杀、自杀、放火等。

姚依林：商业反对资产阶级等。搞得好抢救了一大批干部。扭转了亏损。四大项，煤粮菜肉。过去思想□□，贪污浪费一视同仁。准备取消特殊供应，保留油、□、豆。

最后，张子意谈：五月份一定要抓，不要再学习了。五月集中抓一些暴露问题。最主要的使群众了解五反意义，打击主要对象是资本主义复辟、蜕化变质——指贪污盗窃、投机倒把。对小偷小摸公私不分占小便宜只在内部搞。重点第一是党组，第二是司局级干部。但不是人人过关。都要受到教育。第二个重点是管财物的人。最主要的是要在这次运动中提高觉悟。反修正主义和五反要结合。界线按科学院报告的规定。

第一，学习准备阶段——结合洗澡，领导检查。运动过程——三不主义，治病救人惩前毖后。

第一，反浪费。领导。

第二，反投机倒〖把〗。

主席指示下半年开知识分子会议。接见朝鲜新闻代表时说：为什么我们公布反修文件，右派反对我们的只是百分之五。党员是少数的。大多数拥护我们。知识分子包括党与非党马克思主义的百分之三十。

5月12日

最后写完《中国近代史诸问题》稿。共历时四个月。

实际工作日五十六天。四个月里将近二分之一的时间用于此稿。

第一稿三十八个工作日，得二万七千字。

第二稿十八个工作日，三万一千字——删旧稿约四千字，增八千字。

四个月时间里每月合八千字。

5 月 14 日

上下午均分党组五反整风会。

5 月 17 日

上午在学部扩大会上作第一次五反检查。讲特殊化等三个问题。

下午寄湖南 600 元。

五反检查

分党组的官僚主义。有些工作与自己有关。作为一个成员，一是参与过一些问题的讨论。二是没有积极关心提出自己的意见。关于这方面下面再检查。

一、检查铺张浪费特殊化问题。

1. 关于多吃多占——这几年是供应紧张。一个时期比较注意艰苦朴素，注意生活同大家一样。但去年后半年，特别是今年以后放松了警惕。更重要的就是思想上比较警惕的时候也没有严格做到不要特殊化。

2. 铺张浪费方面的问题。

3. 没有坚决制止违反党的政策的行动，对干部教育起了坏作用。

从思想根源上来追查为什么会发生这些事情。

1. 共产主义思想风格不高，集体生产单位和个人利益关系。

2. 对当前阶级斗争的形势认识不足。

二、检查分散主义。

1. 作为分党〖组〗的一个成员，对分党组的工作起的作用是很差的。没有把关心这方面的工作作为自己工作的重要一部分。

A. 参加会议情况。

B. 思想、态度。

2. 近代史研究所对于分党组和学部有些工作的指示，缺少认真讨论，有的贯彻执行不力。这也表现出了分散主义。

A. 对黎对张讲对学部要请示报告。

B. 有些具体工作并未认真对待。

六十条。规划中的一些布置。

C. 检查自己的思想——把请示报告当作例行公事。少出问题，麻烦，不要成为被告。

3. 所里领导干部中有些情况思想反映不及时。有发生分歧。

三、检查官僚主义。

1. 管的事情很少——去至今年写书，郭老通史。规划，学术会准备。

2. 所里出产品出人品两个问题都没有抓出多少成绩——也说不出问题在哪里，不准确。

3. 贯彻方针——反修正主义努力不够。

4. 政治思想工作中的官僚主义，与群众联系少，思想了解差。没有专门研究过等。

中央书记处五反指示：①

中央大区书记会议文件。经北戴河会议后——形势阶级斗争等——进行社会主义教育。湖南抓得早，效果好。河北根据中央精神，经本地实际情况出发，很好，有创造性。河南也是这样。根据这个精神起草了文件。十个问题，七个附件。毛主席写了叙言。讲认识论，由实践到认识——到实践都要经过飞跃。精神可以变为物质。马克思讲社会存在决定意识。现在两面性。社会存在决定意识，先进阶级的意识反过来变成物质。三大革命阶级斗争。文件十个问题。一、目前形势，阶级斗争。二、社会主义社会的阶级斗争长期存在。要在我们人民中树立这个观念。（注意两个问题。）分析阶级情况

① 这一页未标明具体日期。——编者注

提了九条。[①] 四、对敌情的认识。五、依靠谁。过去明确。现在公社化了，不明确了。要依靠贫下中农。六、社会主义教育——政策问题、方法问题。可分三步：（一）集中训练干部。（二）训练贫农。（三）试点。河北是书记挂帅，分层分批。七、农村搞四清，账目、仓库、账务、工分。一两年清理一次。四清与五反是一个意义，即挖掉修正主义的根子。八、组织阶级队伍。九、干部参加集体劳动。十、调查研究。这个文件是保证党不变质的根本措施。主席交代这是根本问题、大问题。不要心急，准备三年完成。

李富春传达中央五反指示。总理指示，六月五号以前，五反告一段落。学习这个文件。文教口，下月五号以前党组成员、司局干部洗完澡。以搞透为原则，不要赶进度。澡要洗好，水平要高一点。十年一浴，不容〖易〗。搞好搞不好，是决心问题。牵涉的问题，体制问题，工作条例问题等等。同时解决不可能。希望抓突出的问题。举高革命两组不能下楼的例子。[②] 后反由党委来抓，党组要抓工作。但后面的每一级都要贯彻反官僚主义。五号到十五号学习十天文件。十五号以后，文教口转入□□□。出差的，写书的，都要回来整风。

党组成员洗澡主要依靠司局长，发动司局长洗。这次还控制没有出大字报。情况有出入。贴出去不好收回。这是几条要求：一、突出的人、事是不是解决。范老骄傲自满不平等待人的等。这类问题经过深刻检查，可以保护过关。如果党组扩大会多数人不同意，就不能过。二、党组突出问题——严重的不团结，不揭盖子不行。最少要揭开序幕。三、除去下决心，还有方法的问题。检查不要一般化，不要泛泛谈工作问题。要具体的火烧具体人。具体工作问题要撇开。即要重点突出解决一些问题。

因小见大，事实是小，思想是大。一般注意艰苦朴素，没有和当前阶级斗争、反修防修联系起来。检查过去行政工作等方面的问题，不要是我们自己。一、政治思想认识问题。二、官僚主义没有管。

检查官僚主义四个方面：

一、经济生活方面的。

二、政治思想工作方面的。只是零星的报，没有计划的抓。

---

① 原文缺“三”。——编者注

② 原文如此。——编者注

三、业务工作方面的。方针政策是否明确。

四、作风问题——拖拉、不及时解决问题（民主作风，不及时解决问题），不接近群众。

官僚主义的性质——资产阶级思想的残余。

官僚主义的危害性——使无产阶级思想、方针政策不能兑现。

1. 官僚主义的原因——对革命事业的责任心不够。2. 对官僚主义危害性认识不够。

5月21日

上午五反会。

下午北京史学会作报告（在历史博〖物〗馆）。

6月5日

下午在全所大会上作五反检查。（五月上旬以来，绝大部分时间是用于五反运动。）

6月6日

上午北京医院查体重。

63公斤（1962〖年〗2月—10月常在60—62公斤之间。现增1公斤）。

6月12日

连日五反会。

昨天至今天上午形成《中国近代史上的人民群众》十个题目。

下午学部五反会。至机场接古巴代表团。郭老在场。

6月13日

学部分党组会。传达书记处会议。

李富春

1．五反进度如何，学习如何安排。

2．大问题解决如何，如突出的分散主义、外贸部两本账。突出官僚主义，如□苏部展览馆。

3．如何安排学习文件。各地区开始。中央不能太迟。胡耀邦传达杭州会议拟印发。

4．后两反如何做要研究。

5．研究整改。

6．各省市三反好的材料整理，好的要通报。

杨尚昆

学文件可以按单位情况先后进行。

〖五〗反十年、十五、廿、廿五。最迟不能迟于廿五号开。自己多占一般不要开单子。最重的开单子。如建工部党组成员每人分卅尺布票。冶金部全年二百八十个人。一般的检讨就算了。青海县级干部以上的占27%，很严重。中央应严格。可能一二百元以上算贪污。

7．下楼问题。下不了楼的各口要帮助，谈谈过关。有些核心要重新组织。建工部、地质部。有的队伍也要重新组织。这一些在整改阶段解决。

以下安子文讲。

1．同意提前学文件，党组成员、司局级一起学。十天至半月。

2．各部门突出问题帮助解决。

3．后二反无经验。打击面要缩小。山西围攻、车轮战办法不好，已制止。主要靠自己坦白。上海有人自动坦白贪污六万元。自动坦白，交出五〖万〗元，其〖他〗一万元挥霍了。没有法办。令其回家生产。文教口没有出什么事。有两起自杀。

4．梳辫子问题。带普遍性问题，首先整理研究。对各省市不要研究过急。

5．各单位运动比较正常，但不要企图在这次解决所有问题。检讨通不过可以。

过五关：①

一、思想关——无止境的改造。联系本身阶级，现在环境，阶级关系，在复杂的阶级关系里如何站得稳。

二、政治关；

三、社会关；

四、亲属关；

五、生活关。

政治关——主要是立场问题。不要以为革命是立场稳没有问题。在这个问题上稳在那里可以不稳。在日常具体工作中，斗争中表现出立场。日常修养很重要。不要以为立场可以保险。

社会关——领导干部改造人的地位很艰巨。只有改造了社会才能改造自己。

生活关——物质生活要艰苦朴素。物质享受多了应引起自己的不安。精神生活主要以提高修养，增长知识有［为］教育目的。

6月18日

连日五反会。

下午重新起《人民群众》文头。并设想《中国近代史十论》（原已设想

① 这一页未标明具体日期。——编者注

过《中国近代史十讲》)。

6 月 19 日

上午感冒头痛。准备五反再检查。下午看李瑚文。

6 月 30 日

感冒最近未根除,今发烧 37.5。下午消退。

连日集中整风学文件。

7 月 1 日

上午看病,肝、心脏无怀疑。手发胀、麻,认为可能是神经末梢的病变,非心脏病表现。体重 62.8 公斤。血压高 110,低 80。

7 月 2 日

下午　学部会

声明听后

一、群众情况。

二、反华五项措施。

声明、中委员会、赫诸信。

驱逐令、捣毁使馆。

我们不搞小动作。这是最新斗争。我们不要写信。不准打人,不上街游行,不贴〖标〗语,不驱留学生。现在已加强使馆保卫。

据此,现在办事,不能搬老皇历。今天可以,明天就不可以。遇事要请示。苏联现不敢派人来华，也不敢接待我们的人。

1. 与苏联已有协议是否能执行要看形势发展。我们行，对方不行。

外出人员特别要考虑，政治性强，还要斗争性强。敢拍桌子。赵毅敏、伍修权、彭真等同志均有此。

2. 国内接待提高质量。不怕争论。陪同人员要加强。

3. 外国驻华使馆活动频繁。摸底。凡使馆与各单位有联系，先要推开，马上请示。不能说要他去问文委，或领导机关。

4. 与苏欧交换资料，单方面的东西，可以停下来。

各所收到欧使馆公报，必须记下送谁，报学部。必须记一笔账。德使馆发出 4500 份公报。

刘导生同志传达张子意关于书记处五反指示：

一、犯有贪污错误者，处理既要有原则性，又要有灵活性。

二、揭露、批评、检讨、退赃四个从严。表现好的处理从宽。自动坦白，检讨退赃均好，决心洗手不干的，不以贪污论罪。不开除公职。根据上述原则，各单位写出典型材料，上报中央批转（不讲是否以贪污论处）。

三、对意志衰退、蜕化变质的要大敲警钟，帮助其改正错误，重新振作重新做人。一定要改才行。

四、在洗澡中已揭露的问题，本人如有意见可以声辩。一时不通的可以搁起来，不要硬去打通思想。揭露的问题如与事实有出入，一时又搞不清楚，可以搁起来，不要纠缠。总之这次务必做到实事求是，不要心急。

五、根据运动情况看，有些干部应调整交流。但配备务必根据思想、政治、业务。

六、中央机关的干部多占，特殊化，不以平等待人。搞得比较深透，再搞就会过头了。大多数单位可以转入下一阶段。各单位领导要注意掌握实际，要引导群众及时结束这一问题的讨论，防止纠缠过久发生偏差。同时对有些同志，领导应帮助其过关（以上杨尚昆讲）。

少奇同志指示：

一、不要影响工作。工作很多，务必使工作不要受到影响。

二、对贪污分子不要教他们占便宜。老实人吃亏说法不对，但有客观事实。戴帽子与否问题不大，但必须强调赔退。要把赔退担子压在他们身上，长期退。（上海贪污 6 万的要赔退。）

三、对革命意志衰退的要认真做工作，使他们认真振作起来。

安子文　中央五反办公室设想

三反最迟七月底以前结束。后面交叉进行。要求八月中旬结束。先下去搞调查研究，后回来搞整改。能提前的提前结束。

学文件问题可以联系检查工作，检查思想，结合总理报告，进行反教条主义补课。

后两反要动员。号召放下包袱，不要围攻。一机部经验搞三清。

陆定一同志指示文教口：以文件为武器，以阶级斗争为纲检查教条主义。思想斗争方面究竟是否抓到了主要问题是我们的大问题。这要和文教战线形势结合起来，与一般干部思想状态结合起来。

张子意：

苏联影片上演不少。无害的上演，实际上是做了义务宣传员。苏联污蔑亚非的小说，一再三版。社会科学部刊物在今天形势下不那么多，是否符合要求的。戏剧演出，服装、生活方式的变化。

方式不搞批评斗争，靠自己自觉检查。

卫生部十四天大辩论，实际是阶级斗争。起初以强调业务为名，反对党的政治挂帅。《经济研究》有些问题不是学术问题。历史分期是学术问题——总之，以阶级斗争为中心学文件，补反教条主义的课。

检查刊物。

导生：

一、司局长学文件联系。

1. 本单位干部思想状况，我们队伍中的阶级斗争形势。

2. 刊物、著作的思想，整理材料。

3. 对三风形势下的自己思想状况。

4. 本门科学阶级斗争形势。

七月十五号左右完成。

二、自我教育——各所自己认为问题已经谈过了就完了，如认为不够，可以总结一下，谈谈认识。

三、运动与业务——两面考虑。

四、后二反——各单位自己动员，搞完自我教育后开始——再研究一次。

8月16日

从五月半搁笔至八月半，整整三个月。中间仅利用假日空隙看完《徐润年谱》，做卡片若干张。

开始重新写《论人民群众》文。至九月七日[①]廿一天，共有十天半用于写作，改旧稿九千字，写新稿一千字。

8月20日

张子意同志讲（导生传达）

黑龙江干部下乡，整风效果很好。定一同志讲：

（一）文教各单位参加农村社会主义教育。搞四清，受教育。下乡回来再搞整改。前几年灾荒，下乡有意停下来。下乡是防修防止官僚主义的有效措施。

（二）建设农村问题——基本问题是如何消灭城乡差别，体力、脑力劳动差别。农村还有很多落后的东西、阶级斗争、迷信……需要文化革命。知识青年不愿下农村，妨害农村文化提高。教育要面向农村，文化革命就是社会主义文化代替封建文化。反革命行医、巫婆活动……消灭反动阶级的活动。只从支援农业观点来考虑不够。必须从长远考虑。今后必须把这作为重要问题抓一个时期……奖励为农村服务的人员，在边沿地区工作的人员应当作好的表扬。

8月30日　下午

周扬同志谈刊物问题。

国家要搞好，不外乎基础工业、衣食住、思想战线。刊物是思想战线的

---

① 这天日记标明8月16日，此处写9月7日，显然是9月7日补写的。——编者注

一个重要方面。从高级的学术活动一直到群众文化娱乐。大中学一直到小学。其中有一些重要环节，如刊物、教科书、剧本都是天天同群众见面的。全国一下子管不了，最少把直接负责的刊〖管住〗——文、史、哲、经、新、法、人、光。[1]刊物的主编应当是所长一级。每个刊物应有编辑核心。研究所要领导刊物，对刊物负责。每季最少有一次所务会议是讨论刊物问题，组稿计划等。所里对刊物的情况应经常向宣传部汇报。目的是强迫我们关心刊物。最近《文汇》《光明》比较活跃。主席讲《人民日报》不如《文汇》《光明》。如何又有思想斗争，又有百家争鸣。要解决这个问题。一方面要坚持马克思主义与资产阶级思想的斗争，一方面要坚持百家争鸣。这应当是可以做到的。中央刊物要对全国起指导作用，必须是两条：一、比地方快，二、比地方高。我们要先把架子放下来，不知道多高，其实也就是那么厉害。在学术批评中要减少一些紧张度。

刊物目前有几项任务要负担：

一、反对修正主义。现在我们学术刊物还没有发表这方面的文章。我们的文章严密性还不够。“不反对莫斯科条约就不是共产党员”，就叫人家抓住了辫子。哲学、经济、历史在这方面准备。对帝国主义不讲话，对修正主义，马克思主义学术思想还有不有？是不是应当活动一下？写文章要考虑，只考虑两［三］条：一、是不是树敌太多。二、学术上是不是站得住？三、什么时候比较好？——这是一个长期的工作，这个旗子我们是一定举起来的！——发表的文章要有水平，翻成外篇［文］——反帝反修，这是长期的任务。反帝任务过去是由苏联担任的，现在由谁担任？我们必须担任。

二、发动组织和影响国内的学术讨论。刊物一定要有立场。每期至少有两三篇论战性的文章，最少有一篇是较好的。但争论要比反胡适胡风提高一步。要坚持：一、论证。二、讲理。保护反面的意见——不是保护错误意见，而是保护继续讲话——还要辩论学术成果、状况。

三、刊物一定要有计划发现、培养团结人才。

---

① 这里的刊物似指《文学研究》《历史研究》《哲学研究》《经济研究》《新建设》《法学研究》《人民日报》《光明日报》。——编者注

9月6日

体重64.5公斤。一九五八年以来最高纪录。

9月14日

周扬同志讲：

历史方面有许多人物要用马克思主义重新估计。但不要鼓励一概翻案。皆［该］翻就翻，有的一百年也翻不了。不是封建时代的反面人物都要翻案。李秀成文发表不够郑重，应向中宣部请示，甚至报中央。这是对革命先烈的估计问题，是阶级分析。说他投降是阶级观点，还是把我们今天有联系的革命人物翻掉是阶级观点。现在文章已发表，有点麻烦被动。李秀成无论如何功绩是不能抹煞的。近代中国反帝是第一个标准，第二有保护群众的想法，不要加害群众。这是过去的人物、历史人物，不能按共产党员要求。即使共产党员动摇了一下，最后被敌人杀掉了，也不能认是叛徒——糟蹋了这个人物。第一学术上站不住，第二政治上不利。考据也可以登一点，但不能成为风气。真正的叛徒是赫鲁晓夫，不是李秀成。历史研究的重点应该是近代现代，要少出问题，不要怕出问题。

世界科协北京中心日本代表团[①]

柘植秀臣

井上清

原善四郎

①这天日记未标明具体日期。从内容看，应当是在北京为1964年北京科学讨论会召开的筹备会议，出席这次筹备会议的有各国代表。——编者注

佐藤重雄（顾问）

中亚细亚是哪一国哩。

我们不怕有争论，要看争论是为了什么。

小的代表团发言困难！

不排除援助，要自力更生。

离开了别人，不能开一次会，不能反映这些地区的民族自尊心。

1. 不发达讨论科学问题。

2. 一、先确定国家才能确定讨论题——我们为什么不能自己确定。

二、应尊重东道国意见。

三、蒙古是参加布拉格中心的。这些理由在布拉格中心讨论是合适的——我们现是北〖京〗中心。

四、这些国家不发达，必须有别人援助。

蒙古代表的态度是完全错误的。第一，中国没有挑起任何争论。这些争论显然是别有用心的。除了挑起这次争论的人，谁也不感兴趣。只能妨害我们这个会议的顺利进行。实际上使这个会议开不成功。从今天的会上得知蒙巴在不同的组里面采了一致行动，足见这不是偶然的，是有计划的。很值得大家警惕。他们一再声明是抱积极态度的。重要的不是看他们说了些什么，而是要看他们做了些什么。第二，绝大多数国家的代表在会议中和中国代表表现了充分的合作。这反映了大家要求开好这次会议的真诚的愿望。个别代表想破坏这次会议的活动，我想一定是不能得〖逞〗的。

最后希望，收回这个意见，不要带到大会里去。如果他们坚持这样做，也不会有好结果。

第一，要请谁参加，这是世界科协北京中心筹备委员会的事，不是现在的事。

第二，议程上根本没有这个问题，不应该讨论，不是这个会议上所要决定的问题。

社会主义国家的帮助。

比拉发言：应当要请中国或西伯利亚苏联的一些加盟共和国参加。

蒙古团长：世界科学章程规定，它是为和平而奋斗。提出反帝反殖就要影响我们组织的发展。要考虑墨西哥、巴西意见，要慎重。

我不得不非常遗憾对蒙古代表的发言讲几句话。蒙古代表在这里提出了……问题。这是错误的。

我想请大会注〖意〗，蒙古代表提出的问题是今天开了七个钟头的组长联席会议否决了的问题。提出这个问题，完全没有任何根据。

今天下午大会通过的报告，根本没有这个问题。

蒙古代表提出要求，苏联和东欧参加的理由是站不住脚的。他们认为没有那些发达的社会主义国家参加，就不能开好明年的科学讨论会。这是对所有不发达国家民族自尊心的一种侮辱。

从上面讲的事实，蒙古代表团不是采取合作的立场来参加这次会议的。他们是抱着破坏的目的来参加这次会议的。其他社会主义国家的问题会再三提出。

照我的认识，一个〖在〗帝国主义面前吓得发抖的人同社会主义者的称号是不相〖称〗的。蒙古代表也还有巴西代表，他们对帝国主义到底采取什么态度，不是看他们怎么说，是看他〖们〗怎么做。中国有句老话，事实胜于信［雄］辩。现在摆在他们面前的事实，是敢于承认这个文件，还是不敢承认这个文件。这对他们是一个残酷的考验。如果按照蒙古代表的意见，在文件上把反帝国主义去掉了，把苏联东欧参加这个讨论会加进去了，蒙古代表当然是满意了，巴西代表也满〖意〗了，我们在场的大多数代表不同意，并且强烈反对。怎么哩，亚非拉美广大地区有正义感的科学家不满意，并且强烈反对。怎么办呢？一个社会主义国家和科学工作中不要反对帝国主义、反对殖民主义就是对自己人民的背叛，是对真理、对科学的背叛。让我们一切踏［忠］实于人民的科学者举起鲜明的反帝国主义的旗子吧！（时间不够，没有讲。）

10月26日

哲学社会科学部学部委员第四次扩大会举行。

上午郭老主持开会，周扬同志作报告。

人道主义在历史上反对封建、反对神道主义，起了非常大的历史作用。对于现代资产阶级真正的人道主义者，我们并不一律反对。我们也讲过无产阶级革命的人道主义。我们反对的是用抽象的人性论和博爱学论，代替无产阶级学说。反对把人道主义和共产主义等同起来。甚至把人道主义置于共产主义之上。

“异化”问题。“异化”即“异己”，是黑格尔的绝对精神。异化为自然世界，再异化为主观精神。费尔巴哈认为，上帝是人的异化，即人的主观精神想出一个上帝，然后由上帝来统治自己。马克思对“异化”概念是从经济生产上来解释的。人的手创造了商品来统治人。马克思得出一个结论：解决“异化”就要消灭私有制。现代修正主义把这个问题完全搞到人性问题里去了。

恩格斯在《英国工人阶级的状况》里讲工人阶级要解放自己，必须解放全人类。后来范□作了自我批评。认为这在政治上〖是〗有害的，在理论上是站不住的。资产阶级不要你去解放。讲这种话不是披着羊皮的狼，就是初出茅庐的小子——这个问题注意。

范增［缜］“神灭论”。

梁武帝信佛而饿死。

驳萧禹［瑀］“非亲无礼”——不要父亲。双方辩论。

萧禹［瑀］，中书令，信佛。说为传“非圣无法”。

简历（去日本用）：[①]

刘大年，四十八岁，湖南华容籍。一九三六年湖南国学专修学校毕业。一九三八年起从事文化教育工作，历任北方大学历史研究室付［副］主任、华北大学教授兼历史系主任。中国科学院编译局付［副］局长。一九五四年至现在任中国科学院近代史所研究员兼付［副］所长。

11月2日

周扬同志讲：

① 这一页未标明具体日期。——编者注

与反修正主义□合问题，不是每个人写篇文章，完成了就没有事了。不是的。是要每个专业写出有马克思主义水平的作品。这就是反对了修正主义，作了配合。学马克思主义，也是反修，也是配合政治性问题与学术性问题的关系，是搞好配合的重要问题——不能不配合，也不能简单理解。要区别学术问题与政治问题——学术发展马克思主义、反对修正主义。第三，坚持与工农兵相结合，为工农服务。我们只是坚持这三条。其他一概可以群众创造——我们的方针总起来就是这三句话。

队伍的基本问题是两个——第一是基本功，第二是斗争里成长。我们要坚持这两条。这个必须跟青年讲清楚。

培干有五个基：马列主义基本著作、基层工作、练习基本功、联系基本群众、掌握基本技能。

11月12日

血压　高124　低84

《人民群众》稿今天下午最后完初稿。共13000字。九月至现在，断续有十天时间用于写此文。自去年九月开始至今天屡作屡辍，实际工作时间总有四五十天。得13000字，尚不满意。原来设想的要讲三四个方面的问题，现在只是讲了一个问题。应续写第二篇。因为准备到日本去才改写成这个样。否则将整篇〖写〗下去。

11月13日

下午，刘主席在怀仁堂作报告。我们必须从各个方面粉碎现代修正主义的进攻，在中央各大区的报纸上就哲学、经济、文学、历史等领域展开。不参加斗争，就不能在各个学科中提高马克思主义水平。

马克思主义是需要发展的，正确总结革命经验，既能提高理〖论〗，有助解决现实斗争，又能发展马克思主义，必须用马克思主义的立场观点正确总结革命经验。在全世界树立起马克思主义旗子，驳倒修正主义。在理论上决不要过高估计他们有什么奥妙。他们的理〖论〗是很低的。我们反修的著作不是给现修者看的，主要是给国内的——特别是国外那些革命者看的。因此应当有比较高的水平。要采取老实态度，要讲事实摆道理，要求通俗易懂。为此我们需要重新学习马克思主义的著〖作〗和毛主席著作。写文章要听反面意见，要多修改，不怕别人驳。总路线的建议写了三十六次稿子。征求读者的意见，也征求党政领导人的意见，我们也参加一下。各地党政领导人尽量与你们合作，支持你们。哪些应当写，哪些不应写，哪先哪后，要有规划。赞成出版内部刊物。批判修正主义的文章无论是政治的、学术的，可先登内部刊物。然后从中选择加工，成熟以后在报上发表。反修斗争是国际大事。两个必须：一、必须一个革命者不能怕错误。我们以反对现代修正主义为纲，带动我们的学习和带动我们的学术研究工作。在国际上反对现修，就大大有助于〖阻止〗国内修正主义的发生发展。要把这个斗争进行到底，深入到文史哲经各个方面。我们进行这个斗争是为全世界人民的利益，也是为了中国人民的利益。工作很多，做好这些工作有伟大的国际意义。特别是我们的近代史，有许多经验，有很多是好的，有不好的。写出来有全世界的意义。因此应当大大加强哲学社会科学战线。[①]

干部培养办法，应在适当范围内与党政领导相同的干部交流。青年应参加一个时期基层锻炼。

目前的国际形势。

苏联领导变为修正主义是一件坏事，但是一件大好事。现在世界的革命力量正在组合，社会主义革命的前途是无限光明的。帝国主义阵营则相反。美帝国主义的指挥棒越来越不灵了。目前革命力量与反革命的力量对比到底怎样？人民的力量超过帝国主义和反革命的力量。现在人们不放心的是苏联出了修正主义，他们已经干了很多坏事，还能干出些什么坏事？苏美矛盾是不可调和的，关系根本利益的问题是不可能妥协的。中苏关系在目前根本改善是不可能的，进一步恶化就断〖交〗、毁弃同盟条约。第三不做生意，第

---

① 原文缺“二”。——编者注

四边境排□，造成紧张局势。邦交我们是不愿断绝的。毁约无非是告诉美国，那时美国不是马上打中国，而是拉中国反苏。不做生意也没有什么。边境事件，现在就有。许多人的问题不在这里，是怕中苏开仗。我看这是不可能的。中苏是两个大国，苏要对中作战，要动员全体人民，那他做不到。所以中苏开战的可能性没有。我们一方面要做最坏的打算……至于打笔墨官司那会是长期的，要有充分准备。对苏联人民我们要友好。两国人民的友好关系是要继续发展，永远存在下去的。帝国主义寿命不长，修正主义寿命也是长不了的。

11月14日

廖承志同志谈：（外办）

访日代表团只宜谈学术，对一些尖锐的问题，即当前斗争的问题发言不合适。对这类问题，可以表示我是某一方面的专门家，不愿表示意见。也不愿说没有研究。这样做是为了达到一个目的：对日本的高级知识分子做工作。要去改造他们的思想不是我们的任务。我们去主要是要讲中国的学术，讲学术成就，多交些朋友。在反美问题上，不要求在这方面反响很大，不能像日共《赤旗报》上的文章那样讲。个别接触可以多谈。不要和青年、妇女等一样，口头就是那一套。以学术为主，不是反过来以政治为主。倒过来就效果不好，不必派代表团了。外国人对我们写文章先有结论后作论证不同意。应先从情况出发，提供事实，作分析，最后作出判断。在反美问题上着重眼光放在广大中间的学者上，而不要只是少数左派满意。不要只求痛快淋漓。政治态度应有所表明。最大限度求同存异。在这方面要有很大的灵活性。

第二，反修问题。一、应先谈反美，或者后谈战争与和平问题、大国沙文主义问题。你们是学术界，我们先不讲这些问题，后发制人。如果对方提出要讲，我们就大讲。但要避免在群众大会上专讲这个问题。三三两两座谈会可以谈得很深。一下飞机先进［讲］中日友好，嗣后学术交流。即［既］然促进日中关系正常化，为世界和平，不要一下子调子很高。可以步步高。所有的讲话，所有工作，都应注意广大中间。幕春伯讲得很“左”。我们跟他们讲得一样多并不解决问题。要以他们为桥梁，面向多数。要到广泛的中间分子里去讲话，要学术味道非常浓。可以两条：一、标语口号少了不算右倾。二、如果学术讲得少，文抄公（抄社论）的工作很多，回来不算完成任务。

最后有几条有利形势。1. 日本 1936［63］年是中共年。因此最重要的还是讲中日友好。中日友好这句话本身就带着战斗意义。（1）美国站不住。（2）打了台湾。（3）打了修正主义。这是有反美性质又有反修性质。你们要最大限度地利用这个旗子。学术味道越浓越好。光是讲跟日本进步学术界联系，这是不够的。必须突出对中间，对中间进行工作。就是帮助日本革命，也是帮助中国革命。不能与进步分子交游一下就回来了。我对日本进步朋友讲清楚，我们到这里来是为你们的革命服务的。为你们服务也就是为中国革命服务。

学术上首先不要轻敌。他们对我们知道得多。谈问题采取老实的态度。我们没有结论就如实说出。

11 月 16 日

周扬同志学部大会结束会议上讲：

百花齐放，百家争鸣这是我们的方针。向哪个方向鸣放、宣传社会主义、马克思主义，反对修正主义。社会主义是一个历史时代，马克思主义是社会主义时代的真理。社会主义是我们国家的制度，不能反对。马克思主义是思想，你不同意可以允许。现在我们批判的任务，不是《武训传》《红楼梦》研究，而是要批判以苏联为代表的现代修正主义，和西方世界的资产阶级思想。整个批判的锋芒要指向他们，站在第一线。整个学术界都要投进去。

把人摆在斗争的地位，站在广大群众里面，不是马克思主义的可以变成马克思主义，不革命的可以变成革命的。总之人是可以变的。最重要的条件就是要参加斗争。

批判修正主义批判整个西方资产阶级思想，这不是短时间的任务，不是三年五载的事情，是一个长期的任务。不是要每一个人都写反修文章。我们必须有马克思主义著作去代替它，才能反得了修正主义。只有许多反修文章，没有正面的著作，就不能算反了修正主义。

第一，学术。一、必须配合。二、两者必须区别。区别在于：（一）六条标准。反党、反社会主义，这是敌我问题，是政治问题，不允许的。（二）政治性错误，如对国家关系、民族关系不利，这是政治错误，不可避免的。

第二，思想问题。唯心主义与唯物主义，这不是反对共产党。宗教是唯心主义，但是我们保护宗教，允许他宣传，也就是允许宣传唯心主义。

第三，正确与错误。不在自己不犯错误，永远正确是不可能的；高明就在于发现得早，改正得快，重犯得少。科学研究是一种探索，不犯错误是不可能的。科学是揭露前人没有揭露过的规律。

研究历史有两个教育目的——进行革命传统的教育，进行革命前途的教育。

什么是社会主义？——就是反对资本主义。（以上文艺问题上的讲话。）

11 月 17 日

上午再改人民群众稿。于光远意见，要把人民群众分清楚以免引起争论。

昨日学部会结束。下午两点中南海照相。日本又来信要求讲历史研究如何为群众服务的问题。还要赶写。出发只有六天了。

十五日上午注射霍乱防疫苗，下午臂膀不舒服，没有发烧。二十四小时以后感觉很少了。看来没有引起什么反应。

本质就是主要矛盾，特别是主要矛盾的主要方面。西太后，还扶洋灭团。《清宫秘史》“彻底的卖国主义”。辩证法只有一条基本规律——矛盾的规律。一切都“对立的统一”“一分为二”。[1]

① 这一条写在另一页上，应该与上页日记不是同一天写的，但未标明具体日期。——编者注

一九六四年

1 月 17 日

上午学部传达陆定一同志文艺工作会议讲话。

毛主席的批语提出了文化战线上革命的问题。

苏联的情况，四票对七票。老一辈的状况。

巴黎公社最根本的经验两条：

一、没有无〖产阶〗级专政，〖不能〗镇压反革命。

二、只有工人阶级起义，没有农民援助。

****

解放战争时期，秦皇岛一地驻有美军九万人。

斯大林反面教育的五个方面。

一、斯大林宪法后宣布苏没有阶级。

二、斯所有著作是没有讲基础与上层建筑的问题，上层建筑的作用问题，即没有强调要思想革命问题。

三、高薪制，培养了高薪阶层——高薪赎买政策是列宁制订的，但党员都是低薪。后来都向资产阶级看齐了。

——这是斯自己挖自己的坟。

四、斯提出技术决定一切，干部决定一切，实即知识分子决定一切。这实际上是取消了阶级路线、群众路线。

五、一个国家能不能建立共产主义。廿二大提出进入共产主义。

上面五点是赫修的基础。赫与托派有联系，抓起来了，是由卡冈诺维奇保释的。善于拍马，取得了斯的信任。

知识分子问题过去有争论，无产阶级知识分子还是资产阶级知识分子。

现在至少可以这样说：资产阶级世界观的知识分子，说是资产阶级知识分子，但他们没有剥削。

要宣传毛主席著作，做到家喻户晓。

1月20日

访日归来已经近一个〖星〗期，杂事尚未了。到昨才看到最后的总结稿，给日复信七八封。开完所里几个会。今年研究工作尚未最后安排。

去年十二月廿在广岛查血压，低60，高100。为历年最低者。

最近一个多星期查了两次为：

低78，高110。

低70，高110。

1月29日

上午改完人民群众稿。

下午会见越南历史研究院院长陈辉燎。年五十左右，斯文儒雅，在越为议会常委，政治、学术都颇〖有〗地位。谈及修正主义篡改历史，他说："历史被篡改了可以重写，但文物破坏了就再也不能恢复。"去年七月他再［在］德国，波茨坦有关斯大林的遗迹如住房、办公室、座椅等已撤去一空，只剩下一个斯与罗斯〖福〗合照的照片了，甚为痛心云云。又讲苏广泛散布关于老赫的故事。

1月30日

上午改所里两个报告。一个是加强现代史研究的，一是关于社会调查的。

陆对公安会议等讲话

1958年时反修最困难。赫提出联合舰队。主席提三个方案：一、把沿海岸线交给你。二、把旅大交给你。三、把旅海岸交给你。赫问：你们怎么办。答：我们上山。

赫有三怕：一怕帝国主义，二怕所谓教条主义，三怕人民。经公开点名批评后，后二者结合起来了。

主席对罗代表团讲：我们是寸步不让，寸土必拿。此意请转告赫。

用修正主义面貌出现，实际上是反革命进行破坏。高、赫等如此。这是公安部门、思想工作部门遇到的新的问题。滥［烂］掉、复辟在工农外贸等系统都有，文教部门也一定有。与修的矛盾是敌我矛盾。当内部矛盾处理。实际上是你死我活的斗争。它在思想上是无孔不入的。这对党是一个新的锻炼。

对知识分子的不同意，我们的意见，不能都当敌我矛盾看，但是和平演变的基础值得我们重视。

经济战线上的社会主义革命已经基本胜利了，但不等于完全胜利。

苏联说高薪阶层是轻了，应该说是真正的高薪阶级。

一、经济基本胜利不等于完全胜利，还有复辟可能。

二、经济基本胜利，不等于政治胜利。

三、说没有阶级复辟了的人，就是搞复辟。

我们要几年整一次党，五反四清。政治战线上的斗争是会不断发生的。

四、经济基本胜利，更不能没有思想战线上的胜利。

要农民像工人那样有纪律有觉悟，那是长期的。知识分子的问题更大。要有办法，就是教育与生产劳动相结合。

由以上越来越看出政治思想工作的重要。对此有人怕加入，决定非加入不可。这是少不了的。我们要搞政治部，加强政治工作的目的，是要在今后五代不出修正主义。同时又要促进业务。这就是红专。

2月4日

周扬同志讲：

一、研究所的任务首先是要抓生产，组织首先就是组织生产。

二、研究所必须把反修列入头等重要的任务——人力工作应列入研究所的计划——看了哲学所的计划很不满意，只有许多活动，没有研究的报〖告〗。这还是没有转过来。对上级报告就是要报告生产，其中有何经验问题。总之必须讲生产——完成了多少钢——我们没有懂得领导研究所什么是主要的：1. 研究方向。2. 研究成果。这两条是主要的。其他是服从的。再有就是研究人员的思想。要出简报，掌握生产。学部在这方面还不如《光明日报》。有两个东西全部情况就清楚了。

（一）国内的简报。

（二）外国的情况简报。

这样就把我们的注意力转到生产上来了。

反修——古今中外的帝、修批判要摆在第一位。哲学社科无批判就不能发展。过去搞得不对，是靠集中搞不行。现在我们要细水长流搞。计划中把反修、批判摆在第一位。

现在的状况还有游击战争的状况。你的工作要适应这种状况。

反修除了批判还有搞资料的工作。

基本建设的东西也必须摆在计划的重要地位。

对于工作人员，不管是搞哪个方面，都要鼓励，鼓励为主。

集刊一定要有一至二本。

苏联修正主义发生有最少三个方面：一、不承认阶级斗争。二、知识分子与工人劳动人民脱离。三、对旧的思想、遗产没有彻底批判。我们必须在这几点上与之相反。研究所必须抓住批判这个工作。问题是不要一阵风。

要在批判的基础上建立我们基本的东西，做好基本建设。

5月28日　下午

周扬同志在学术会议上讲话。

要下乡参加阶级斗争。既不下乡，又不读书，就只是水上浮萍。不能把开会办公当作全部生活。

历史是争论阶级斗争，你自己就没有参加阶级斗争。

读书太少，了解工农兵太少。这就是红专里面的根本问题。不解决这个问题，不能反修正主义。也不能提高。这是硬功夫。林彪同志要求，两万米硬功夫。我们应该有硬功夫。

必须说阶级斗争的战士，必须参加阶级斗争，朝闻道夕死可也。

反修正主义形势很好。当然斗争是长期的。社会民主党也没有打倒，不过是影响很小。个人要作用，有影响，起决定作用的是世界人民革命力量。在这个问题上不能有幻想。

前人对历史的评论不能说都是错的。史料不能说都是假的，是极有价值的。但是那引起都是唯心主义的。只有在马克思主义才变为科学。“以反修为的”是就整体而言。不必很急，要有研究。修正主义历史界的表态文章，没有什么影响的可以不理。采取蔑视态度。如果有论战，可以研究写文章。我们不表态，要写有分量的文章。前面一种是反华。第二类是伪造历史歪曲历史，可以批评，要找有代表性的著作，或涉及中国的著作去批评。总之，不必追求数量。

欧洲中心问题——实质就是欧洲正统，即资本主义世界中心。世界的政治、经济、文化形成世界的中心，是资本主义以后的事情。《共产党宣言》、列宁都是这样讲的。但要承认某个民族、某个时期贡献比较多。中心不一定只有一个，中心是转移的。中国现在是世界革命的中心。古巴是拉丁美洲的中心。所有历史著作、文学著作，无非是制造一种意识形态，一种观点，成为一种传统，一代代继续下去。

我们的历史、文学作品里有许多大汉族主义。中国的历史是多民族共同创造的历史。苏联在卫国战争期间宣传爱国主义起了好作〖用〗，但也有坏作用。

要破同时也要立。必须写出我们自己的著作。写一篇反修的文章。如果我们自己的书写不出来，不能打一百分。写出自己的马克思主义的著作，就是反修正主义。正确地研究国际共产主义运动史，中国旧民主主义史、新民主主义史、社会主义史，亚洲拉美的历史，就是反修。

与反对修正主义的同志，也要防止公式化概念化。用唯物主义写历史，既要见物，也要见人。地主阶级、奴隶主义的代表，有多种多样。斯大林、日丹诺夫的决议看来还是有道理的。

第二个问题，百家争鸣。讨论要方向明确，即马克思主义的。又要鼓励活泼的讨论。不要轻易加帽子。文章要有战斗性，不要模棱两可的文章。但是要有材料，有说服力。

第三［一］，历史工作、历史家同时要做政治家。写历史的人需要有政治的〖头脑〗，政治敏感，政治经验。历史就是写阶级斗争，就是政治。王船山三条评评［价］历史人物，邪正、是非、功过。

其次是搞历史要占有资料，才能〖摆〗事实讲道理。要先摆事实。道理要靠事实。我们没有家了，现在再找一个家。

其三，要写书。要提倡写专著。要强调一下在个人钻研基础上集体写作。工具书一定要在这次规划一下。历史词典、地理词典一定要有。还有要搞社会调查。调查真正花功夫，有学术水平。

二月—三月下旬主要是做以下几件事：

1．准备所里召开的全国学术会议。召开座谈会，写报告等。

2．组织北京中心文章，去上海往返一星期。

3．改《人民群众》稿两天，改《李秀成》两天。

三月廿六日起准备

五月廿七日断断续续写《帝国主义侵略与中国人民反帝斗争》第一稿。

其中：1．从准备到写完共廿六个工作日。2．共17000字。

5月30日

下午康老讲：

三不怕。一不怕小，二不怕低，三不怕错。由于一是内部，二是未定稿。

石西民来电话提出三点。内部刊物要八篇文章，那样高地方做不到。因为那是有主席、中宣常委参与的。各地要一大二高，三不犯错误。这是办不到的。

从去年六月十四到今天快一年。反修斗争理论水平大有提高。不仅表现在我们的文章，也表现为兄弟党的文章。如阿、朝、越、印尼、日本等均是。由此证明一条真理：马克思主义的发展要在斗争中提高。

我们每篇文章八个工序：1. 主席、常委原则方针指示。2. 根据这个方针，小组设计蓝图。3. 确定一个小组一人执笔，两三人帮助。4. 初稿拿到十一人小组讨论。不是讨论文字，而是讨论架子。有时要重新设计，有时大致可以从各方面修改补充。5. 根据小组统计，重新起草。6. 写好后再拿到小组讨论，定字句、段落。7. 拿到中央书记处送主席过关。——据此再修补。8. 再送主席。每一道工序不是一次完毕，二［而］是三四次。有一篇文翻了三十四次。主要是从主席、常委出发，再回到那里去。

日本关于美帝国主义的文章是学我们的方法，但很细致，值得学习。

从去年七八月以后，形势大大发展了。对方对我什么都骂，我们自由了，放手了。米高扬想把斯大林杀掉，这种话对我们也讲过。不过现在我还不大相信，可能是推责人［任］。我们八评中说苏联托洛茨基大有其人——指赫。这也是米高扬对我们讲的。

《内部未定稿》——名字很好。我们的办法：第一条还是练兵。学术部门、地方大家来练有三方面的好处：（一）收集、研究、分析掌握材料。各地要求供给材料，其实材料又多又少。是要分析掌握。修正主义的东西看不完。真正少的是苏联的社会生活状况、社会调查、阶级调查少。地方感到材料困〘难〙，也可能是没有钻进去。（二）读书。读书有两种，一个是读而备用，一是为用而读。为读而用也需要为用再读体会更深刻。这一段工作有一个体会，一是没有不掌握材料，而是没有认真读书。这很危险。为用而读就是有的放矢。（三）学写文章。教书写文章不完全是一回事。许多教书的人不会写文章。口讲是一个技术，写文章又是一个技术。（对周扬同志讲：你是文学批评家，你写写小说看。恐怕不一定。）写文章不容易。

中央的指示：一是练兵，一是组织队伍。看来组织队伍也不容易。队伍在斗争中形成。

还有一个扩大战线——政治、理论、文史哲经。

题目不一定很大。应该大中小结合，对党校理论班安排，每人分一篇修正主义的文章，你去反驳。这很具体。回答一篇文章，材料也不必很多。用这种考试方式，这也是活学活用。在广州还曾安排把科学院大学等力量组织起来，对苏斯洛夫的报告，一个人包一段，或几个人包一段。“土豆烧牛肉”等也是一个题目。

问题要多样，可以有理论问题，可以有争论问题，可以有材料问题，可以有短口、杂文。诗歌、短评也可以。不要完全。第一，不要争八评作标准。第二，不要都是大问题。

文章不一定要大。大中小结合，以中小为主。不怕小，不怕低，不怕有错。练习，有错可以改。编刊物的人时时刻刻要注意这是练兵，要时刻注意作者的积极性。要提倡敢想敢写。

组织方法，要专职与不专职相结合，集中同分散结合，党委机关内部和外面的力量结合。

集中人有好处，也有它的缺陷。这个问题值得研究。集中要领导加强。领导的人与参加的人要三同。同吃同住同劳动。搞材料的与写文章也可以统一起来，也可以适当分工。

5月28日—6月3日

开近代史学术会议。

6 月 12 日—18 日

写《帝国主义侵略与反帝斗争》第二稿。共 1．六个工作日（有外宾杂事）。2．增 1500 字。3．思想、架子都很有改进。

以上这半年用于写作的时间不足四十天。

6 月 13 日

杨耳讲。去年七月中苏会谈以后，反修形势进入了一个新阶段。苏给党员信点中国名起。九月六号起发表一评。九评已有稿。发到三四评以及对方来信，非常客气。中心是停止公开争论。七评指出赫最大的分裂主义。他沉不着［住］气了，作出决议，以后并给其他党信，不给中国。目的是要各兄弟党压制中国，不要争论。罗党代表团就是这样来中国的。我们发了七评以后（类似列宁骂考茨基题目），拿出了苏斯洛夫的文章。前年去年东欧五党会议时还有一点攻势。修正主义气焰最高的时候是 1960 年布加勒斯特会议。公报只许签字，一个字不许改。从那以后主动权渐渐丧失，子弹打光了。只剩下断交，不做生意。

现在这一年看来，他的困难越来越大，内部经济困难，粮食进口一千二百万吨。政治上遭到反对，流言蜚语很多。干部撤换了四五批。中央书记只有三人未换。与东欧的关系很紧张。罗对我大使谈，苏像饿狼一样，什么都想吃掉。要划罗二分之一人口的地区作为经济协作区。说苏是赤色帝国主义看来已不够，实际上是白色帝国主义。骂人很少有人听了。左派更加明确坚定。马列主义党已有二十二个。出现左派组织三十个。社会主义国家马列主义政党五个。资本主义马列主义党十个。□个党的国家有七个。

从国内说，从今年年初搞了一个全民的反修报告。去年十二月学部开了会，不仅政治上要斗争，学术上也要斗争。少奇同志最近特别提出要抓反修文章。学术不反修，没有斗争对象，就没有战斗性。电影界有一个意见，讲阶级的很多，要讲正面人物。陆部长大批评，没有阶级斗争，正面从何来？

是什么正面？反修斗争是长期的。政治上分裂，学术上跟不上去，是不行的。不跟修正主义资产阶级作斗争，学术决不能发展。

中央提出，反修斗争意义之重大，不下于十月革命。

四清很重要。现已发现有县委付［副］书记支持下面搞资本主义。每国都有发生修正主义的可能。少奇同志谈，不发生修正主义的保证只有一条：马克思主义领导核心与工人、贫下中农相结合。

6月19日

上午中宣部陆定一同志传达中央工作会议。下午处理杂事。

定一同志讲中央工作会议。

（一）社会主义教育运动。（二）政治工作。（三）计划。（四）财贸粮食。（五）国际反修形势。（六）毛主席在会开始、中间、结束时有几次谈话。

一、社会主义教育形势很好，材料很多。会议意义很重大。

形势：国内经济全面好转。着重的社会主义教育问题。全面好转的原因：去年是一个大丰大歉之年。四清五反中问题发现很多。甘肃一个重要的矿，其设备80%两年搞光了。领导很糟，使一批很坏的人当权。不顾老百姓死活。坏人能当权，是因为省委里有人撑腰。山东 × 县陈家庄陈玉梅，很［是］好人，亩产600斤，坏人把她推翻了，亩产300斤。现在又翻过来了。四清五反，使贫下中农有了权，能管富裕中农了，能管地富反坏右了。干部参加劳动，首先是与工人、农民平等。人们有话敢讲，社队生产好的，都是干部参加劳动。“懒、馋、占、贪”。为什么四清五反运动能使生产上升？因为解决了很多人民内部矛盾。因此发挥了人的作用。生产就是生产力——人、工具、劳动对象。人是决定因素。矛盾解决，生产力增加了。过去的错误，高指标、高估产、高征购、瞎指挥，天灾、人祸。现在有人问你们怎么克服困难的。毛主席、党中央靠调动人的积极性解决的。

现在还不够。还要有防止修正主义问题。和平演变过去是可以的，要和平演变过来看来是不可能的。苏联所以出现修正，没有很多原因。斯大林有很大关系，所以三个阶级和谐一致，其实不是三个阶级。工人阶级里隐瞒成分的45%。集体农民也不是一个阶级，有贫下中，还有地富反坏右。知识分子也不是一个阶级。有资有无，还有新生反革命。斯大林只谈一致，不谈矛盾。这是斯的根子。苏的失败，可能是历史上不可避免的。

中国要搞好，现在的办法还不行。1. 社会主义教育是一个大革命，不但是建设社会主义需要的，而且是百年大计。在运动中防止修〘正主义〙出现。2. 城市乡村都讲社会主义教育。四清五反只是其中一部分。3. 这个运动不是短期的。要坚持下去。4. 点面结合，清过、反过的地方还有新问题，要反复。5. 要划阶级。这是一个新问题。现在阶级乱得很。逃亡地主成为血统工人。有老实的，有不老实的。农村有花钱买富农之类。农村划阶级不容易，城市更困难。要仔细研究。重划以后，农村定社员，城市定工会会员。现在已试点。阶级划清楚了，我们的屁股才能坐稳。重划的目的主要是找出地主、伪军官等。同时划阶级也不要搞唯成分论。这里面有政治问题。毛主席举出工厂里技术人员出身、思想不好，但勤勤肯肯［恳恳］工作，就不能当坏人。划阶级，还搞档案。6. 四清五反不容易。少奇同志建议，必须有骨干，各省组织专门的工作队。胡绩伟等到少奇同志家乡里调查了四个月，全是假的。少奇同志去了，干部要他走，说你在这里妨碍生产。他偏不走，结果发现了问题。7. 搞清了还要变化，要一直搞到底。8. 工作队依靠谁？对当地组〘织〙又要依靠，又不能依靠。9. 农村里是否设政治指导员？有些地方要设，如干部躺倒不干，没有领导核心等等。10. 我们在搞四清五反，有一批人在搞评功摆好。有些人是糊涂，无意的，有些人是有意的，抵制四清五反。坏分子互相评功摆好。成了和我们针锋相对的运动。中央也没有作决定，发通知，自动地搞起来了。大庆的经验，对文教机关，特别是哲学社会科学是不好的。要小心些。脑力劳动者千万不要评摆。11. 湖南省开了一次贫下中农的会很好。英勇顽强、大公无私、舍己为人、勤劳勇敢，等等，只是工人、贫下中农。高薪阶层，新的资产阶级是人为［不］为己，天诛地灭。

二、政治工作。

成立政治机关的好处是可以统一安排各种工作，以免乱插，应接不暇。工厂、学校机关和部队不一样，部队一切动作整齐。学校里能否吹哨子学马列主义、学毛选等，不可以。政治工作学解放军，不能照抄。中央各部肯定要成立政治机构、机关，企业领导怎么办，还要研究。农村怎么搞政治机关，怎么领导，没有确定。

以上两个问题都是防止我们这一代和以后产生修正主义的问题。指望中国第三代和平演变成为帝国主义的国策。马、恩、考是三代，列、斯、赫是三代。中国要下决心防止。划阶级、建立政治机关都是为此。

干部下放问题，主席讲得很重要，特别是对文教机关讲必须下去。有关的机关要搞统一计划。同吃、同住问题很多。要灵活一点。组织部来计划一下，轮番地分批地下去。科学研究的人员也要下去，这是一个大革命，这是一个好机会。不要丧失。老病例外。比如五六年里有一两年在下面，从头到尾参加一两个过程。

农村、城市的社会主义教育运动有文件要发下。参加社会主义有规划。政治工作已有决定草案，收发下。

三、计划。

计划从前按苏联搬，很简单，就是订出钢、棉、粮、菜的指标。不考虑年成好不好。其实有两个东西计划不进去，一年成，二打仗。你不要打，人家要打。如印度。还有对外革命的援助，也计划不了。

现在开始改变，提出几个问题。

第一，两个拳头，一个屁股。农业、国防两个拳头。工业一个屁股。重工业这几年质量品种有很大的跃进。过去1800万吨钢很多不能用。现在建设需要的品种很多。去年钢是830万吨，但品种多了。数目不要公布。苏联那一套办法看来没有好处。

工业与农业、国防有比例关系，工业内部还有比例关系。有了比例原则就可以把计划的办法加以改变。年景我们估计为一个三年，两个平年，两个歉年。不要打得满满的。还要，战争总要估计进去。毛主席讲，你们各地的书记打北京来只要钱，不要枪，不估计打仗。现在一个新疆、东北北部，过去算后方，现在就不能算后方了。要有第一线、第二线的部署。第一线沿海，第二线新疆等。还有第三线如内地四川等。过去几年有毛病，我们先是重内地，忽视沿海。后来又反过来。现在有了这两个经验，要安排三线。这样，计划的打算就不同了。这样全国就不能各自为政。各部、各地我要什么等等，要在上面三条基础上综合平衡。过去的计划一定是高指标、高估产。文教部门也是如此。多办学校、图书馆、剧院。演员薪水最高，一个七百。拉角，提高。这是谁定的。拿了钱，还不演戏。陈伯华，霸戏，不演戏。青年党员向他们学习。（张际春，知识分子入党保持自留地，入股思想，党不是改造他们是迁就他们。）苏联过去也迁就的，那是对资产阶级知识分子，我们也还实行赎买政策。我们自己，革命的知识分子党员就不应赎买。有些人，比教授、科学家都高。（张劲夫提出科学家减薪，如钱等，要答复。）可以两条：一、已经过的算了（张劲夫，科学家最好 346 元），这不是高。二、太高的减下来。346 不算高，不要减了，控脚[①] 以后要撤职。下了军令不上算，等于部长放屁。

计划应该有多少钱，办多少事。

技术政策，一是自己摸，二是进口技术。我们这个国家应要少买粮食，多卖粮食，多买进技术。过去提出技术一边倒是不对的。现在政治上也不能一边倒了。想在三四年工夫，以后就不进粮了。如在国际上周转，从这里买进又卖给别国。如古巴、锡兰等。

现在还要提醒，由于形势好了，基本建设战线延长了。今年头三个〖月〗收入低于支出。这是反常的。因为许多建设又在纷纷上马。我们是在这个问题上吃过大亏的。现在又在搞楼堂会馆，要坚决刹车。文教部门要注意这个问题。以后我们五年计划、年度计划都不“大办”，要留有余地。

第二，两种劳动制度，两种教育制度。以后考虑亦工亦农。有许多季节性的工业，如粮、糖、丝绸等。郑州有七个棉纺厂都开工不足。以后有事就来，无事就走。亦工亦农对保健也好。再一个办法可以采取军队征兵的办法。有的不能改，有很多可以改。有固定工人，有亦工亦农。

两种教育制度，一是全日制，一是又读书、又劳动。一些地方小学已经行通。教育部的教条主义可厉害。城市里这个问题还没有解决。毛主席又讲到文艺，那些“协”在北京干什么，无所事事。无非抄苏联的。剧戏军队第一，地方第二，中央最落后。死人统治、洋人统治就在我们这个地方。不能做的、老病一定放在编外。人民大学的问题下决心处理。教授也是这样。现在没有秩序。八个人开会，五个人是不做工作的。通过决议时只是少数。怎么工作？

“三门”干部不能管国家大事。将来出干部说不定〖就在〗半工半读的地方。牛顿的万有引力是从生活简单事实中提出的。达尔文进化论是各种事物观察来的，不是单靠读书。

---

① 原文如此。——编者注

计划全国有一二三线。各省有自己的一二三线。要有一些建设。这是国家大计。

文教方面，教育不要花国家的钱太多。现在全日制中学是否太多，可以考虑。学校里研究室主要是实验室，没有实验，研究室是空的。文科就是在图书馆。学衔问题，主席很反对。军队里搞将校等。军队搞了，学校是否还要搞博士之类。意见不一。

文艺、社会科学都是阶级斗争。但这个阶级斗争与实际斗争不同。要搞百家争鸣。主席批评《人民日报》文哲学术比《光明日报》落后。以为什么都正确，那是不会有的。谁都要犯点错误。我就犯过错误。盲动主义就有我。后来还有大小错误。教育方面的教育斗争看得很明显。一种是地主富农子弟由小学至大学当干部。再一种就是资产阶级知识分子在教育中溶化我们。现在学校里反革命分子，思想不好的学生中有些是工农成分出身的，很跛扈。其他问题可以检查一下。音乐我们搞不过朝鲜。他们坚决走民族化道路。比朝鲜差远了。不要以为音乐没有影响。美国就是先把摇摆舞、黄色音乐【先】送进来，慢慢和平演变。

文教方面要提高质量，质量就是为工农兵、贫下中农服务得更好。

四、财贸粮食。

财贸情况好。但出现了前说的反常情况。毛主席讲：我们有多少钱办多少事。这是客观规律。社会主义建设不要用我们的寿命计划年老了多搞了。现在的牌价与自由市场只差15%。薪金问题，总理提出党内要减，党内最高400元。毛主席只400元。主席讲是高的不减了，低的慢慢增上去。杜斌丞［鹏程］写了《保卫延安》，再也下不去了。有几万块钱的稿费。巴尔扎克写得多，是因为穷。出一个作家给一笔钱，就完了。还是走巴尔扎克的道路好。要穷。太不合理的改一改。

财政方面过去困难时期采取打吗啡针的办法。如卖出什么，给他多少什么物资之类。那是害人的。不能一下子通通去掉，逐步改步［变］。粮食要达到自给，也不是一年，而是三四年。这是一个战略任务。丰收的地方粮食很多，有的〖地方〗够吃有的地方不够吃。要发展多种经营。全国范围和各省，都要有一定比例的棉粮蔬菜等。光种粮食收入少，光种经济作物吃的粮食贵。要调整。这要多少年。罗马尼亚为此为［与］赫吵过架，赫在火车上在地图上划圈，教何地种何物。

水利：治黄河、淮河、海河。

化肥、农业机械。

布匹：今年增加到六尺。

自留地：看来种饲料最好，不能跟市场跑。

造林：要全国造，不能光靠几个林区。

农业投资。

五、国际反修。

情况和形势。我们处在主动地位，修正主义处被动地位。修最猖狂是布加勒斯特会议。先说不发声明，不作决议，结果对我们发动进攻。我们只有一票。以后就江河日下。以后廿六国会〖议〗我们七票，八十一国会议我有十几二十票。以后我们提出十五点，赫公开骂我们。我们就自由了，公开批判。我们发表了四评，结果就作决议，要求停战。罗来三个问题：一、对苏不满。二、要求公开停战。三、与南和解。

从前苏统计，只有中国为一方，他和世界共产党为一方。后来说他也有七十几个党，现在他计算只有五〖十〗二个党。巴西、厄瓜多尔都是两个党，一个军事反革命政变。数［少］数党变成了多数党。现在赫跟他走的人越来越少了。

苏赫现在农业困难。外汇也困难。

东欧的离心倾向。美国对罗高价收买。连乌布利希都闹。只有一个保加利亚没有闹。过去赫〖以〗经济压力压中国，现在是压东欧，矛盾大起了，纷纷投靠美国。东欧很危险。现在跟赫走的只有保、蒙两国。资本主义党只有一个法国。就他都不行，现在有几件事：

（一）断交不断交。一是放出空气断交。一是《消息报》发表文章说保持国交。最近贸易谈判算谈判成了，签订协定。目前正在谈判。边境问题。我们提出沙皇俄国占中国一百五十四万平方公里。断交不断交要有两个估计，一断，一不断。他搞阴谋你不知道的。要准备他断。我不同你断，你断我不怕。

（二）集体制裁。即开会开去［除］中国。他觉得再不开会成为少数。现在还可以维持多数的形式。很多党不赞成开。现在看来可能开个筹备会。赫这家伙是一个反革命占［钻］到党里面来的。集体措施有困难，他准备搞。有消息说十一月开会。他采取我们也不怕。

反修势力发展得很快，肯定还要有更大的发展。最近赫展开跟我们争亚非拉美，赫去埃，米高扬去日、印尼均为此。他想挤进亚非会议。卡斯特罗近来又强硬起来了。因为赫出卖他，公开对记者讲美国不要用 V2 飞机照古巴，用卫星就可以了。

反对现代修正主义，比列宁时形势好得多。各国都纷纷出来。赫骂得我们那么利［厉］害，来的人越多。根本的问题是把我们自己的工作做好。政治经济军事作出样。我们的成就就是亚非拉美革命人民的希望。

六、毛主席的几次讲话。

政治工作，一个屁股、两个拳头、一二三线等都是毛主席提出的。

各省都要搞常规武器。我们不要不及刚果、南越。或者武器掌握在坏人手里。再三强调接班人问题。马恩［克］思有接班人恩格斯，恩格斯就没有接班人。列宁有一个时期看重托洛茨基，后来是斯大林。斯大林是指定马林科夫，没有指定洛［莫］洛托夫。有可能培养不出来，也有可能培养错。要有五个条件：一、懂得些马列主义。二、要为中国、世界大多数人的利益斗争。三、要能团结大多数，其中包括对自己有不同意见，而那些意见是错误的人。四、在党内要有民主，不能搞斯大林一套，不能讲了就算。考虑在党章上写上这一点。政变的办法不允许。讲许世友在党内斗争被关的事，不行。（文教界捧高岗，习仲勋小说电影、胡自立平江革〖命〗史、李六如回忆，此人叛变过的，彭最〖近〗的骂没有减少，还有增加。）世界没有阴谋家，不成其为世界。五、有自我批评。我自己就有错误，如高指标、高征购就有他的错误。不要相信什么人不犯错误。有了错误就改。

最后讲了一个问题，不要怕大风浪。战争来了也不要怕，原子弹不会把中国人都打死。党内斗争也有大风浪的，不要害怕。修正主义长不了的。只有马列主义万岁。没有修正主义万岁。中国党第一个书记陈独秀，不是马列主义，是资产阶级左派。第二个瞿秋白，第三个是项［向］中［忠］发。是工人，一抓去立刻叛变。此时实际上当政〖的〗是李立三。以后就是王明、博古、张闻天。这样的七个，中国革命也没有垮台。当然也不能胜利。死人总是说不可补救的损失。没有那回事。任何人都是要死的。要有信心，要相信人民的多大［大多］数。因此任何大风大浪都不必怕。接班人可能找对，也可能找错。

会上提出写党史，董老挂帅。宣传部、党校考虑。一、对别国革命有帮助。二、防止各写各的党史。前一段比较成熟。

会上建议出毛选五卷。

7月6日

体重66公斤（衬衣、空腹），1958年以来最高纪录。

7月10日

查血，转安梅［氨酶］—113（正常最高为120，已经是最高边缘）。

7月12日

血压高110，低70。

7月17日

胆固醇260（140—220正常）。

转安梅［氨酶］94，比上次下降。

今晚赴青岛。

8月1日

少奇同志在展览馆讲四清五反蹲点。去就回来，这叫不叫蹲点，这样蹲行不行？不行。甚至公社党也不找群众谈话。各地决定政策不是凭自己蹲点的亲身经验，而是靠汇报。许多年来包括省、市、县委没有真正蹲点。什么叫蹲点，要提出个标准。蹲点就是要把整个过程搞完，过去那种办法，只能叫走点看点。因此党的政策的制订者脱离实际，脱离群众。一个大队土地、人口两个数字也不确实。假数字、假表报，领导机关就凭这些下决心，危险。这种情况从中央到公社如果不改变，我们要灭亡。省、地、县的书记除年老有病的一律要在五年之内搞两个公社的四清五反。公社不搞，只搞大队，坚持不下去的，它要改过来。城市里搞一个学校，机关布置。干部直接到农村蹲点，取得直接经验是非常重要的。的确是一个大革命，比土地改革深入、艰苦得多。因此大家都应当去参加这个大革命。

为什么要这样，因为革命形势发展了，阶级斗争中出现了许多新形势。仅有过去阶级斗争的经验，不能领导今天的革命。无产阶级领导干部不亲身取得今天的经验，不能〖当〗省地书记、部长、司局长了。

邓小平同志说，他对工厂的斗争没有入门（？）。这就是说，我们在过去一年的斗争中打了败仗。阶级斗争到处都有。过去十五年来阶级敌人已经改变了同我们斗争的方式。在过去的斗争中，敌人是拿着枪的，地富明明白白看得清楚的。现在敌人一不拿枪了，也不收租，不办工厂，隐蔽到后面去了。代理人站在前面，他在后面。看到的尽是我们的干部，共产党员。他们利用我们的口号政策、干部面貌，共产党招牌。现在的敌人不止要苏维埃，而且要社会主义，要共产党，甚至要四清五反。敌人现在采取和平演变的方式，采取反革命两面手段，这是敌人今天跟我们斗争的主要方式。很多地方土地改革不彻底，地主富农的统治没有推翻。有些地方我们的干部被敌人拉下水了。有些蜕化变质反共反人民。毛主席讲基层单位有三分之一领导权不在我手里，有的少一些有的多一些。农村四不清一般不是少数，而是多数。一切有严重问题的人都要找上级领导机关的人作靠山。四不清不止有地富反坏的根子，还有上面的根子。需要追，一律要挖。上面的根子有各种，糊里糊涂的不清醒的，官僚主义的，有意包庇坏人坏事的。

敌人的阶级斗争方式改变了，我们的党干部至今没有学会同阶级敌人进行新的斗争的方式。因此今天我们必须亲身去参加今天的实际斗争，取得亲身经验，才能领导今天的斗争，否则就不能做领导工作了。如果自己不去蹲点，别人蹲了点，那他超过我们的负责同志。蹲点为什么蹲不下去，是对现在的大革命认识不够。其次就是怕艰苦，官僚主义的领导方式，不是革命的领导方式。我们领导同志必须首先革命化，然后机关才能革命化。整个革命的面貌才能改变。不止四清五反。某一种新的工作来了，全党都还没有经验，都应蹲点。其他还有工作忙等理由，有些负责同志，学也学得，死也死得，就是不能蹲点。这场革命不止是今天要进行，还要进行很长的时间。过去的经验都过时了，新的经验没有。这方面我们落后于我们的敌人。除了蹲点的，还有搞四清五反的专业队伍。搞十年廿年。没有广大的群众运动，上下左右搞，不能搞出阶级敌〖人〗，搞好四清五反。农村不但要搞好经济上四不清，还要搞好政治上、组织上、思想上四不清。目前各地的四清五反大半没有搞彻底，没有【大】放手发动群众。许多人对放手发动群众前怕狼后怕虎，怕妨害生产，怕搞坏关系，怕要平反纠偏。总之怕革命的群众运动，怕群众运动的革命。一个共产党员怕革命的群众运动是不能允许的。对群众、群众运动采取什么态度是革命与否的分界线。我们每天很多同志在这个问题上离开了无产阶级革命立场，在目前时代只要你不搞好阶级斗争，生产斗争、科学实验都搞不好。许多同志单纯业务观点、为生产而生产，生产斗争总是搞不好的。为了搞好生产和科学实验，必须首先搞好阶级斗争。认为搞好阶级斗争是与生产相对立的，是妨害生产的，是不正确的。一切支部都必须放手发动群众，把四清五反搞好。阻碍发动群众的必须纠正。任何党员、党组织如果有阻碍发动群众的行为必须斗争批判，乃至给予组织处分。基层干部躺倒，这就是他们反对群众斗争，反对四清五反，这就是阶级斗争。他们不想当干部是假的。问题我们要他、群众要他当不当的问题。群众发动起来以后，他们躺着也不怕。我们大批干部会出现。问题是群众充分发动。第二个十条有缺点，对发动群众强调不够。其中讲团结基层干部百分之九十五讲得不对。要团结百分之九十五的群众。只有充分发动群众才能团结有错误的基层干部。总而言之，发动群众出身的干部，在群众发动后对错误改正，是要团结的。至于勾结敌人的那就不同。一切经过基层，一切经过基层公社党委是错的。

群众发动以后就强调实事求是。有什么搞什么。群众发动以后，某些缺点错误是不可避免的。我们要求少出点乱子。我们要求高标准备。

一、出乱子尽可能不超过一个指头。不要打人，尽可能不要骂人。敢不敢发动群众是敢不敢革命的问题。群众发动以后，敢不敢实事求是，翻案平反也是敢不敢革命的问题。四清后干部进行破坏活动的，应当看作是现行反革命。按现行反革命办理。

不放手发动群众彻底搞好四清五反，是十个指头的乱子。不去蹲点，怕艰苦是和平演变的开始。

四清运动至少搞五年。

二、两种劳动制度两种教育制度的问题。

8月3日

陆定一同志讲政治理论课。

一、对政治理论课过去的估计，两个反复。

1. 设不设专门理论课的反复。

2. 从实际出发不从实际出发的反复。即生动活泼的办法还是教条主义的办法。这两种反复实质上是政治理论课上阶级斗争的反映。

教条主义最严重的时间是办人民大事［学］，照搬苏联。

教条主义的代表人物是李［杨］献珍、孙定国、胡华，他们吃人民的饭，做的事是不利于社会主义的。他们的方〖向〗是要亡国的。他们的路线是为资产阶级、为修正主义开辟道路的路线。教条主义大本〖营〗之一就是人民大学。人民大学姚中元是黄世仁。表面上看是为他们自己，实际上是为资产阶级。不是什么个人主义等。他们是为资产阶级服务，糟蹋马列主义。杨献珍也一大套，其中隐藏合二而一。孙、胡更低级就说响声。其中隐藏陈独秀是好的、彭德怀是好的、张国焘是同志，等等。

另一种办法是好的。有的放矢。经过调查研究，解决学生思想问题。要这么做，老师本身就要清除资产阶级思想，树立无产阶级思想。有许多人是这样做的。

对过去怎样估计？不［没］有人反对设政治课了，这是好的。但不能说在政治课教育中成绩是主要的。现在直到这次会议好老师才被当作模范、样板。在这以前标兵是杨献珍、孙定国、胡华。他们会辛苦散布教条主义，彭德怀好。我们全倒霉。过去是歪风邪气统治政治课，如教条主义等。我们打了一个败仗。毛主席对文艺工作的批示，变成裴多菲俱乐部，滚到修正主义的边缘。至少杨、孙、胡是如此。刘子载到某地去要搞工作量，蒋南翔知道不知道（刘、蒋都在主席台上）。这个问题应看得严重点。首先中宣部要负责。平日不灵，看到迟，决心慢。其次高教部、教育部要负点责任。讲话要钱，印讲义要钱，是高教部规定的。宣传马克思主义要给钱么？笑话。规定教师要写论文，学外国语等，这是错误的。

有研究能力的人写点论文是好的。有两种写法，一从斗争中写，为了斗争。二东拼西凑。刘志丹小说，平江暴动史——不但无价值，而且〖是〗反党的。有外国文字工具、有条件的人都应当学。但不能按苏联规定去教。胡即是［使］懂外国文，我们也不能□出去。评教员的好坏应该是政治的标准，而不是技术标准。第三，中央一级培养政治教员的学校，高级党校、人大、北京师大管理得不好。现在都换了校长。人民大学整风还没有开始。高级党校已开始。人大、师大、北大都应展开整风。人大、北大、师大出去的学生自高自大，不听党的话。还是华东师大较好。这些学校的负责同志要警觉起来，你们落后了。

杨、孙、胡代表的路线叫教条主义不够，是资产阶级，必须坚决批判。我们的同志犯错误是允许的。如果不改，要坚决斗争到底。

黄世人［仁］教员姚中元必须开除党籍。开除以后有变坏变好两种可能。否则只有一种可能。不开除要危害我们整个党的。

二、大搞文化革命。

包括文艺理论、教育等上层建筑，都要革命。

对于社会主义我们以前总以为很容易到共产主义了。苏联四五年十年，出了赫修。我们才懂得了社会主义要五代十代的革命。小平同志讲，一个历史阶段是对的。社会主义正是无产阶级专政下进行阶级斗争。过去是在资产阶级专政下进行阶级斗争。1953年我们看不出赫是修正主义。廿大〖前〗是好人做坏事还是坏人做坏事也看不清楚。廿大就看清楚了。但对一国建设共产主义的口号，还看不甚清楚。但一国建设共产主义是不可能的。它是在这个口号下搞资本主义复辟。赫是斯大林培养出来的，拥赫的也是斯培养出来的。为什么？过去研究斯大林，一方面有很大的功劳，建设社会主义、农业集体化，打败德国法西斯，这都是很大的功劳，应当肯定。但是为什么斯大林会培养出赫，并为之造成社会基础。

第一，农业集体化过早宣布没有阶级斗争了。

第二，在《联共党史》宣布苏生产力与生产关系完全适合。这是不要辩证法，没有矛盾了。

第三，干部决定一切，技术决定一切，即只要专，不要红，不要群众。

第四，搞高薪阶层。将军元帅、院士博士、功勋演员、人民演员等。

世界革命失败过好多次。第一次巴黎公社。第二次第二国际叛变。第三次是赫修上台。现在是坏事变成了好事。全世界共产主义运动的旗〖子〗是毛泽东思想。

在中国问题上，两次王明路线，斯大林派回的。一次在抗日战争后，斯大林反对中国革命。这一系列的事，都是毛泽东思想把他顶回去了。按毛思想做，取得革命胜利。1942 年以后整风起了很大的作用。我们没有指明斯大林，而是批评王明。

以上大段毛泽东思想，抵制教条主义。毛主席的调查研究思想是发展了马克思主义的。

我们同杨献珍作过很大的斗争。我们规定主要的要掌握毛泽东思想。毛主席讲，有人说我是秦始皇焚书坑儒，我不是，不是一百个秦皇。秦始皇杀“法先王”的儒用“法后王”的儒。杨献珍就是强调马列主义著作，不重视毛主席著作，就是“法先王”。我们要“法后王”。毛主席思想是发展到新阶段的创造性的马克思主义。杨献珍就是要脱离环境搞唯物论与经验批判论等。他的目的就是不要研究毛主席著作。

斯大林对文化革命问题并未解决。

过去我们只从经济战线上取得了基本胜利，文化战线只说打了胜仗。现在看来问题很多。教育就是文化上的一条战线。

文艺战线，现在正展开整风运动。文化部十个协会，正如毛主席批评的，有变裴多菲俱乐部的危险。问题多得很。重要的总司令是夏衍，戏剧是田汉。都有一个裴多菲。它有它的政治路线和组织路线。阳翰笙的《北国江南》宣传中间分子没有一个好人。

学术界四个问题。

一、“合二而一”。只有四个字。不知内幕的人〖认〗为偶而讲错句把话。其实不是。他认为要学毛著作就取消了马克思主义。“思维与存在有无同一性”问题开始。1959 年彭德怀在庐山进攻，他在山下进攻，作了好多次讲演，说你们这个党是百分之九十九的浪漫主义，百分之一现实主义。其实是讲毛主席的。当时保护过关了。1962 年他来大反攻，对党的谩骂同赫鲁晓夫差不多。经济困难克服以后，他不讲了。我们讲一分为二，他马上讲“合二而一”。这是有计划地同党对抗。

二、周谷城的“时代精神”，实际上是另一种“合二而一”。批评一下很好。

三、文艺方面写中间人物。这也是“合二而一”。资产阶级、无产阶级都有好有坏。反面的人压倒正面人物，这不好。每个方面都要注意这个问题。西太后封杨小楼为御戏子，因为他演黄天霸演得好，压倒窦尔墩。我们必须正面压倒反面。

四、历史学中讨论李秀成评价。现在台湾的结论和李秀成的结论是一样。一种说是“忠王不忠”。历史上有好人亦为坏人。汪精卫先好后坏，如何估计。也有坏人变好的。这个讨论很有意义。将来有可能发生第三次世界大战。即使这样我们也不怕。我们要在思想战线上、文化战线上压倒资产阶级，没有几十年不行。

无产阶级专政下的阶级斗争是一个长期的历史阶段，经过长期斗争消灭资产阶级。

9月15日

民族宫礼堂四清动员报告。

一、参加四清与社会科学研究的关系问题——历史与当前的阶级斗争是直接联系——与工农群众相结合还是相脱离，关系到是否要彻底改造世界观的问题——与工农群众相结合是知识分子改造的根本道路。

准备工作：

1. 掌握政策——学习两至三周。

2. 服从地方编制、领导。

地方干部担任正职，担任付[副]职。负责干部也只担任小职务。如“点”工作组的工作等。不参加县委。大家都当队员，蹲点。现在的编队是临时的。必须与地方干部搞好关系。要主动进行调查研究，提出问题。要找工作做，不要光等人分配工作。不要责备地方不重视。

3. 放下臭架子。这是一个大问题。我们可能不自觉。关键在于与劳动人民是平等的。你能不能被信任。群众首先要考验你。

4. 遵守纪律——三大纪律八项注意。搞四清，特别要注意四不清问题。

要入境问俗。总之，首先要学会接近群众。调查绝对不能当面作记录。

5. 注意艰苦朴素作风。思想要准备艰苦。装备得太优越，脱离群众。

思想史——材料是旧的，思想是马克思主义的、共产主义的。[①]

反修正主义斗争吸引了全世界的注意。斗争的结果，旧世界灭亡，新世界诞生。研究近代史反对现代修正主义、帝国主义，就是要进行阶级教育。

资产阶级取得政权以后，只有两条道路：一、大资产阶级专政；二、资产阶级人民民主专政。马克思已经光辉地完成了他的任务。反修的任务摆在我们面前。要去完成。

中国革命的经验有许多具有世界意义的东西，有普遍的意义的东西。外国不能照搬，必须和自己的情况相结合。但中国的东西外国可以参考。

中国的经验：武装斗争的苏联是城市起义。中国是农村建立根据地，对资产阶级的、土地改革等。

清算思想史的遗产，批判总结树立批判旗帜。作出马克思主义的科学估计。这是把马克思主义与中〖国实际〗相结合的方面。

不研究资料就不能发展马克思主义。没有马克思主义的指导只能走向资产阶级、修正主义。

1. 我们的队伍是好的，问题在于同形势的需要相比，是不相适应的。我们要适应时代的需要。这才是新的东西……每句话都套用。农民革命有自己的鲜明旗帜。农民英雄有自己的坚定立场、高尚的品德。这是完全正确的。问题在于不能拿农民革命和工人阶级相比较。我们一定要把一定的问题提到一定的范围来分析。这才是马克思主义的阶级分析。

2.《封神榜》上孙［申］公豹的头脑总是向后看。

3. “我们决不能和要把阶级斗争在历史研究取消的人一同行走。”（七十年。马恩给倍倍尔的信。）

4. 马克思恩格斯对太平天国的研究。

---

① 思想史一篇，未标明具体日期。——编者注

5. 李秀成自述是一个曲折，是一个重要的事件，不能看轻。但总起来评价仍是第二位的。阶级分析、阶级斗争的观点。阶级斗争论是马克思主义核心。

6. 教条主义不能说他不是革命者。但不能说是彻底的革命。就是不能结合实际。就不能解决实际问题，不能把实际推向前进。

研究民主革命经验。社会主义革命的经验。

工业商〖业〗改造，土地改革，中国知识分子改造，中国的合作化。

7. 戚〖本禹〗的问题不是坚持了阶级斗争论的结果，是没有彻底地坚持阶级斗争论的结果。

8. 我们并不主张为所有历史人物翻案。但用马克思主义观重新评价历史人物是我们的任务。

9. 英雄辈出的时代，辉煌灿烂的时代。

10. 上了曾国藩的当。

11. 中国近代阶级斗争方面去写，不然单薄。

12. 先讲两个历史悲剧，然后另起。这两点不是别的，证明了马克思对太平天国分析正确。

13. 曾国藩的鬼蜮伎俩。这告诉革命者必须坚定自己的立场，对统治者不要存任何幻想。

14. 指出最后为太平天国而死了。重要。

15. 其他都是枝节问题。在敌人面前采取什么态度，对一个革命者是原则问题。不管出于伪降，是苦肉计，或是其他什么动机，都是不足为训的。是一个严重的污点。

16. 农民领袖的世界观。

苏联现在有一个父与子的冲突问题。儿子一代要父亲一代让路。“垮了的一代”以赫鲁晓夫为榜样。赫称斯大林为生身父亲，斯一死赫就开始了儿子反父亲——这是现代社会面临的矛盾之一。这是赫自己造制出来的。赫在对文艺界的讲话中坚决否认这一点。（林默涵讲。）

清政府鸦片战争以后是不是超阶级的，不是阶级的统治机器。是那个阶级的统治机器——地主的、买办的。

美国“通过”“支持”日本侵略中国的问题，应该是美国和日本“结合”侵略中国。

一九六四至一九六五年“四清”日记

10月24日

北京出发，往兰州。廿六日下午二时到达。住和平饭店。

10月29日

下午一点乘慢车自兰州往张掖（甘州）。卅日十二点到达。住张掖旅社。卅日与各方接谈。

11月1日

布置学习。一、阶级斗争情况。二、政策。三、下乡要解决的问题。下午开始感冒。十二日起趟［赶］到。十三日直发烧。连续注射青连［链］霉素廿余针，服土霉素近50片。十日始恢复全日活动。共八九天。

11月10日[①]

张掖旅社。准备十一日讲革命立场、革命路线的问题。

---

①这一天所记，是刘大年在近代史研究所全体“四清”工作队员下乡前一天的讲话，这是为讲话准备的稿子。据张海鹏查证日记，这一天也记下了刘大年的讲话，内容大体相同。——编者注

一、坚持无产阶级立场，坚持贫下中农的阶级路线，打好下乡第一仗。

1. 必须住在贫下中农家里。住干部指定的贫下中农家里，落入干部的圈套。现在许多干部正这样办，不能住。

住公房：等于自己封锁自己，在群众中孤立起来，造成贫下中农对自己的怀疑。

2. 必须在贫下中农家里吃饭。干部安排的关系家里不能吃——这等于你表示依靠谁的态度。第一顿饭的标准要注意——为以后的饭定标准。专做的不吃。要与群众全家一起吃。

准备碰到不派饭、晚派饭的情况——这是想把我们赶走。

要三不怕：不怕累、苦、饿。

3. 仔细观察各种人的动向——现在是我们要了解各种人，各种人都在了解我们。

4. 四类分子看形势。

中农不发言。贫下中农考察我们。干部表面热情招待，各有目的。

我们的一举一动，都必须贯彻阶级路线。严重的阶级斗争，只许前进不许后退。革命不革命，严重考验，要经得起。要坚定不移。

二、发挥革命精神，发挥主动精神，主动接近群众，主动作宣传，主动参加劳动，主动作调查。用革命态度对待一切问题。

1. 具体做法——不是正式工作队进村，队的名称，我们在这里的时间——我担任的职务身份等。

2. 可能碰到的几个问题和我们的回答。

五风死人问题——不回避，把锋芒引到四不清等坏干部身上。

妇女外流，回家团聚问题——表示向上反映。

3. 要钱要布问题——恩赐观点——不要乱说乱动。

三、解除各种顾虑，放下各大小包袱，轻装上阵。

没有经验，不敢单独工作的问题。要有信心。参加过社教，老经验的问题——老一套不行。阶级斗争尖锐。反对在反动分子面前张皇失措。对知情有顾虑的问题——要相信群众力量。

工作分配、安排问题——所有队员的工作都是革命工作，社教工作，没有高下之分。

机动队员“助手”“配角”思想不健康。“漏划队员”问题。

组织上，或提过意见，心情紧张。

这一切都放下。

四、坚决服从领导，服从指挥，坚决搞好同地方的团结，向地方的同志学习，共同努力做好工作。

混合编制。

对方的长处，我们的弱点。

乌江村史——农村一角的阶级与阶级斗争。

11 月 12 日

今天上午自张掖到乌江公社。住张寨大队贫农方墨林、茂林兄弟家里。白天听到了一些情况，晚上不眠。第一次起了写乌江村史的念头。

主要内容：阶级结构、阶级对立、斗争。

阶级关系的演变。一、封建到半封建、半殖民地。二、民主革命的地位的改变。

现在的阶级状况？

小西太后、李鸿章、甘青五马。

几个家庭变化的没有变化的。

中国近代历史的缩影。

旧的阶级斗争的结束，新的阶级斗争的开始。

封建的锁链——宗族关系背后的阶级对立。

剥削形式的种种：

有剥削压迫就有反剥削压迫的反抗斗争。

中国农村的阶级与阶级斗争的历史怎样、现状如何？对于研究中国近代史的来说是一个必须透彻理解的问题，又是一个没有认真解决、甚至还没认真试图解决的问题。乌江村史的写作，是想为人们理解这方面提供些资料、报导点消息。至于这些资料所涉及的问题，在广大农村里有多少代表性，那不能一概而论。一些最基本的东西是大致相近的。

乌江是千千万万农村中的一个。它位于河西走廊中部的祁连山下。属甘肃省张掖。现在张掖县乌江公社的社址就设这里。

祁连山终年白雪皑皑，北边一带山脚下土地肥沃。张掖引雪水灌田，形成富饶的农业区。“金张掖，银武威”……乌江就在这个农业区的中心。过去人们只讲这里的富庶。

反革命破坏。

和平演变种种。

变相续家谱——中号[①]粮食加工厂厂长徐善庆全族（中农）。

阶级阵线混乱——张维女儿、妹妹下落。

——东湖大队很多地主富农的女儿嫁给贫农、干部，不要聘礼。

中号监生，1904 年迁此，大地主、会道门、巫婆。

夺权斗争——形式是在合法的掩护下进行的。

派工有阶级路线。

一、祁连山下的乌江。提出问题。

二、民主革命时期的社会状况

——哪个阶级占最大多数，它们受怎样的压迫剥削。

三、地主阶级统治的特点与农民群众斗争的特点

——封建的、野蛮的统治——分散的、没有胜利希望的群众斗争。

四、旧时代斗争结束，新旧斗争的开始。旧阶级的改头换面重新出现

——中心问题是夺取领导权。主要是合法形式掩盖下进行。

五、几个问题——理论、哲学观点。

土地分配状况资料，干部群众占有生活资料的状况。

写的方法，力求避免八股论文，要通俗生动，采用群众当时对人对事的形容、评论，加些方言成语。文风要独树一格。力求具体。最大限度使用具体材料。

一切阶级斗争都是政治斗争。政治斗争的中心问题，归根到底是夺取领导权的问题。

中号地主婆对贫农说：“现在是政策硬压着我。要不的话，我伸个大拇指也比你的腰粗。”

田维平指着过去的地和房子对儿子说：“情况不变则已，情况变了还是我们的。”

---

① 中号是地名，乌江公社一个生产队。——编者注

马家兵是父子兵、祖孙兵。父亲死了儿子顶。没有儿的亲戚替补。

许多贫农被抓丁、当兵。

结尾：《共产党宣言》上说有文明以来的历史就是阶级斗争的历史。现在看来这句话还可以引申一下：人类历史从有文明起，一直到进入共产主义以前，都是阶级斗争的历史。（按：此话无根据，《人民日报》社论删了。）

11 月 25 日

一

祁连山下古甘州，相对群峰总白头。
问汝多愁缘底事，不平世界几千秋。

二

霸王不到此乌江，一样当年鏖战场。
放马分田太平日，有人磨洗旧刀枪。

《乌江村史》题词（11.26）

地主阶级调查包括：

1. 占有的生产资料。
2. 三代概况，发家过程。
3. 本人经历、活动。
4. 解放以来言行（如反攻倒算、腐蚀干部、打击贫农等）。
5. 婚姻关系，等等。

地主统计：

一、村庄、姓名、年龄、人口，参加劳动的人口。

二、占有的土地和其他主要生产资料。

1. 土地（自有、典入）。
2. 耕畜（牛、马、驴）。
3. 车辆。
4. 其他财产——工商业及其资本，副业……

三、土地使用关系（出租、雇工耕种、自种）。

四、雇工情况（年份、长短、男女工、工资数目）。

五、放债情况（年份，米、麦、货币、利息）。

土地分散和剥削方式密切相关。主要雇工耕种和高利贷。雇工耕种不需要也不可能集中更多的土地。太多耕不过来。所以靠雇工耕种主要是残酷的剥削。剥削量更大。反过来这也限制土地集中的能力。

11 月 29 日

昨天公社作报告。略有感冒，已愈。

张掖县第九区第九乡第二行政村（中号）土地草册：

雇农 4 户，男 8，女 10，共 18 人，地 32.71 亩。贫民 8 户，男 19，女 11，共 30，地 69.38 亩。贫农 19 户，男 57，女 50，共 107 人，地 23.62 亩。中农 45 户，男 155，女 151，共 306 人，地 1018.2 亩。小贩 1 户，男 2，女 2，共 4 人，地 7.4 亩。小土地（出租）2 户，男 3 女 5，共 8 人，地 44.22 亩。地主 4 户，男 19，女 18，共 37 人，地 76.41 亩。共计 79 户，男 263，女 247 人，共 510 人。地 1484.58 亩。

另外：

公地　47.24 亩

公园子　2 亩

公荒　3 亩

公湖　24 亩

苗圃　9.9 亩

此亦为土地改革后 1953 年土地分配表，不是土改前土地占有状况。

农村阶级斗争的长期性：

一、旧的地富反动分子（反攻倒算活动）。

二、原有的富裕中农（调查）。

三、新生的资产阶级分子（四清中的贪污投机倒把分子）。

四、新的富裕农民阶层（四不清干部为主）。

他们一有机会就要求走资本主义道路，反对社会主义道路。

我们的社会主义是不可动摇的。但这不是自然而然做到的。必须抓阶级斗争。指出不干净，但并非黑暗一片。

三种情况：1．真正劳动者变了。2．根子是地富。3．地富隐瞒混入的。

讲土地分散时把李工曲学生李元度的话引进比较。力争写十来个村史。作为今后工作重点。有几篇要研究集体经济内部可否发生阶级分化，为什么分化？

研究阶级斗争的规律，过去的，现在的。现在的隐蔽的，打着社会主义旗号的时起时伏。

所有村史归结为一个中心，阶级斗争，特别是社会主义里的阶级斗争。这是一个世界无产阶级革命家彻底革〖命〗派正面对着的一个新的问题。就历史研究而言是一个崭新的领域。

12 月 10 日

第三部分讲群众斗争失败的末尾，需要有一大段论人民群众是历史的主人的问题。人民群众包括几个阶级、阶层，主要的部分在农村里就是调查中所列的，那许多贫农、雇农，张三李四（张三李四，有血有肉的人。他们是作〖为〗一个阶级活动的，不是作〖为〗个体表现个性活动的），不是抽象的群众，而是一个个具体的人，有个性，有形象，有生活和活动。他们在历史舞台上是真人真事。历史上每一个重要的活动、阶级斗争都是由这些人群组成的。最受压迫、剥削的人们，是那些斗争中最坚决的部分。巴黎公社的短裤党，太平天国运动中的领导主要分子，就是这样的分子。他们是改变历史，推进历史的力量的最后源泉。中国封建时代每一次改朝换代的斗争，每一次首先都是这个力量发起的斗争的暴［爆］发。现在我们看到的这些人只有消极的分散的反抗，甚至表现为无声无臭。不是他们不代表历史的真正力量，而是缺少先进阶级——工人阶级的领导。全部问题只在这里。

民主革命不彻底从土地分配中可以看出。但首先必须强调废除封建土地制度的伟大历史意义。在世界历史上中国的民主革命最［是］非〖常〗彻底的。

生产力受束缚，必须解放。

西北土地分散，主要是由于生产落后（解放前生产力低，亩产很低。注意地主材料这方面的记载）。保持相当原始的、奴隶式的剥削。地主阶级只有这样才能榨取更多的剩余劳动。所以不出租。农民因为剥削重，生活贫困，无力制备生产工具，也就不可能租种地。地主雇工耕种的方式经营土地不能过多。写到这里可以找 1952 年前后报纸发的东南西北各区土地集中资料对照叙述。

12 月 14 日

兰州饭店六楼 629 号。

第一章　土地改革前的阶级结构。

一、各阶级的状况一览。

二、最近半个世纪中阶级势力的内部变动与外部变动。

1. 内部变动考察——历史上的地主、富农、中农、贫下中农。

2. 外部变动考察——与近代工业有联系的阶级势力等于零。

三、两个百分比。

1. 百分之　　的地主、富农与百分之　　的贫农、下中农（讲谁剥削谁的问题）。

2. 百分之　　的农业经济与百分之　　的资本主义商业和手工业（讲剥削性质、封建剥削占压倒优势的问题）。

第二章　地主阶级统治的特点和农民群众斗争的特点。

一、原始的、封建的极其残酷的剥削和压迫。

（标题只保留章以下的一、二、三。再往下的 1、2、3 不标题，只为写作提纲之用。）

广大群众中蕴藏社会主义革命的巨大的革命性、积极性，必须首先看到这一点。这是反对资本主义道路的巨大力量。

1月6日

一、给王箴西捎信，要他往回写报告反映情况。告黎，学部意见不要回去过节。[①]

二、毛主席讲，地方干部还是要用的。

1月22日　乌江

张炳源［元］的长工（张寨）[②]

叶春燕	二十年	每年米一石二斗
叶寅兰	四年	一石一斗
张泽	八年	一石二斗
魏殿恒	五年	一石二斗
赵福林	十二年	一石二斗
冯成年	五年	一石二斗
朱九月	二年	六斗
叶兰香		三斗六升
苗玉秀	十六年	无分文工资
李爱琴	八年	无分文工资

苗发育的长工（贾家寨）[③]

方菊林	每年米一石六斗
王富贵	一石六斗
李大隆	

① 王箴西，时任中国科学院拉丁美洲研究所副所长，是该所参加张掖“四清”工作人员的领队。黎，指黎澍，近代史研究所副所长，同时在张掖参加“四清”。——编者注

② 张寨是乌江公社一个大队。——编者注

③ 贾家寨是乌江公社的一个大队。——编者注

叶生兰
任学林
李玉秀
赵克明
李天明
胡曼金
李德仁
胡沙保
苗林　　　　　　　　　平均每年米一石二斗

1 月 27 日

张掖　胡继宗传达

二十三条

一、形势：是对八届十中全会谈起的。有很重要的意义。当时有暂时困难。有些人提出克服困难的办法分田到户改弦更张。这是一个关键。毛主席提出了形势、问题、阶级斗争。从那以后开始了社会主义教育。自那以来形势大好。

“有些社队”：毛主席早就讲有三分之一，烂掉了或不完全在我们手里。进步很快，只偏看黑暗一面，就把问题看过了。要一分为二，两面看。如果领导权都不在我们手里，成绩从哪里来的？

二、一个革命阶段，主要矛盾是什么，对党的路线是有关系的。对矛盾的前两种说法，毛主席说是忘记我们十几年来党的基本理论——即社会主义与资本主义两条道路的斗争。四清仍是解决资本主义与社会主义的矛盾。整当权派就把问题讲清楚了。毛主席讲民主革命是为社会主义。民主革命胜利以后是否走社会主义，关键在于看谁领导。法国日本如此。我们现在至少有两派，即资本主义派与社会主义派。现在就是整党内资本主义派。

三、……

四、各地提出了彻底搞好社会主义的其他标准，不确切，有些也办不到。

还是主席提的六条是适当的。要肯定下来。

五、工作方法主要是看依靠群众的绝大多数。1948年对《晋绥日报》编辑人员谈话讲到此事。群众的领导人只有在斗争中看出来。毛主席讲，不能只在访贫苦中发现领导人。

六、某县廿七八万人，去一万多工作队员。毛主席讲为什么不依靠那廿五六万。这是不相信群众。文件也不要讲那么多，打仗不是靠书打的，要行动。

七、蹲点：这是一种重要领导方法。肯定下来，但不要搞得太死。

八、问题虽多，只要退赔搞好工作，一律不咎既往。这一条意义很大。对面〖前〗的工作很有意义。

九、这里主要是对干部的看法问题。广大群众和干部愿意在党的领导下走社会主义道路。这是问题的本质和主流。

十、……

十一、……

十二、……

十三、……

十四、……

十五、地富反坏摘戴帽子，要群众审议，经过法律手续。

十六、……

十七、……

十八、干部连选连任可以，一般不要超过四年。

十九、……

廿、……

廿一、毛主席讲有些人口头讲要民主，自己却不民主。有些人总是自以为是，不自以为非。批评对了你应当接受，批评错了是对方的责任。有什么关系。

廿二、对群众讲的东西太多，得不着要领。

廿三、……

毛主席讲话：党的历史上对许多问题的认识都有一个过程，时间很长。我对土地问题研究了十年，才认识清楚。战略问题的著作在井冈山上写不出来，到延安才写出。有些结论要多少年才作出来。经过反复实践才能证明真理。社会主义我们党内有些人思想准备是不够的。七届二中〖全〗会胜利前夕，提出了资本主义与社会主义两条道路的斗争。全国解放后，还搞了两三年民主革命，是为社会主义开辟道路的。以后经过反右斗争。这一次社会主义教育是1962年开始的。经验也不断总结。这个文件是过去一段工作的总结。是从当前斗争中提出的。

（后面这两句话是胡的体会的话。）（过去一段工作把一些问题看得绝对化了。百年大计等，看得死了。）这二十三条还要在实践中去证明、补充。

刘澜涛[①]：二十三条是运动的领导，是指导我们工作的纲领。是总结我们工作的纲领。以廿三条为纲。肯定成绩，克服缺点。

讨论：

一、形势问题。

二、矛盾性质问题——过去对矛盾的一些说法。（刘澜涛语）

三、放手发动群众的问题。

四、对干部的态度问题——冷、紧，没有区别对待，退赔问题。

五、工作态度和思想方法——反右倾，提得对不对，有无过分。

1月31日　下午

李友九[②]同志：

会议开得很好，畅所欲言。肯定了成绩，检查了缺点，提出了不少意见。

一、运动成绩的估价。

两个月来全体同志发挥革命打赢大会战的决心，深入群众，实行四同，紧紧抓住阶级斗争的纲，贯彻双十条，取得了很大的成绩。（一）广大群众，贫下中农阶级觉悟大大提高，启发了广大群众强烈的革命要求。群众有了当

① 刘澜涛，时任中共中央西北局书记。——编者注

② 李友九，时任甘肃省委书记，甘肃省“四清”工作总团团长。——编者注

家作主、反对和平演变、维护集体经济初步的决信［心］。（二）初步形成了贫下中农的阶级队伍。进行了访贫问苦、发现选择根子对象。贫协组织入会的八万多人。其中包括初期的领导骨干和大部分积极分子。贫协发起人一般得到群众拥护，广大贫下中农第一次真正组织起来当家作主，扬眉吐气，情绪高涨。经过评议入会，培养了批评自我批评风气，为今后贫协发展打好了良好的基础。城市革命职工小组起了很好的作用，要继续试办。党的机关一般不做。（三）揭发和交待了大量问题。基本上搞臭了四不清。群众深入了，民主革命不彻底、地富反坏的活动。群众敢于起来进行面对面的斗争。五个县揭发贪污、盗窃共八百多万元，粮食三千多万斤。各地情况不同，不要你追我赶。数字还有待落实。三个县钱落实一半，粮食三分之二。城镇揭发出二百多万元。这说明四不清基本上搞臭了。群众获得了不少斗争政治经济果实。（四）激发了广大群众集体生产积极性，推动了冬季生产，提高了广大群众的劳动热情。抓分配，发放救济物质，有些确实困难的中农、四不清干部家属也可以发一些。我们对阶级弟兄要有深厚同情。生产加快，积肥加多。

总之绝大多数地区群众已经基本上发动起来了。少数初步发动，有的地区发动充分，有的掀起了高涨。四不清问题充分暴露，四不清干部分快［别］有条件掀起一个高涨。春耕大忙前把四清搞一个段落。运动最重要的收获，还是我们的队伍的革命化方面。全国一百一十万人下乡，这是过去没有过的。我们对群众进行了阶级教育、政治教育。更重要的是群众教育了我们，认识了阶级斗争的实际。认识了民主革命不彻底和和平演变的危害。认识了群众的巨大革命积极性，放手发动群众的必要。同志们在运动中取得了发动群众的正面、反面的经验。这次运动树立起的新的作风和取得的经验，会在今后工作中起巨大作用。我们必须坚持革命精神，坚持新作风。取得了运动的彻底胜利。二十三条规定必须把两年多的社会主义革命坚持下去，进行到底。

二、运动中的几个问题。

廿三条是运动的结晶。我们必须根据它检查两个月所存在的问题。

（一）说明来意，宣传双十条方面。廿三条规定：运动一开始，就要向群众交待政策，不许用任何借口整群众。我们重视了宣传讲双十条，收到了好的效果。但是埋头调查时间长了。因此有冷冷清清的毛病。宣讲双十条也如此。倾盆大雨，有繁琐哲学，不干脆明了。把双十条合在一起仍然分量很重。所讲并非全部打中要害。群众起来揭问题，我们又要继续讲双十条，没有因势利导。政策宣传与诉苦要很好的结合。

（二）组织阶级队伍。廿三条中规定，工作队必须在运动过程中发动群众……不要神秘化，不要在少数人中打圈子。如何体会：1. 阶级队伍要在斗争中去组织。2. 发现跟培养积极分子。这种个别发动工作要与面对广大群众斗争相结合。3. 领导核心是逐步形成的。要在斗争中考验，要由群众推选，不要神秘化。我们做了个别发动工作，也向群众宣传来意等。但两者结合不紧。从领导上检查，过分强调了根子由工作队选择。冷冷清清，在少数人中活动。我们这个毛病是确实存在的。以后发动群众评议入会，起了积极作用，在相当程度上弥补了上面的缺陷。翻过来……也走了弯路。某些地方有评议过严的毛病。内部不团结，有些地方门槛太高，扎根串连的提法和做法，看来是有毛病的。我们要历史的看这个问题。土改中曾广泛应用。今后提法在斗争中发现积极分子，逐步形成领导核心。扎正根子是百年大计，对此不作结论。但从精神上说，方向上说并不错误。群众没有起来，贫雇农出身的根子也还是可以变颜色的。要看到阶级。好的领导核心是十分重要的。根子决定一切。这个话没有说过。根子是立脚点，根据地。这个提法也还是从阶级的观点来提的。总之是应用阶级观点挂靠根子跟领导核心。没有群众基础、阶级基础，他们是会变的。有一点必须肯定，个别发动还是必须的。个别与一般相结合。轰轰烈烈与扎扎实实相结合，这是毛主席一贯的思想。

（三）开展斗争这方面。廿三条规律［定］要大胆放手发动群众，像小脚女人走路……利用矛盾，孤立少数，各个击破。我们许多提法是正确的。但有些东西不及时。如小战斗的口号停得太久。影响了自觉放手的领导群众。有束手束脚的毛病。推掉了一个开展战斗的机会。对外交待不清。结果形成打击面过宽。斗错了可以赔礼道歉。另一方面出现了打人的苗头。及时制止了。这是大轰大嗡，没有蔓延。

（四）对待干部。廿三条："工作方法【中】"条中……"干部问题"第一条……根据这个精神检查问题就多一些。进村的时候，干群关系是紧张的。问题严重的干部，极力设法割断工作队与群众的联系。另一方面群众鉴与［于］过去运动的不彻底受打击报复，不给他们解决问题。同时我们对干部的情况也摸不清楚。在这个时候我们坚决站在群众一面，发动群众，审查干部，是完全必要的。否则我们就会脱离群众，使运动停滞起来。缺点：我们对干部缺少一分为二的方法来看待，把干部的四不清问题看得过于严重，没有区分大、中、小、无，没有认识到小、无占多数。因此，严肃有余，热情不足。把小、无的问题，花时太长，没有及时解放，怕漏掉坏人。主要是对群众发动的情况估计不足。对干部也交待了政策，但交待偏严，绷得太紧。对多数干部在群众工作队帮助下可以自觉放包袱，说服教育……这个方针一度是模糊的。因此县、公社几级干部会没有开。绷得太紧。有些干部感到走投无路。否则还要死些人。（现死 1517 人。）十七条下达后，我们提出了区别严重、一般等四不清。适当时机解放一批干部。但思想还没有转过来。我们要坚定依靠贫下中农，解决一切问题。我们要历史地看待这个问题。没有前一段的紧一紧，后来宣传政策效果也不会那样好。“三依靠”与“三结合”是否一样？还有争论。我们认为是不一样的。“三结合”逐步做到大多数干部是要经过发〖动〗群众洗手洗澡过程，是以发动群众为基础的。当然要同时做好干部工作。我们在这方面是不明确的。没有了解到绝大多数干部是要走社会主义道路的。贫下中农出身的干部有很多是革命的。“三依靠”我们从本年夏天以来就批评。主要是由于依靠干部脱离了群众。因为没有群众的帮助，干部的自觉革命是不彻底的。对干部自觉革命采取否定的态度是偏了，认为不要群众帮助，可以彻底革命也不对。四不清长期没有清理，干群关系比较紧张，单依靠干部就脱离群众。干部中有革命派，但在当前形势下革命派也有毛病。也洗澡洗手才能取得群众的信任。革命与否，问题大小，也要依靠群众来鉴别。由于这些原因，要把发动群众的工作摆在第一位。对干部，跟对待根子、积极分子一样，要用阶级观点、发展的观点来看待。我们必须树立一个观点，依靠干部是为了依靠群众，此外没有别的作用。

三、领导上的几个认识问题。

所以产生上面那些问题，是由总团领导的片面性来的。

（一）形势：以前对阶级斗争的严重性是估计不足的。进村以前反右倾思想上有准备，进村以后工作队看到的情况，〖与〗群众反映的问题是符合的，因此把问题看得过于严重。对干部中的问题，缺乏历史的具体的分析。困难时期问题比较严重。以后逐年减轻。我们对此缺乏分析。干部中的问题又有大中小无的区别，并且小无占多数，我们没有区别。我们曾经判断二分之一、三分之一的领导权不在我们手里，这过分了。现在看来没有那样多。对阶级斗争的严重情况，本来应该看到两个方面：一方面是阶级敌人猖狂进攻，敌情严重。（不妥当的，党内干部一律当成敌情不对。）反映到干部，党内的问题也是严重的。另一方面，群众有强烈的不满，隐藏了巨大的革命积极性。廿三条中形势部分所说，只要……只要……城乡存在的许多问题，并不难发现，不难解决。不难发现由实践所证明了的，我们没有由此得出不难解决的结论，而认为很严重。我们提出敌强我弱，形势正在改变。这是错误的。王甫在万家墩不一定错误的。只有敌人在统治的地方才能说敌强我弱。全世界都是东风压倒西风。局部地区可能敌强我弱。但我们从战略上不能这么说。从战术上讲我们还要发动群众。当时如果提出贫下中农没有组织起来当家作主的形势正在迅速改变，这就不对了。现在看待这个问题不要偏到另一方面。阶级斗争还是严重的，干部的队伍也是严重的，不把党内【间】干部交［搅］在一起就行了。至于有多少个单位领导权不在或不完全在我们手里，或多少基本在我们手里，这要实事求是加以分析。有多少就是多少。不要没有包子硬找包子，有蚂蚁看不见蚂蚁。

（二）运动的性质和重点。中央没有指示以前，我们看待这个问题是不确切的。我们曾提出新的富裕阶层，把这说成阶层是不妥当的。这很容易扩大打击面。至于新生资产阶级分子确实是存在的，并确实和广大群众存在尖锐的矛盾，有的是旧剥削者的，有的〖是〗贫下中农演变过去的。我们戴帽子，面要窄一点。没有严就没有宽。这个提法没有方向错误。但没有中央提的确切。走资本主义的道路如何解释？1. 有剥削行为。2. 有严重剥削压迫、丧失立场的。3. 敌我矛盾的。可以来个折衷主义，取中间的。革命敌人越革越少，不要越革越多。党内的当权派也要整，但不是重点。在某个大队是重点，在全局他不是重点。主要是要我们自己健全起来，其他问题都好解决。

（三）彻底和打基础问题。我们对彻底有绝对化的看法。不惜时间，不惜精力是正确的。但中央讲只要方法对头可以快一些。搞彻底是必要的。不能因为要彻底搞繁琐哲学。打基础是必要的。纠正缺点的办法是把问题看得更全面。革命必须搞彻底，坚持到底。

（四）反右倾斗争。右倾确实是存在的。前一段是主要危险。反右倾是正确的。集中整训时对阶级斗争严重情况认识不足。反右之后，大家提高了警惕。也还有少数同志还没有解决。我们当时主要：1. 对阶级斗争估计不足。2. 三依靠。实际上是放手不够。反右倾的结果反倒使大家束手束脚。今后有什么偏向，纠正什么偏向，不提右倾是主要危险。不戴帽子。认识错了改正，一律不给处分。处分队员先后 67 人。开头为了杀风，吃油饼给警告。现在看来是对的。其他处分都是由于错误，有可能有偏重。偏重可以重新议处，但不要不讲纪律。

总之对毛主席相信多数、依靠多数、一分为二思想掌握不够。有形而上学。好在还没有造成严重的害［后］果，及时纠正了。现在能不能把弯子转好，会不会偏到另一面去，或者转不过来，这都是要高度注意的问题。把经验教训总结好。充分发扬民主。

四、关于今后工作。

（一）春节整训。不要内容太多。廿三条为纲。发扬民主，总结经验，夺取运动的胜利。我们开门整训，征求群众意见，听取贫下中农批评。总之要坚持革命精神，肯定成绩，改正缺点，把运动高潮搞起来。调人，放包袱，升级，可以放前放后。总之要把廿三条学好，到群众中去贯彻。调人原则点面兼顾，以点为主。放包袱不要大张旗鼓去号召。廿三条第八条同样实行我们的点，我们将功补过。

（二）掀起运动的高涨问题。（1）头一条，把廿三条宣传好，进一步提高群众觉悟和政策水平。讲的方法，要抓住重点，联系实际。重点是前面几个问题和后面的干部问题。中心是这个文件精神要为贫下中农所掌握。（2）发动后进，扩大贫协组织。中农也要很好发动一下。中农中有部分比较先进的，回乡军人，知识青年等，要很好运用。贫协组织在春耕大忙以前发展到 50%—70%，即超过一半以上。

（三）继续解放干部。对严重四不清进行分化、孤立坏中之坏。

公社三干会，各地意见不一致。多数不主张开。不作统一规定。

（四）算账问题。全面算账，重点清查。一张一张去查算不行。六一年以前不必算，按中央规定。个别构成“分子”的人可以追查。主要靠发动群众。这是要开一些斗争会。

这几个工作中做好了，高涨就可以出现。

（五）现在要开始建设组织。上党课，发展对象，积极分子要参加。确定了的对象就可以发展。四清中发展的党员不要预备期。看来干部要有相当调整。青年团、妇女民兵等要开始注意这方面的工作。

三月底把四清告一段落。五月底结束。划阶级划两头。再一步是组织建设、生产大规划。

（六）抓紧备耕工作。搞起一个生产高潮。生产计划要落实。

（七）坚持四同，不要懈怠。不要过度，每天一两个钟头。大忙时多一点。年老体弱的适当照顾。身体弱的买点糖也允许。

****

何生义（张寨）的长工[①]

邢吉禄	34 年	每年工资米一石
虎小伙	32 年	工资无
何福贵	36 年	工资无

（按：两个特点：一、连续做工，即受剥削的时间长达 32、34、36 年之久。二、无固定工资。实际上是终生奴隶，人身隶属。有一说：以为雇工耕种为经营地主，是资本主义经营方式，带有资本主义性质，并且以为这样土地经营得好，收获量高，生产力高。这种看法恐怕是片面的。实际上是剥削更原始。一是高利贷剥削，二是对雇工的奴隶式的、超经济的剥削。都只是表示封建性很强，不是表示资本主义。）

杨春和（第一乡）的长工

康国富	15 年	无工资
曹丰年	12 年	无工资
伊伏明	28 年	无工资
伊伏明妻（做饭）	8 年	无工资

原说明：“这些人吃饭没饭钱，做活没活钱。”

王兴礼　（第一乡）的长工（1949 年）

张进西　崔吉发　穆天云　牛学成　姚兴嘉　杨德胜　高尚功　王双选　王老祖保

雇工调查中要调查一个上等劳动力各可以种多少地、为什么？从这里可以看出剥削量。

---

① 以下内容未标明具体日期。——编者注

崔登恒（第一乡）的长工十人

李玉法　王五斤娃　王兆基　王兴明　崔吉孔　白教保　张锁娃

苏才娃　李登第　李登福　（穆天长、李志）（其中大部分是连续三年以上的。共连多少年，待查。）

周以德（第一乡）长工三人

崔生有	六年	穿衣吃饭没工钱
崔生有妻	五年	同上
崔吉德	七岁至廿四岁	同上

李增锡（第二乡）长工 12 人

穆天昌　祁尚德　邢天祥　王玉国　李伏林　褚吉仁　哈万上

苗进春（均工资米 1.3 石）　李增祥　王荣（均工资 6 斗，牧童）

李氏（女工，麦 1.2 石）

王祖锦（第三乡，三行政村）长工

王德位　王德寿　刘兴义　郑兴义　王兆贞　陈大基　李培文　刘宗才

陈老宗保

长工工资每年白米一石二斗，年年扣一斗。经常遭受吊打。长工鸡叫起床，二更天睡觉。夜里还要铡草喂牲口。

王祖锦的短工

打黄毛草每 40 车	每车三人	共 120 天
推粪 2 人	10 天	共 20 天
蒿［薅］夏田 10 人	5 天	共 50 天
蒿［薅］稻子 5 人	5 天	共 45 天
挖渠 2.5 人	15 天	共 38 天
割谷子 2 人	5 天	共 10 天

合起来，又一大群长工。

短工工资

打草：每天每人一升麦子（不管吃，下同）

推粪：每人两天一升麦子（一升合四市斤，即一天五合）

薅［耨］草：每人五天一升麦子（即一天二合）

割田：每人一天一升麦子

挖渠：每人 15 天一斗半麦子

方茂林谈长工情况：

一、每年正月初五上工，腊月卅日下工。

二、一对牛，一辆车，最强的劳动力。一个长工可以种三十亩地。其次二十多亩，再其次十多亩。

三、长工工资一般一石二斗。家中有一两口老人就必须借债度日。他家中有老母一人（兄弟外出当兵，打杂）。每年借债二三斗。（按：年年借，年年还不清。本地人说："当长工，借上债，地主家的门，一进去就出不来了。"为什么许多人在一家当长工，一当几年，几十年，这是一个重要原因。地主的雇工剥削、高利贷剥削，都集中在长工身上。调查一个村的当过长工的人数、年数，与未当过长工的人数年数比较，可以更清楚地看出剥削的特点。）

四、当长工的一般都要在四十岁前后方能娶妻。有些终生不娶。方墨林、茂林兄弟都是解放后才娶妻。

五、此地麦地解放前一般一亩六斗左右，较高七八斗。最高到一石。那是少数。均按甘老斗计算，每斗 40 市斤。1947、1948 年已达到解放前最高产量。（按：解放前每亩产量参看"地主阶级"陈维义、张治国资料。）

陈维义：地 57，总产 45.6 石。原材料注明系按每亩夏田八斗计算。这是较高产量。

张治国：地 77.3，总产 46.3 石。原材料注明，系分别按上田 38 亩。亩产 0.62 石。中田 39 亩，亩产 0.58 石计算。足见 0.62 石是上田产量。大斗二升合市斤 248 斤。只有特上的田可能达 300—400 斤。这应是很少数。陈维义夏田八斗是很高的。

方墨林、方茂林又谈，小土地出租者的地租，有重至每亩五斗的。一般只收六七斗。除了纳租，所剩无几。我问：农民种地有什么收入？答：得点材草、糠麸。查出租土地的押金、工具、种子、负担等情形。

又，同上纸，黄锦地 53.9 亩，年产 24 石。产量特低，亩产只有四斗多一点，合一百六七十斤。

张希禹，31.5 亩，全年总产量 19.1 石（麦子）。系按上地 21.5 亩，亩产 0.62 石，中地 10 亩，亩产 0.58 石计算。

地主阶级低，陈大同产量特高。但其中有可疑之点。原材料上出租 39 亩（不是 3.9 亩），收获量 7.8 石完全不可能。表上臆改为 3.9 亩。92.5 石是自有，典入地原有产量数。

又，女工、童工工资见同上纸陈大同。童工、女工一年三斗。普通的牧童一年四斗。

陈大海（四乡二村）的长工六人

陈维英　陈大勤　陈明山　刘兴堂　王富智　王富智妻

（王富智、王富智妻某氏做 30 年，未得工资）

陈锡林（四乡七村）的长工

罗进才（五年）　陈雷娃　马进才　杨五二（五年）　耿玉瑞（五年）

王召德（十二年）　陈天云　曹宗顺　王家老婆（九年）

雷兴廷（五乡二村）的长工

雷秀林	三年	工资米六斗
雷兴国	二年	六斗
刘吉经	十五	年八斗
刘明上	十五年	没有工资

沈焕章（四乡八村）的长工

沈培有	白米一石三斗	十二年
沈培录	一石	六年
沈培喜	一石	五年

杨生明	一石二斗	五年
彭家娃	一石一斗	一年
杨玉林	六斗	五年（牧童）
李登有	一石三斗	九年
薛家娃	一石	

张自俊（五乡）长工一人

蒲学礼	十五年	无工资（地主的姐夫，生活待遇不一样）

王孝卿（五乡）长工三人

刘兴善	十一年	无工资
刘长寿	九年	无工资
雷完廷	一年	无工资

雇工调查内容：

一、雇工人数，占的面大小。

1. 一个村里当过长工的人数。每人当雇工的年数。

2. 中农里的雇工人数、年数。

3. 贫农里的雇工人数、年数。

4. 与当雇工的劳动农民比较。

二、雇工的变化趋向，有无变化，有何变化。

1. 两代、三代当雇工的家数、人数。

2. 年数，当一辈子雇工的最后结局，后来上升为中农的，其他变化的。

3. 几岁起当雇工至几岁。长期的、一辈子在一家劳动的农奴，主要是债务束缚。

三、雇工所受剥削。

1. 工资、长工、短工、童工、女工。

2. 每家所借债务，增减倾向用途。

3. 劳动强度，种地亩数，一年四季工作时间，白天晚上工作时间。

四、雇工的地位。

1. 根本无政治地位，可以任意吊打，解雇，霸占妻子。

2. 结婚生子晚，或不能结婚。

3. 雇工生活状况。

五、雇工的生产资料，土地房屋等。

袁兴桂（六乡五乡［村］）的长工二人

郑国民	一年	工资一石二斗
苗希瑞	九年	无工资

苏梓年（六乡四村）的长工三人

苏兴年	一年	工资一石二斗
张相尧	三年	工资一石二斗
苏柏年	十三年	工资无

苏柏年十二岁起到苏梓年家放羊，到廿岁才穿了一条棉裤。二十五年［岁］这里解放才回到自己家中。十七岁至廿五岁都参加农业主要劳动，与长工一样对待。但吃穿不如长工。苏梓年与［为］苏柏年娶了一个媳妇，也是受苦被压迫。（按：这是地主为自己增加了一个农奴。）这是带有一点宗族、亲属关系，这是外幕，奴隶剥削是实质。

按政务院划分阶级“补充规定”中有“畜养奴隶”一条，不少地主实际上是畜养奴隶，西北土地剥削秘密就在此。中国封建社会停滞不前在这里找到原因。

贾宗义（六乡一村）长工三人

魏学功	一年	工资一石二斗
贾家礼	三年	无（按：材料规定只记三年，并非只做三年）
贾宗虎	三年	

罗宗震（七乡四村）的长工十八人

老罗　罗六五　罗宗瑞　吴学智　罗兴荣　韩学贤　于保国　程大红

丁三上　杨自福　魏宾新　武成娃　高兴德　陈和廷　支胎红　王新茂

刘兴义　　每人各三年（材料要求填三年），工资八斗至一石。

平原十四队郭谈：贫苦农民借地主的债，利加利，第一步拿土地顶，还不清。第二步拿房屋家具顶，再还不清。第三步拿人顶，即他给地主扛活。一年两年三年，一直做下去。地主的雇工剥削占第一位，放债第二位。这两者都根本不是资本主义的。是一种变相的、特殊形式的农奴剥削。实质、秘密就是如此。

统计十几家地主的放债材料说明借债的人主要不是用于扩大再生产，是贫苦农民维持起码生活，几升几斗与一部分人一辈子当长工是密切相联的。

要有专门一段讲产量问题——目的是说明生产力的状况——与自然因素（很少）、人的作用、生产工具的联系。

张炳元：乡绅、有文化、政治上不止在本乡有势力，在县城也能活动。县里劣绅分为几派。其中一派的首领是伪国大代表、县参议会议长杨自廉。张炳源［元］就是倚杨自廉为后台的。他不当乡长、区长，但在幕后操纵。乡长、区长都要取得他支持才能行事。政治上经济上他都是这一带的真正实力派。

赵万年，在本区很有名，但在县城活动力量小。罗兴德主要是放债，政治势力比赵万年小。管希善、苗发育都是土财主，政治上没有势力，主要剥削长工。

乌江公社基本情况①

一乡，夹河、崖子

二乡，谢家湾、苗家湾（原丰）、姚寨

三〖乡〗、四乡，靖安

五乡，天乐、大湾、小湾

六〖乡〗、七乡，平原、于家桥

① 这个标题是编者拟的。——编者注

八乡，东湖

九乡，乌江堡

全区南北长方形，南北长五十华里，东西宽二十余华里。东南起张掖城西北十五华里处，北接临泽县界。东面的边界是自南向北流往居延海的黑河，兰新铁路贯穿其间。全区面积大约占张掖全县面积的八分之一，或九分之一，全区人口占全县人口土地的[1]之一。张掖是河西走廊自然条件极好、极具富庶的地区，这个区又是张掖县自然条件最好、比较富庶的地区。在河西这个走廊、这个地区的农业经济是有代表性的。

这里没有单纯出租土地的地主与经营地主之别。地主都是自己经营土地的（个别例外）。

这里有单纯出租土地的，但他们不是地主。他们是小土地出租者。剥削别人，自己的生活也很贫困。

抄：小〖土〗地出租者、富农的材料：人口、土地、面积，向县里调查。

张掖土地问题调查记

调查东西南北几个点，一个片。

1. 全县前十名、五名、三名大地主传。

2. 买办阶级调查记。

〖3. 〗敦煌调查记，也找前十名、五名、三名大地主传。

三个差别存在就要有阶级、阶级斗争存在。三个差别消灭了，阶级、阶级斗争才会最后消灭。三个差别存在还会是长时期〖的〗，阶级也还会是长时期的。

又，斯大林阶级矛盾愈来愈尖锐的论点如何？

斗争愈来愈深入是肯定的，过去不成为问题的，现在成为问题了。

张吉德（八区一乡一村“小土地经营者”）的长工

河应福　　25年　　工资1.3石

① 这里的数字未填写。——编者注

长工生活（以下为七个长工的调查会所证实）：

张寨一队叶某等谈："立夏"起到"秋分"每天三顿饭，两顿茶。"茶"是一碗白开水。两个二两多重的馍。早茶太阳出山以前吃，晚茶太阳入山以后吃。中间三顿饭。其中有一顿小米稠饭，一顿半稀不稠的面条，或加小米或加大米。炒面（杂粮）晚上吃。根本没有菜或很少有菜。下饭的东西经常是两种，一是辣面末，一是醋。立夏以前，秋分以后，农活忙，吃两顿饭，中间有点干粮垫补。白天里根本没有闲息，晚上都要铡草喂牲口。天不亮即起床。鸡〖叫〗一声伸脖子就要起床，稍晚即挨骂。半夜里喂牲口，睡眠不足。白天干活地头上一坐就马上睡着。

整个调查记由三部分组成：一、片，二、点，三、特大地主或代表人物。

张掖大地主：

王建勋，长安公社，1200亩地。

曹敏，大满公社，城南40里。

张成仁，大满公社。此三人土地多，政治势力大。

曹丕怀，明永公社，此人大贼头，红帮大爷，地2000亩，长工100人。

王九渊（即王普泉），二十里堡东王堡。

张生威，当过县长、国大代表。

杨自廉，县参议长、国大代表。

地主三种剥削形式：高租、重利、雇工。甘肃主要是两种，重点最后一种。

2月21日

永丰区土改材料全部统计完。从二月二日起至今天，共得21（？）纸。这以前统了不到一纸。

黄铉（乌江公社新墩大队）的长工（据公安、据民团材料）

黄祥	18 年	工资无
黄珍	15 年	无
黄玉珍	27 年（即一辈子）	无

典地地价

地 15 亩

典价：白洋 24 元

麦	1.5 石
牛	1 头
毛驴	1 头（九区二乡柳长彬）

又地 21 亩

典价：2.8 石（按：当是指每亩。九区二乡孙魁清）

3 月 1 日

联席会公社干部下楼，已开两日。今天小组会。

3 月 2 日

联席会大会。大风雪野外行走。破房里开会。

下午搞新丰区地主材料 63 人。其结果占有土地产状况如下：

17 亩—50 亩	9 户——小
51—100 亩	21 户——中小
101—200 亩	26 户——中
201—300〖亩〗	5 户——大（300 亩以上为大）
501—548〖亩〗	2 户——特大。

共计 63 户。

3 月 3 日

最高 0 度，低〖零下〗15 度，寒流最冷的一夜。

公社联席会最后一天。

早起拟土地问题调查，分节如下：

一、“金张掖”的过去。

二、各阶级占有的土地。

1. 新丰代表集中地区。

2. 盈科代表分散地区。

3. 乌江代表中间地区。

三、地主阶级剥削的秘密。代表性问题。1. 分配的代表性。2. 使用剥削方式的代表性。全省材料。3. 蕴藏民主、社会主义革命的无穷潜力。

四、农业生产力、付［副］业小手工业与土地的关系。

五、地主是怎样使用土地的。

六、后记。

首起：“青海长云暗雪山，孤城遥望玉门关。”唐代著名边塞诗人王昌龄《从军行》这首诗，不一定是在河西、张掖一带写的。当你站在张掖南望青海，西望玉门关，感到特别亲切。张掖位于甘肃河西走廊中的南面，是海拔 4000 公尺，终年白雪皑皑的祁连山。跨过山去就是青海。西北行就到玉门关。

3 月 4 日

下午了解油房，有新收获。

3月5日

雪，冷。看材料。新借到档案一批。晚上方菊林家长工座谈。

张寨一队，共20户。借债的15户。放债的1户。借债的里面中农4户，贫农11户。不借债的5户全是中农，其中1户少量放债（长工方菊林），多的三四石，少的数斗。

3月6日

半日摘《甘肃土改文集》。

半日开党委会。又要开三干会。

3月7日—3月8日

两天准备大会讲话。

3月9日

大会讲话，共一点四十分，4500人。

九评：社会主义国家里进行两条道路的斗争可以成为推动社会向前发展的动力（单行本页51）。

3月10日

上午往兰州、山东发信。下午整理油房材料。

油房调查

一、油房与油房生产力。

从购买油梁到建成厂房。一条油梁的厂房一般需10—30石小麦的投资。

油梁是油房设备中的主要部分。油房规模大小，按油梁计算。油梁一般是几十年生的杨木。

二、油房生产力状况。

油房规模大小，决定于有几条油梁。一条油梁的油房从购买梁木到建成厂房，需要投资20—30石小麦。油梁取材于多年生的钻天杨。顶大的长达　公尺。一条油梁木值四五石麦子。厂屋多很简陋，建筑材料全是泥土石块。

13.5公尺长的油梁一榨可以装胡麻子1500斤。每百斤胡麻子出油32斤。最大的油梁一次可榨胡麻子2000斤以上。有的三天出一榨，有的四天出一榨。油房一年四季有近六个月的时间开工，另外六个月的时间停工。原因是：（一）原料有限。（二）设备原始，冬季严寒不能榨油。（三）农忙时候劳动力要做农活。（四）立夏以后，秋分以前，农田用水量大，渠道水小，油料没有水磨不能加工。后面一条是最主要的。一条油梁的油房按一榨装胡麻子1500斤、开工六个月、每三天一榨计算，一年共出油8800斤。设备简单，技术要求不高。

三、油房主、油匠、油客。

（一）油房主——拥有生产资料，自己不参加生产，也不直接雇用劳动力生产，只出租生产资料，征收“油课”。油客使用油梁一天，征收油4斤。论“天”不论“榨”。一榨费三天，收油12斤。四天收16斤。一年中生产六个月，一年收油720斤。清油一斤顶小麦甘老斗二升半。一升合4斤，共小麦40斤。油梁一条全年共收“油课”小麦720斤，合甘老石十八石。水地麦子亩产六至八斗，最高一石。按八斗计算，油梁一条，顶水地廿二亩五分。

（二）油匠——体力劳动者，有榨油技术。一条油梁固定有两个油匠。他们不是油房主雇用的。形式上是“独立”的。油匠向“油客”领取工资每天清油一斤，食宿自备。全年榨油六个月，收油 180 斤。六个月共四石五斗麦子。实际上并不是每天都做工。一年可以收入麦子四石左右。长工工资一年绝大多数为【一年】一石二斗，个别的高至一石八斗。油匠一年工资大约顶三个长工。

压一榨油，需小工六人，归油客自理。谁榨油，谁出小工。油房和油匠都不过问。

（三）油客——包括地主、富农、富裕中农和中小商人。他们拿油料到油房加工。加工付出的代价是照规定纳油课，支付油匠和小工工资。油客里这些人的原料来源不同，产品的出路也不同。地主富农富裕中农的原料是自己的。中农一般种【田】五亩胡麻子，多的七八亩。一亩收胡麻四——五斗，往往要几家打伙才合压一榨油，单独一家原料太少。地主富农一年压一榨，多的压一两榨。自己原料足。地主富农富裕中农部分自用，一部分赊卖邻居。村房交换油饼全部是作为喂耕牛的精饲料。油商加工的产品全部是在市场上出售。

四、几个问题

（一）谁剥削谁的问题。形式上很复杂，实际上剥削者只是两种人，被剥削者也是两种人。剥削者是油房主和商人。油房主利用占有油房进行剥削。商人剥削消费者，他向油房主交纳“油课”，也向消费者收回。被剥削者是油匠、小工和自给的农民。油匠、小工是劳动力的出卖者和剩余劳动的创造者。油匠收入比一般农民高，有少数比较富裕，但多数生活是穷困的。油匠不是地主的长工，实质上属地主支配。一、固定一条油梁，首先是经地主指定的。二、空余时间要跟地主做活，随传随到。地主没有事情的时候，自己才可以做活。三、油匠有的是春夏给地主做长工，秋冬当油匠。当油匠的交换条件，就是当长工。不拿工资，给地主无偿劳动。

油课这种形式里面，既包括油匠、小工的剩余劳动，也有自给农民的劳动。

（二）剥削性质问题。油房主征收的油课，其性质是封建性质的剥削，还是带有资本主义性质的剥削。完全是封建剥削，没有半点资本主义因素。

油房主同时就是地主，油房主出赁油梁、厂屋，征收油课，等于地主出租土地，征收地课，都是依靠占有生产资料，不劳而获。不同的只在于购买土地只需要一次投资。油房设备需加一些维修费用。同时，油房和土地特权是分不开的。油房必须靠水磨水碾，水磨水碾一般要修筑一里至数里的水渠，需要占有大量的河滩土地。引用河水又牵涉农田灌溉。占地、引用，都是靠封建特权取得的。早期的资本主义作坊是若干人在同一个厂主命令下生产同一种商品（大意，查《资本论》）。现在我们看到的油房，连半点这样的影子也没有。

（三）是否有利于发展生产力。生产设备很原始，技术要求不高。生产关系是封建的关系。油房主之间也有竞争。但那“三结合”的封建的生产关系，很不利于改进生产技术。

北京来信，丫头不愿上学。

水磨水碾调查。查《晋书》，注意晋人石崇已有水碾。

3 月 11 日

上午打扫卫生。挑水一担。河边至住所 3—4 百米。上高坡。

下午晚上去管寨、张寨。

3 月 12 日

早起。

一、水磨、水碾，主要设备为磨石（碾盘）、水轮（有平轮、立轮，此地多为平轮）、厂房组成。购买磨石，制造水轮、厂房，挑挖水渠，一般要投资二三十石小麦。（张炳元 1938 年设油梁两条，水磨两盘，共花一百二十石小麦。）

磨石质量、磨工技术差别很大。石质、技工好的磨面多、快、细、白。

石质、技工差的相反。碾子和磨可以根据需要随〖时〗改装。磨面换上磨石，碾米换上碾石。

每年需要有一定的维修费用。水磨一盘的生产力：

（一）米，一日夜，三老甘石大米。

（二）麦，一日夜磨二老甘石。

二、磨课。水磨和油坊一样为地主所有。使用方式是出租水磨征收“磨课”。

（一）磨油渣一榨“磨课”清油三斤。一斤油折麦子甘老斗二升半，即一〖榨折〗麦子共三十斤。论“榨”不论“天”。一天磨完也是三斤油。

（二）磨麦一斗，“磨课”一斤。

（三）碾大米一石，“磨课”二升。

合米八斤。实际按斤收十斤。与磨麦同。即磨四十斤，征课一斤。地主愿碾米不愿磨麦。

三、群众多半需使用水磨。原因是一没有小磨，二没有牲畜——毛驴，三需要花很多的人力时间。因此必须利用水碾水磨。

上午至贾寨苗发育家。

苗和老婆始终住在城里。

问老农和苗发育长工（现为大队长田石清），何以长工在一家一做廿年卅年？

他们回答：

长工每年借债，每年还不清。一般到五月间，家里就没吃的了，只有向地主借粮。借了没有别的办法还，只好下一年再当长工。因此，今年在这一家当长工还只做了一半，就预定下了下一年还要在这一家继续当。一年如此，两年三年，年年如此。一当一辈子。长工在一家一干几十年，就是债务缚住他，脱不开。这就是主要原因。另外，有些长工多半老老实实拼命劳动，主家不愿意让他走，这是问题的又一方面。

注意：此理极重要。最好有调查材料，把这个道理充实一下。

又第二区九乡地区刘乐年家有织布机。由主人督促别人织布。

又，第二区第八乡地主曾吉顺家有布机，有一人织布——注意。

3月13日

上午开会听汇报。

接何重仁信，《回答日本……》，中央部有意见，主要是修改大，发表被动。

织布机的使用。此处不宜种棉，布机少。布约一市尺宽，二丈长，为一个。与油坊、水磨、手工作坊并列。另有一处材料有袜子机两架，是外来的，资本主义工业，注明系自用，与此不同。

吴江平原大队第十五生产队漏划地主周兴昌材料：周兴昌有织布机二台。织布收入每个布要价0.3元，一年收入60元。证明人周兴钢提供证明：我"1946年9月开始给周兴昌织布（至第二年春天）。每天织一匹，给我半匹的工资"，自己还时常拉短工，每年借债一石至二石。据此可以看出：

一、地主拥有织布机，向"布客"出租，受［收］加工费。其性质等于出租土地，即占有生产手段，不劳而获，剥削别人。

二、机匠固定在机主家的布机上，出卖劳动力。机主榨取机主［匠］的剩余劳动。机匠的地位是半"独立"的，不算长工。家庭视贫农生活。

三、"布客"是否普通住户，待查。加工布一匹，付"机课"三角。一半归地主，一半归机匠。地主两台布机，一年收入60元，每台布机一年要有二百天是开工的。

此情与油坊小异大同。

3月14日

最高13度，最低9度。

上午开党委会。

下午与罗平等谈管寨工作。

晚饭后调查油梁。

又调查张文昌靖安档案。材料所列地主有三人是富农。一人债利剥削者。

梁明林（盈科区二区七乡五村）的长工

桑得福　25 年　工资无

桑得福“七岁给梁明林做活，现年三十二岁，做了二十五年。民国廿八年给娶了媳妇，当锅婆使。两口吃饭不掏钱，做活不挣钱”。

（按：这种剥削形式不少见。名义上是给长工娶媳妇，实际上是为增加一个无偿劳动者。“吃饭不掏饭钱，做活不挣活钱”，完全是奴隶式的劳动。又，“吃饭没饭钱，做活没活钱”，此两语要照用，很生动。）

杨文（盈科区第八乡）的长工

周殿兴　12 年　工资无

周殿兴在杨文家“自 1938 年至 1950 年做了十二年，没有给工资，买来丫头一个给周殿兴，作为十二年的工资”。（按：与上例实际意思相同。）

（按：长工做十几年二三十年，一辈子，有种种办法：一、利用亲属关系。二、娶老婆。（这两种都是无偿劳动。）三、债务束缚……这两种都是终生奴隶。表面上人格是“独立”的。）

李文秀（盈科区九乡十二村）的长工

李文明　三年（有记载的年）　工资无

原材料“李文明是李文明［秀］族弟，做工不给工资，只管穿吃”。按此即上述情节一种。

3 月 15 日

天大热。不穿棉衣，脱帽可以在外行走。

全日抄盈科区土改材料。得地主 22 人，小土地 11 人。晚至管寨。

3月16日

春播大忙。撒播条播，都很原始。

上午抄盈科乡土改材料。

下午组长会。安排今后工作。研究漏划问题。

3月17日

最高16度，最低零下4度。晴。

早起不适，右边头痛。山东来信。昨天晚上起疲倦，不像感冒。

上午未参加会。搞土改材料。

丁希尧（盈科区十一乡一村）的长工。

杨学仁等四人，其中雒皂保，连续三年“不给工资，只管吃穿”。丁佛堂，连使三年，“不给工资，只管吃穿”。

许多长工没有工资。其中一定有一部分属于放“顶债干”。

3月18日

头痛见好。想搞《长工列传》。

一、序言——讲这里土地剥削的特点。

1. 长工的农奴性质。

2. 长工列传。

3. 长工列传跋。地主“发家史”就是〖许〗多长工的血泪史。

（1）这个阶级的特点，阶级对立和斗争。

（2）人民群众创造历史的原理具体化。阶级斗争推动历史，在这里是不完整的。

（3）长工与土地生产相联系，不能自觉起来进行革命斗争。阶级是革命的，个人必须有先进的力量组织起来。

（4）民主革命、社会主义革命的动力，觉悟起来就有巨大力量。革命的领导阶级，必须发动这些力量。

董贵兰（盈科三乡十一村）的长工。

范荣："没工资，顶债干"，连续三年，已有材料。

李家堂："一石，管穿衣服（即管穿衣）"。

李廷海："八斗，管衣服"。

又，注意董贵兰放债1200石，有"滚账地"甚多。（盈科5）

上一点进城开会。很勉强。

3月19日

整天小组会。下午剧烈头痛。

晚上十一点注射安乃静。马大夫（西宁）有效。

3月20日

上午大会。友九讲。

下午休息。

3月21日

上午参加小组会。下午休息。

王箴西提供的靖安全公社户数、人口、土地材料。

土地：一万一千亩。其中有黑地一千亩。

人口：四千七百人。
户数：一千余户。

符兴祯（有本区——第三区）的长工
何学珠、郝乾元。其中郝乾元“只给吃饭，不给工资”。

3月22日

上午在地委招待所，一部分时间搞土改材料。

王九德（王九颜家，三区二乡）的长工
王九和　王富　孔花林　郝成元　郝文辉　张进才　刘义　郝富元
以上八人均工资1.5石，连做三年（已记载的，待调查）。

韩成国（第三区二乡）的长工
张学新、韩双来、林大新、孔花林共四人。其中前三人无工资，张、韩连做三年。孔花林曾是王九德长工。

3月22、23、24日

开会完。

3月25日

回到乌江。

3月26日

上午劳动搬树枝一小时。下午写《长工传》撰写提纲。

3月27日

上午工作队全体会。讲话反对松劲。晚上不适，有轻感冒。

3月28日

早起喉痒。晚咳嗽。给师渔写信。附山东信。服解毒丸、索米痛、喉片等。未做事。

3月29日

感冒加剧。喉痛，声哑。未发烧。服四环素。早起张沪〖华〗[1]来哭诉。未做事。

昨晚不成眠。设想《长工传》序和跋的内容。

“序”的中心内容：

一、为什么写《长工列传》？

二、这些长工是从什么角度选择的？（即提纲“选材范围”）他们的代表性。

开始：《列传》中叙述张掖地区 ××× 长工的生平事迹。这是《张掖地区调查记》的一个姊妹篇。

① 张沪华，近代史所工作人员，“四清”工作队员。——编者注

司马迁著《史记》，第一次创立人物列传。中国封建时代的所谓“正史”上，列传照例占着大量的篇页。世界资产阶级的历史著目中，各式各样的人物传记更是多如恒河沙数。但是所有那些人物传记有一个基本的共同的特点：那上面写的都是“大”人物，都是有这样那样的“功业”或“轶行”，足以引起人们的欣羡、注意的人物。长工——这样一些普普通通的劳动者在那里从来不会找到自己的踪影。时至今天，《长工列传》这个篇名，对于某些人甚至也还会发生惊世骇俗的感觉，而期期乎以为不可。因为这明显地违反了历史学“正统”，是一种异端。

什么原因促使我写出了这一批长工的传记呢？

写《长工列传》的目的——揭露中国封建社会这种特有的奴隶劳动、生产关系。

取材范围代表性问题。

长工的阶级属性问题——土改时家庭成分不是一个阶层，有中农、贫农之别。但作为长工，他们都是农村劳动力的出卖者，剩余劳动的创造者。他们都是在“人格独立”的外衣掩盖下的地主阶级的奴隶。

《长工传》是写的一些“小”人物。但是它是写的一个阶级的一部分。个别“大”人物可以集中表现阶级的动向。许多特定的“小”人物，把他们的活动集中起来，可以更确实地反映出阶级的本质、动向。统治阶级的本质，可以从“大”人物表现出来。被统治阶级的本质，动向，却只有从这些许许多多“小”人物才能表现出来。没有这些“小”人物，就没有被统治者的具体内容具体形象。旧时代的“大”人物、特出人物，只能是统治者的代表。封建的资产阶级的历史学只要写出那时“大”人物、特出人物，就是为本阶级写照，就是按照本阶级的思想、面貌去说明世界、指导世界。马克思主义的历史学相反。马克思主义历史学把正确的历史观点教给人们，除了需要分析统治阶级的人物，更重要的还需要说明被统治阶级在阶级斗争中的地位、作用。说明千千万万“小”人物的力量和作用。按照劳动人民的观点来说明历史、教育自己。写“大”人物和写“小”人物，并不是科学的历史观的分界线。眼皮底下、笔底下有大人物，没有“小”人物是资产阶级历史学与马克思主义历史学的分限［界］线。从马克思主义观点来看，写“小”人物，即写出被压迫阶级里的大量群众来表现出这个阶级的活动，比写少量的

“大”人物有更大的重要性。

3月30日

从前晚至昨十二点，连服六次（12片）四环素。病情喉痛、咳嗽均减轻。

3月31日

感冒现象大部已消除。休息未作事。县团有会，工作队有会。均未参加。

土改时张掖的土地人口

《张掖县土地改革工作总结报告》：“我县九个区、八十二个乡，二十一万四千九百三十五人（214935），六十三万二千一百二十三亩土地（632123亩）。范围内的土地改革工作，是自去年十一月一日开始，到今年四月十五日，历时六个半月，已胜利完成。”（中共张掖县委1952年5月15日）

〔按：此次调查的各区、乡土地、人口数均见土地占有统计表。据此可以统计出所调查地区的土地、人口数及其在全张掖人口、土地中占的比数。曹丕怀所在的崖子土改时不属张掖。写特大地主时不能计入。但在最后可以讲到这个材料，说明河西（现在已属张掖）的特大地主的情况。〕

《调查记》的内容：

二部分说明剥削者与被剥削者两个阵营的对立、对比。地主阶级内部的大中小。大地主的势力，回答土地分散与否。

三部分集中证明奴隶剥削（三部分是全文主要部分）。

1. 土地的使用——剥削的秘密。

2. 雇工中的奴隶制遗留。

A．无偿劳动的无工资的各种形式。

B．长工的连续性——几十年，父子相继。

C．人身不独立。

3．债务剥削、债务的两重性——剥削的手段——维持奴隶劳动的手段。

农民破产最重、劳动力便宜，且无力租种土地。

四部分证明手工业的落后性与土地剥削的落后性一致。

生产工具与敦煌壁画比较？

（现在车图、敦煌车图）

农村手工工匠首先是农民，同时又是工匠。他们并没有“独立”于农民之外的身份。

4月1日

还有些痰，其他正常。

来往人多，疲乏，做事少。设计材料统计办法。

晚上整理土地使用材料，发现必须找“新丰”区土地高度集中地区的材料，才能更好说明雇工耕种的特点。再借。

4月2日

全日整理土地使用材料。八乡王富年自有地105，典入15，雇耕162，产量130。王有油梁二条，油磨一转。“自有”数字有错。待查。

已查：“自有”“典入”两项共折新亩162亩。全部雇工耕种。四月五日下午。

4月3日

仍有浓痰。白天党委会。布置工作。平定情绪。晚上整理统计材料。应明确指出：土地使用方式——即这里的封建剥削方式与南方不是方式方法的差别，而是从奴隶制进到后期封建制的一个步骤，一种过程，一种形式。原始的形式（俄国的农奴制是一种，中国这种剥削是一种）。发达了的形式（西欧庄园制是一种，中国佃农制是一种）。最后调查南方以后对照起来讲，更有力。

4月4日

仍有浓痰。早起。从奴隶社会进到前后期封建社会，其间有不同的步骤，不同的形式。

原始的、不发达的形式：俄国农奴制是一种，甘肃一带雇工是一种。后期的、发达了的形式：西欧庄园制是一种，中国南方佃农制是一种。

安玉诚（新丰区三乡十一村）的长工

安玉盛　　十五年　　工资无

安有亮　　十五年　　工资无

阮安氏　　十五年　　工资无

又查“新丰”区二、三、四乡地主单行材料，全部63家地主中，没有一户出租一亩土地。相反，300、500亩地的大地主都租进土地。特点最为典型、突出。除上述材料而外，可查清王建勋、张成仁、曹敏等大地主来集中说明这个问题。

4月5日　清明

浓痰五六口。整天组长会。傍晚开始重新统新丰区材料。

阎国定（新丰区二乡一村有地551.7亩）的长工7人。其中胡凤贤“做了四年活，给了一个丫头，未给工资”。

长工名有：吴哑子、王五斤等名。

4月6日

上午党委会，讨论吴国桢等处理。

下午摘新丰区材料。

柳长彬（新丰九区二乡第一行政村）的长工。共四人，其中车成娃“无工资，因他霸来的张寅年的儿子”。

孙槵清（新丰区二乡第一行政村）的长工。共三人。其中两人无工资。两人中孙槐兴“不出工资，代（带）地十亩”。这又是一种方式。

赵秀林（新丰二乡第二行政村）的长工共二人。其中赵珠林无工资，因为“给他娶了个媳妇”——按给自己增加一个“锅婆”。

师兆秀（新丰区三乡十一自然村）的长工一人，刘恒无工资，“招为女婿”。这和娶媳妇办法不同，实质一样，即找一个永久的无偿劳动者。

黄人丕（新丰区三乡十一村）的长工黄人马 + 弟连做三年，无工资。

张永高（新丰区三乡九村）的长工六人，其中：张六八，做工十年，无工资。张得昌，做四年，无工资。原材料说明：“这二人是收拾得去的，和主要一样待遇。”又一种花样。

宋元年（新丰区三乡九村）的长工四人。其中赵贞做一年，无工资。

张国常（新丰区三乡八村）的长工五人。其中张正本、张国典无工资。张国常族户张国定、张正本、张正才、张国明四家共有土地 174 亩，均被张国常霸种。张国定等三人变成了长工。

任建基（新丰区三乡五村）的长工七人。其中李增福“无工资，穿衣吃饭”。

杨荫梓（新丰区三乡四村）长工三人，其中拓娃子做工三年（有材料的），无工资。

杨其森（新丰区三乡四村）长工三人。其中胡良王连做三年（已有材料的），无工资。“因是他的外甥子，是收拾得去的”。

4月7日

浓痰数口，其他正常。

满存信（新丰四乡第一行政村）的长工一人，李福材，做工三年，无工资。

周文渊（新丰四乡）长工五人，其中女工一人“赵登传之妻，是用牛一个换来的，无有工资”。材料上已连做三年。

师九林（新丰四乡六村）长工三人，师进德、师兆德、师正德（牧童）兄弟三人，做活三年（材料上见的），无工资。给土地九亩作抵。

十一时接北京电话，要准备出国。

王浩礼（大有区七乡）长工杨贞年、王氏做六年，两人共给工资小麦五斗，谷子一石。

王进仁（大有区十一乡）长工一人，名拾娃子（后取名王进才）做工三年，“吃饭不赚钱”。牧童一人，做工两年，工资为破衣两件，毡一条。

关于王进才原材料还有以下说明：

“拾娃子系王进仁之伯父从山上拾来当儿子的，并名为王进才。王进仁的伯父一死，全部家产就由王进仁同其母亲霸去。对王进才夫妇很苛，甚至不如一般长工看待，且经常赶在外边。解放后又收拾回来，对其夫妇生活仍和长工一样待遇。”

曹希文（大有七乡）据说即曹敏的儿子。注意。此材料中有雇工工资按甲乙丙三等计算。甲1.6，乙1.4，丙1.2。其实许多是不入等的。

张明珍（大有区七乡）发家原因：

“民国廿七年有族叔张玉青放债80余石，家业一座。早死，孩子张明廷很小，就被张明珍霸占去了。不久张玉青的女子（按：指妻子？）得病，不给医治而亡。便将张玉青田地35亩、房屋10间，铁车1个、木车1个、牛4个、驴3个、麦子100石以上，白洋1143元、元宝7个、科子5个、大烟土50两，其他财物不计其数，全部而吞。将遗子张明廷以长工虐待，因而起家。”（按：这与前页“拾娃子”事完全相同。地主起家史的一种。）

4月14日

一、形势

美帝国主义在越南遭到了惨重失败，为了最后挣扎，准备扩大战争。美飞机离河内已只有五分钟的时间的地点叫“和平”。八、九两日到我们的海南岛。敌机到下〖午〗时已到海南腹地五指山。

二、……中央决定在全党县委以上加强备战思想，密切注意越南战争的发展。……

越南南方形势相当好。1954年日内瓦协议后法国人走了，美国人进来了。斗争非常尖锐。游击队撤到北方以后，妇孺、干部遭到大规模屠杀，惨无人道。1961—1965年歼敌三十多（？），其中美军4000余人。战略村五分之四都垮了。比我们抗日战争时期、比奠边府时力量大。暴［爆］炸大使馆非常英勇，先打几枪，开会的人下来，一辆卡车冲进去，拉开雷管爆炸。解放阵线的宣言。胡主席讲话都是非常坚决的。从作战中可以看到人的因素、思想因素起主要作用的。越南飞机撞美机。那机解开包吓跑了。

美国不甘心自己的失败，把战火向北伸进，扩大为局部战争。……三十日，十五号轰炸19度以北，廿号到20度以北。最近的地方离中国只有一百多公里。泰勒回国决定方针，国内争论非常激烈。敌人准备冒险，我们要严重对待，决不能有任何麻痹。战争不以人们的意志为转移。和下象棋一样，这一步带动下一步。准备他来轰炸我们的交通要道，军事、工业基地。情况估计得严重一点只有好处没有坏处。

三、反对任何麻痹大意。另一方面又反对惊慌失措，反对怕战争，怕敌的思想。……

我们想的办法，主席讲：两条，一、他打他的，我们打我们的。二、打得赢就打，打不赢就走。你打进来，我可以打出去。敌人在军事上、政治上都有致命弱点。我们有八大有利条件：1. 我们是正义的反侵略的。2. 全世界革命形势有利于我不利于敌。3. 我国社会主义建设革命伟大成就，有巩〖固〗的后方。4. 有毛泽东思想战无不胜的方针。5. 林彪同志主持军委以后部队觉悟提高，武器改善。有丰富作战经验。6. 越南党是马克思主义的，建设有巨大成就，团结有力量。7. 东南亚地区革命形势好，有武装斗争的经验。8. 地形对我有利，对敌不利。一切悲观、失望、害怕战争的思想都是错误的。

对美帝这个纸老虎，战略要藐视，战术要重视。充分估计到敌有相当强大的力量，占有海空优势。太平洋的军事部署都是针对我们的。（我们的全部广播、通讯都收去。）我们在抗美援朝后中印边境外没有打过仗，广大基层干部、战士没有实战经验。国内还有反动派。到时要放蒋介石出笼。最重要的是准备敌人空袭。对此要有所准备。不能把希望寄托在敌人发善心上。大中小打都有可能。大打还要考虑到敌人会不会扔原子弹。从政治上来分析，敌人不可能靠原子弹解决问题。苏联党是修正主义。它作为一个原子国家，彼此有深刻矛盾。要把原子弹都扔到中国不可能。中国广土众民，扔几个不解决问题。今、明、后年何时打，都要有所准备。

四、只要做好了准备，就可以立于不败之地。可以打败美国侵略者推进世界革命。……

五、越南人民担起了抗美重担。越南人民需要我们什么援助，我们就给什么援助。公开现在还不讲“援越抗美”。讲了四句话：“不能置之不理”“我们已经准备好了”“我们说的话是算数的”“需要的时候派出我们的人员”。现在不是说，是要行动。

六、修正主义在越南问题上假支持，真出卖。反帝反修紧密结合在一起。揭露它的三真三假、四联四反。

柯西金从北京回到莫斯科（离开北京的第二天，即二月十二日）第一件事就是不顾中越反对提出搞“和谈”。廿三号向法国提出备忘录。第二件事，二月廿四日提出援助越南的所谓秘密计划。廿五日向我提出。廿一号就由夏庇罗在莫斯科发表了。一、援助的东西不多，而提出超过援助所需的要求如派四千人的导弹旅、指定中国昆明作为空军基例［地］。又提出派 45 架飞机途经中国运高射炮往越南。二月廿七号提出要运，到三月八号才交给我们经陆路运去。运的时候我们建议它伪装，它用敞篷车。是当宣传品，别有用心的。又提出导弹经飞机运。其实导弹是不能用飞机运的。现在它到处散布谣言“阻苏援越”。柯西金访越的目的：一、为三月分裂会议打掩护。二、插入越南取得与美搞和谈的资本。在这一点上与赫不同。最近在资本主义国家大散谣言：中国不许它们援越。苏新领导搞的这一套非常卑鄙。

帝国主义方面，英国死皮赖脸要派戈登—□克来中国搞“和谈”。

修正主义还搞十七国呼吁书。其中有些国家是不明真相。总理托阿尤布带四句话给美国：中国是爱好〖和〗平的，不主动挑起。中国是作好了准备。中国人说了话是算数的。战争扩大的话是没有界限的。阿尤布表示明白了。反修斗争要继续进行。对苏新领导决不能存在任何不切实际的幻想。

七、具体备战措施中央规定几条，要根据不同情形进行。

1．大城市要整顿防空。

2．沿海要进行民兵的基本训练。

3．军队动员另外部署。

八、边境地区以外暂不在群众中动员。对群众的抗美积极性，要引导群众做好实际工作：（一）工矿企业开展增产节约运动。（二）争取今后［年］夏秋丰收，改善社员生活，增加贮备粮。（三）科学部门为斗争服务。（四）学校要教好学，保持正常秩序，保证教学质量。（五）机关革命化。（六）在搞社教运动的地方要根据廿三条把运动搞好。

口号：“美帝国主义从越南滚出去。”与敌人和平阴谋针锋相对。

辟《中国阻苏援越》　4.1

苏方传播谣言，说中国阻挠苏援越军事物资过境。这是没有任何根据的。

一、中国一贯援越抗美，并且认为所有社会主义国家都应该援越抗美。到现在为止，苏援越不是多了，而是少了。不是快了，而是慢了。1963 年越要求苏提供一个导弹团的装备，苏不给是错误的。

二、苏新领导采取决定召开三月会议的新步骤。中国坚持自己一贯的原则立场。但在援越问题上仍希望苏改变过去的错误，大力援越，用行动来证明它是反对美帝国主义的。二月五日、十一日柯西金两次路过北京，我方一再表示苏应该多援越反〖美〗，武器中国可以运输。政治方面，希望苏不要提出比越【提出】更多的建议。越同志认为未成熟，我们不应倡议和谈，为美国找出路。柯满口答应，并说回去马上办理援越武器的事。

三、苏真正感兴趣的是和谈。柯回莫斯科的第二天（二月十六），苏就向越中提出召开新的国际会议的建议。这是柯回去后做的第一件事。并且不等中越答复，二月廿三日就向法国提出了和谈备忘录。

四、苏领导只是开展和谈活动以后，才向我们提出所谓援越计划，并且大事宣扬。苏援越具体计划没有向我提出之前，他们就已把消息泄露出去。二月廿一日美记者夏皮罗自莫斯科报导，苏援越武器有地对空导弹，喷气式飞机和训练人员。二月廿五日苏一面向我提出所谓绝对秘密的援越计划，另一面又把计划内容泄露给西方记者。同一天美记者勒特报导了苏援越武器的消息。这种情况使我们怀疑苏援越目的究竟何在？

五、苏所谓援越计划并不是根据越同志要求，而是别有用心的。举三件事：

1. 苏计划并未如实告诉越南，并取得越同意。援助东西不多，却提出了一系列超出军事要求。例如越不赞成苏作战部队进驻越南，苏却要开进四千人的作战部队。苏要求在昆明建立空军作战基地，但其通知的飞机性能，从这里起飞，根本不能起到保护越南的作用。

2. 二月廿七日，苏告我，情况很急，应越南要求，要用45架安—12飞机（大肚子）空运十八门高射炮和75粗高射机枪去越。事实上越没有要求空运，他们自己也不真的急于运越。苏二月廿七日提出空运，二月廿八日我就答复大规模空运不合苏提出的保密原则，建议改为陆运。但直至三月八日他们才把这批武器交我。我八、九两日就全部起运，现已交越。苏如果很急何以拖延八天之久？

3. 苏说中国阻挠援越导弹过境。这是有意混淆视听。导弹根本不能空运，只能陆运或海运。苏叫嚷了一个月，根本没把导弹交我运送。

六、凡越需要，而苏同意给的军事物资，我无不全力以赴，予以协助。过去如此，现在仍如此。越南同志知道，苏也知道。他们掀起上述谣言攻势，是想煽起不明真相的人反对中国。

七、从以上事实可得如下结论：

1. 柯访越做出团结反美姿态，目的是为排斥三月分裂会议。

2. 叫嚷援越，是为了推行其和谈阴谋，以便在越南问题上同美国交易。

3. 中国从未阻苏援越。苏是为诬蔑中国、贯彻分裂主义路线，为了掩盖他们怕美国、怕越南把抗美斗争进行到底的真面目。

阿国会选举超过三分之二，可以修改宪法。共有二十几家带垄断性的大资本家。阿本人是大地主。大地主大资本家联合专政。人民力量没有形成。东巴党受修控很深，也有组织但无力量。美国、印度在东巴势力很大。反对的力量不小。但阿还能控制。军队在他手里。阿驾驭两种力量。财政部长“亲美”，用他与美国拉关系，布托号称“亲华派”，与人民中国拉关系。

经济主要依靠外援。美国三十多亿。每年外援有多无减。

对外，反印是其基本国策。他认为对印统治者、人民都反。阿对华友好有两说：一、权宜之计，找与美国讨价的本钱，摆脱在亚洲的孤〖立〗。二、是其国策。与我谈得最多的与印的关系。小打、中打、单打，打世界大战。要求中国表示在一种情况下“怎么办”。七月间准备巴美军事演习。中巴友好要肯定。争取分化，从其内部反美。

契尔沃年科辞行。先讲很多好话。总理对他讲三件事。捎信给柯西金。

一、十七国呼吁书，美国的和平阴谋，不要上当。

二、联合国牵入越南问题。与本贝拉的谈话。当时联合〖国〗参与，戴高乐反对了。说是我们的内政。总理说这是戴给阿尔及利亚做了一件大好事。否则美国军队在阿，阿解放斗争是另一种形势。本连称三个“太好了”。

三、约翰逊无条件谈判是大骗局。要让越南人民自己解决。

契连连称是。最后提出一个问题，中国拒绝中越苏三国会谈，讨论援越，中国拒绝，从情理方面，不能让人理解。总理大发火，尖锐驳斥，指出苏是想控制中国。契抗议，说500人不能控制6亿人。总理反抗议，说你不能提出这个问题挑衅。

决议、谈话涉及越南和谈，要全力加〖以〗反对。对苏修要挑起争论，不回避，要反对。

整个国际形势前二十年是一个阶段，没有独立的争取独立。最近五六个月，特点民主主义者动摇，左右逢源，想从两面得到东西。加纳不好，谈谈又好。苏修做法在改变，口号差不多。那些人对苏本质认不清。他们还是四联四反，我们必须说。印尼谁争取了中间派谁就胜。（科学界出去要团结中间派。）阿尔巴尼〖亚〗想对非洲做些工作但邀不到人。因别〖人〗怕他调子太高得罪苏联。左派内部情况也不一样。阿尔巴尼亚对我一个时间不批苏不满。朝鲜的提〖法〗则又不一样。和大主席团会，朝鲜提出为什么我们不能团结起来支持越南。朝对我三月会议文章没有发表。昨天（工会声明中央批过、对外基调）越南问题讲：

1．祸首是美帝，他挑起的。

2．战争前途——马德里国际纵队去了，为什么还失败？参加者说没有群众。越南根本不同，广大群众起来了。

越苏公报，不主动讲，有人谈到主要揭露苏联。公报本身不是完全好，给苏说了一些好话。其中两点：一、和平谈判钉子。二、共同援越。实际上不是真正援越，进行控制、和谈。越代表团回国后说，在中国都是主张打的，在苏都听到的是要和的。苏怕打，认为迟和不如早和。根据是，一、不相信人民，唯武器论。美武器优越。二、越已建设十年，一打都毁灭了。苏东欧建设的时间长，就更可惜了。因此怕革命。支持与否进退两难。不可能认真支持，是要作交易。假支持，真出卖。一般根据报上讲，不主动挑起争论，也不回避。越南问题有机会就要宣传。

三反三捧。三捧：1．斯大林。2．人民。3．红军。苏击败法西斯二十年。

苏对斯已有变，估计还要变。

亚非首脑会议，苏是否参加。我们仍主张不能参加。态度坚决，讲话客气。

两种中巴友协

克什米尔问题——像印巴两国保证的按克什米尔人民处理。

1．在目前形势下任何和谈就是越南人民投降，就是看来越南人民斗争，就是对越南的出卖。

〖2.〗越反美斗争具有世界意义，国内问题宣传大好形势和人民精神面貌。

5月26日

丫头出院。写访巴报告。体重61.6公斤，为近年最低者。

5月27日

最后写完访巴总结。原写的部分根本不能用，重新写过。付打〖印〗。

5月28日

分党组开会。汇报。

5月31日

改完《亚洲历史怎么评价》。下午分党组会。

6月1日

上午抽血查转安梅［氨酶］。
下午校《亚洲历史怎么评价》打印稿等。

转安梅［氨酶］53
毛娃 87

6月8、9、10日

再改《亚洲历史评价》，增中国意义一段900字。

6月14日

已回国一个月未动手做新的工作。

6月15—23日

所〖内〗四清党内总结。连续开会八天。下午看《亚洲历史评价》二校样。

6月25日

上午所长办公会。

7月1日

最近三四天一直改《论康熙》，今天改完，增1000字。

7月2日

上午分党组会。下午开始改《中国近代史诸问题》。

7月3日

上午改完《近代史诸问题》。

7月4日

全日再改《论康熙》，加“最后”云云一段400字。

7月5日

上午学部谈四清文史资料会。

下午〖中〗宣部谈“立即抓用革命化的精〖神〗抓工作【工作】”。

一、学部扩大会议要求。

二、制度、纪律、有兴有革。

三、健全组织生活，雷厉风行。

四、重点项目落实，目的明确。

7月6日

上午所长办公会，“立即抓工作”。

下午近代史组会等。

7月15日

上午看《艾地选集》。

下午中宣部会议。两个文学所汇报。

周扬同志：一个问题是不是学部各研究所的运动先不搞。文化、高教准备先下去。再有，研究所再搞运动，是不是还派工作组。看情况，可以不要派工作组。再搞一期四清。到明年再看怎么结合，时间也要短一些。工作也不要停止。拿出一点时间采取总结工作形式。下一期还是搞四清，没有去的去，去过的可以再去。运动主要是解决两个问题：一、方针路线问题。这是主要的。二、领导核心问题。这个核心是否执行党的方针，是否团结，是否有自我批评的？运动就是搞这些。方针问题思想教育工作，看来主要是三年困难时期思想摇摆。领导有责任，但下面检查。

一个重要问题是研究工作怎么做。文化战线为工农兵服务，主要是为农村、农民服务。这是最大多数的问题。为工农兵服务，最主要的要解决为五亿农民服务。这是一个大改组。很大一个问题。研究工作就有一点麻烦。考古如何服务，这就要绕几个弯子。一切工作者要与农民结合。所有研究所都要考虑直接为农民服务的问题。找到这个途径。最少有一部分这样的工作——我们与农民的关系头一个问题：农民养活你多，你对农民贡献多？想想这个问题就很惭愧。搞好农村不搞好农村，涉及一个能否防止〖为〗资本主义服务的问题。现在文教一系列工作都转向农村。我们要考虑建立农村基地的问题。五亿多农民是我们服务的主要对象，是我们思想的主要源泉。

现在只提出研究工作如何做的问题。为五亿农民服务是问题中的一个。每一个所都要想想。

再一个是知识分子与农民谁干净？这是另一个引人深思、引起思想感情变化的问题。

研究工作弄得不好就是脱离实际，脱离斗争，学院派。

条文还可以简化。主要一条就是学习、研究、宣传主席思想。所有工作都如此。研究所应更为突出。运用主席思想研究历史，这是红线。现在就是一个主席思想，一个修正主义。别的没有什么了。研究主席思想与修正主义做斗争。

两个问题要突出：

一、宣传主席思想——反修。

二、为农民服务。

还有，要开门办研究所，开门办刊物。这方面要时刻警惕，三顾茅庐，少犯错误。

研究所两个任务，对两个任务都要严格。

培干就是要自己学习。专家带经验并不好。给任务、方向、题目，有书看，自己去练。

我们过去或者方向不对，或者要求不严。艰苦奋斗，“三过硬”等就是要严。研究所要提出这一些。这不会错。不发表不但不应闹情绪，而且要批评，为什么写不好。研究机关里要经常反对个人主义，反形而上学，自以为是。为谁写文章？要造成一种空气。政治思想工作就是要抓这一些。我们的工作现在就是不严格。方向对了，不严格是不能出人才的。不苦学苦练是不行的。马克思主义讲艰苦道路，如果没有这个精神趁早改行。我们这是为革命，要搞一辈子。

方向对了，还有一个攀高峰的问题。严格包括政治和业务。思想要搞活泼。允许犯错误。不同的意见要允许讨论。

7月16日

上午所长〖办〗公会。

下午所内〖正〗付［副］组长会，讨论周扬同志意见，安排。

7月17日

上午杂事。

下午党小组会。

7月18日

全日读《美国侵华史》。

7月19日

上午文史资料会。

下午分党组会。

7月20日

上午读前书。

下午四清先遣会，所内工作会。

7月21日

全日读前书。

7月22日

上午开始改《侵华史》第一章第一节。开了一个头。

下午改所内工作十五条。

7月23日

上午讨论周天度等文。下午中宣部传达。

传达陆定一同志在部长办公会议上讲话。

一、打仗。看样子要准备打。美国在越今年增〖兵〗20万。同朝鲜差不多。美国现在骑在虎背难下。美与苏正在【同苏】勾结。哈理曼中心问题可能是谈中国。美国打起来苏联打算如何。美国打起了［来］占不了什么便宜。

二、生产。农业很少［好］，工业也好。但有些地方出现劳多逸少。《人民日报》劳逸结合社论工人看了掉眼泪。主要问题是下班以后的花样太多。我们要吸取经验教训。学习毛主席著作，不要搞那些形式主义。

少奇同志谈农村卫生工作。十六年来没有做多少事件。农村、城市悬殊。农民一年到头没有现款。城市医生下乡一半，兼做护士工作。城市可多办街道医院所。有 80% 的病可以解决。农村治疗甚至不要收钱。不要看一次病拿一次药就要钱。农村演电影可以考虑不收钱。文教部门在农村里工作多得很。课本也考虑不收钱。四清运动一两年就搞完了。四清后立刻出现一个问题。生产文化等。农村不建设起来，社会主义就不能建设起来。莫洛托夫说建成了社会主义基础看来是对的。有了政权，有了城市只是基础。打仗靠农民，资产阶级改造也靠农民。以后国家建设两个方面：一、国防尖端。二、资本主义和社会主义国家没有注意农村的，资本主义是城市繁荣，农村破烂。美国只有十分之[①]的人在农村。……苏联医生不愿在农村待。第二次世界大战已经很明显。于是发生了一个农村偏枯的问题。现在苏共新领导的确是在搞分田到户。理由之一是青年人不愿种地了。分到了户鼓励其积极性。有一天农村要绝种。不搞农村就没有粮食。粮食没有就向美国伸手。其他一切也就跟着走了。苏联的革命实际上是城市的革命。《两个策略》这本书提出了农村问题，没有解决。社会主义建设一是尖端，一是基础。什么是基础，就是农村。我们总要想办法使农民生活过得好一些。我们的建设在经济上、文化上都不要使农村偏枯。要不要师范很怀疑。准备在农村办综合性大学，理、工、医。农忙放假，并成为函授中心。由专区一级领导。一步一步使高等教育普及下去。毛主席去年批评文化部，要改名，名为“帝王将相、才子佳人、死人外国人部”。现在又批评卫生部要改名为“城市老爷卫生部”。农村技术主要掌握在地富手里。其中包括农村“五匠”、医生等。要有新的医生代替。三千多个剧团、共年补贴七千万。剧团太多了，电影放映队太少了。书报下乡问题，怎么下法？要使廿一万吨纸为七亿人口服务。廿一万吨纸是现在的最高产量。说社会主义建成了，这句话本身是表示革命到头。其实只是有了基础。政权、工业、城市等。当然政权是社会主义的。

---

① 原文漏数字。——编者注

7月24日

上午，改完《侵华史》第一节。

下午历史所反修，传达。接叙述［利］亚历史教授阿雅德夫妇。

7月25日

上午外宾。

下午是看福森科《瓜分中国的斗争和美国的门户开放政策》。此书材料甚多，可利用。

7月26日

上午所内传达陆讲话。

下午晚上读福森科。完。

7月27日

上午陪阿雅德参观历史博物馆。

下午分党组会。

7月28日

上午先遣队出发会。[①]

---

① 这是指去江西丰城。——编者注

下午所里接见阿雅德。

晚上〖看〗《红灯记》。

7月29日

上午翻张其昀《中华民国史纲》、司徒雷登《在中国五十年》等。

下午又分党组会，谈面向农村问题。

周总理对三个五年计划指示：

一、订出计划五条原则：（一）要不要这些项目。（二）项目摆在什么地方合理——集中三线太多。（三）规模大小是否合适。（四）进度是否合适。（五）协作的关系如何。考虑两个可能性，打起来完不成如何办？要据此削减。计划却一清四不清。听毛主席的话清楚。不清是□□不清楚，基础资料不清，地区平衡不清，工□协作不清。

总理指示四点：一、明年按150亿。今年有新因素，要备战。1955、1956年反冒进不对，但应压缩。1959年主席叫压缩但未压，到1961年6月缩下60亿。实际只压下10亿。1962年八字方针真压下来了。由此看来过去主要是对形势估计不足。1963、1964年分别加30〖亿〗、40亿。共70亿。1965年增为共170亿。这是形势需要。但要完全适应还要研究。

二、主席指示【指】，搞计划要有三方面：战争、灾荒、人力。因为帝国主义把我们看作敌人，不会让我们一天天壮大起来过安生日子。反动派是帮凶，苏修是帮手。苏修何时垮台不能预料。现在世界革命中心在北京。美国说我们是革命的堡垒。帝反时时打我们的算盘。我们要有备战思想，计划应备战计划、国防体系、作风。总之应有备战思想，革命思想。备荒是由于人多地少，自然情况复杂，年年有灾荒。

美国整个生产过关花了一百多年。我们要把农业搞好。我们常规武器还没有搞起来，投资要省［慎］重。

三、你们发言有些强调一面。主席思想是要看形势，看发展，强调调查研究，留一手，争取主动权。你们接受主席思想不全面。150亿也要走着看，能进能退，应付战争。压缩一下，不能看作是退，是积极的。保重点保三线，要看看再研究。

四、计划暂时不定，计委再研究。8月20号拿修改方案。

物价、劳动工资、文教、财政、市场、外贸等等要根据上述精神考虑。

7月30日

上午所内面向农村讨论，下午中宣部讨论面向农村。

《美国侵华史》第三次修订本序言。

1890年美国女改革家马丽·黎斯就大声疾呼："这已经不再是一个民有、民治、民享的政府了，它是一个由华〖尔〗街所有……所治……所享的政府了。"（黄绍湘254页）

卿汝楫、黄绍湘书写第一个问题。

一、如何认识美帝国主义本质问题。

1. 侵略中国的一贯性。

2. 更狡猾、凶恶——揭露其手法。第二次世界大战后美国在世界侵略大大列举。

3. 阶级本质——美国各个时期的垄断资产阶级、人物的分析，侵略者、侵略政策的阶级背景。阶级状况用《美国共产党史》有资料。

孙中山与梁启超论战。俄国侵华史实要写些。

二、如何认识帝国主义与人民力量的问题——1. 美帝国主义是可以被打败的原理。2. 无产阶级领导权。3. 人的因素（与武装的关系）。

一、驳"大侵略""不了解美国历史"。二、驳帝国主义本质改变了。前者用卿著《侵华史》。

7月31日

上下午均看美侵华史材料。天大热。

8月1日

陪阿雅德游长城、明陵。

下午读《美国共产党史》，资料颇多。

中国民主革命的历史或中国人民反帝反封建斗争的历史，可以归纳为一个短语：

三次高潮，四场决战。

8月2日

全日看侵华史资料。有杂事。

8月3日

上午阿雅德报告《中国与世界》。

一、中国文明是世界最古老的文明之一。

二、中国文化与世界文化是互相影响互相促进的。

三、中国反动统治与世界反动统治是一丘之貉。中国人民与世界人民命运相联在一起。

四、中国人民的革命斗争和亚非拉美人民的革命斗争成了当代世界历史的中心。

五、中国历史与世界各国历史有共同规律，也有它自己的特点。

六、中国人民的前途光辉灿烂，世界人民的前途光辉灿烂。阿对历史的理解：同样的原因引起同样的结果。

阿在最近一期的叙利亚科学院杂志上刊载三篇论文，讲东方学是怎么形成的——即资本主义侵略的产物，为西方侵略服务的。他们的捏造从宗教、历史、哲学到政治、军事、经济文化全面歪曲。

8月4日

上午与阿雅德座谈。

下午四时同沈雁冰夫妇见阿雅德。

七月十四日开始准备改《侵华史》。至今已廿日，只有七个半〖天〗看史料。连星期日在内，并抓得很紧。

8月5日

感冒上午看病。

下午休息。联络处电话问：我是〖否〗可以推迟四清去坦桑尼亚一行。

8月6日

感冒略轻。看资料。

昨晚通宵未合眼。想考虑《亚洲非洲》。

8月7日

上午拟提纲，后面改《亚洲非洲现代史说明的问题》。

一、阶级、阶级斗争。哪里有压迫，哪里就有斗争。阶级斗争、革命是推动历史前进的动力，革命一年等于几个世纪。

1．亚非第二次世界大战以后四十多个国家独立。

2．亚〖非〗阶级斗争的事实——斗争有流血的不流血的。

二、决定历史前进方向的不是统治者，是人民群众。

1. 十项事实。中、朝、越、印尼、阿尔及利亚、刚果、苏彝士、桑给巴尔等。

2. 汤因比评约翰逊主义。

千条万条，阶级斗争是第一条。

三、帝国主义本质没有改变。反〖动〗统治不会自行退出历史舞台，捣乱失败，再捣乱失败的规律——没有“和平共处”。

刚果、南越。

注意：

1. 亚洲的长久的文明历史，帝国主义侵入后黑暗。第二次世界大战后的新变化。世界革命与反革命注意历史的中心，当代历史的中心。

2. 马克思主义历史观来源于客观的历史实际。亚非现代史进一步证实、丰富了马克思主义历史观点。

3. 每大段先把两种观点对立起来，批判修正主义观点（不明指修）。使之富有现实性、战斗性。

下午党内会讨论面向农村。

“伟人们之所以看起来伟大，只因为我们自己在跪着。站起来吧！”（《马恩全集》卷二，页104）

以后，我们会知道，灭亡的不是世界，而是美国帝国主义。前两个世纪是人民的力量为什么不像现在表现得突出，变化不这么快，这一方面是受资本主义社会从上升到消灭的规律的支配——即那时资本主义还处上升时期，人民的觉悟还有很大的限制。现情况完全改变了，资本主义在世界上近十亿人口的国度里宣布了死亡。其余的一部分日薄西山、奄奄一息。人民的觉悟则空前提高了。

8月8日

看艾森豪威尔内幕故事等。

8月9日

上午文史资料会。下午看文史资料稿若干件。

8月10日

上午分党组会讨论参加中宣部工作队事。

下午关山复来电话要我参加。分别与林涧青等联系。

8月11日

上午杂事。下午开始看材料（改《侵华史》第二节）□□□手记等。

8月12日

上午江西四清工作队会。下午看完赖得烈《现代中国史》。

8月13日

上下午补第一节300字。确定去杨村。

8月14日

上午文史资料定稿会。

下午分党组会。周总理报告。精简。

反帝反修处在高潮。世界斗争的焦点集中在东南亚。苏可能走向资本主义。要准备和美帝打，还要准备和苏联打。

8 月 15 日

上午看资料。

下午陪阿雅德游览。两小时半走完颐和园、动物园。

8 月 16 日

上午送阿雅德。

下午毛娃重感冒住院。

8 月 17 日

全日改《侵华史》第二节。

8 月 18 日

全日改第二节。

8 月 19 日

上午所长办公会。下午改第二节。

8月20日

上午民族文化宫经济所四清总结大会。下午北京周报来谈。
言语上的巨人，行动上的侏儒。

8月21日

上午改前节。
下午中华书局谈《清史稿》修改事。董必老对此很有兴趣。

8月22日

上午改前节。下午理发。复哈克信。

8月23日

上午文史资料会。
下午疲倦，不能做事。

8月24日

发烧38.1。

8月26日

上午人大会堂。发烧。

董老谈写《清史》。

一、要作准备重修。

二、体例维廿四史，纪、传、表、志。但可加以变动。“纪仍旧，传不要，并入表，志保存，要创造”。“纪”后可以有“论赞”。按我们观点论。

但重要人物可以有传——现在准备，不宣传。

三、“民国史”也要搞。

四、（一）清史工作开始时就要注意体例，提出意见。（二）最少搞十个人的编制。

8月28日

廿四日起感冒发烧至今始退。起于过分疲劳。

《美国侵华史》改写法。

一、增新出资料，改错，删不宜的部分。

二、始终贯彻三条历史线索：1. 美国史发展线索，重要人物事件交待评价。显示美国侵略中国的背景。2. 中国近代国际关系史的线索。各帝国主义各时期侵略的地位、重要事实，它们的相互关系。不要以美国代替它们。美国摆在恰如其分的地位。3. 中国近代史的线索。阶级斗争的发展、阶级关系的变化，评论。小书作底本——五四以后部分注意毛主席著作判断。

三、突出中国人民反抗斗争的作用、历史地位。

四、文字改写。简短、明确。

美国“通过”改为与日本“结合”。

8 月 29 日

上下午看《中国近代史诸问题》校样。昨天下午来。

晚上大会堂欢迎越友协陈辉燎宴会。

烧退。

8 月 30 日

上午看校样。下午四清队委会成立。

8 月 31 日

上午中宣部学毛选会。于光远谈主席对周谷城等谈话。

下午再布置起草《清史》报告。

看校样。

9 月 1 日

上午改《清史》报告。

下午看清样。

9 月 2 日

上午四清动员会。[1] 下午所内所务会。

---

① 指所内参加江西丰城农村“四清”工作人员的动员会。——编者注

9月3日

上午分党组会。谈学毛选问题。

下午看校样。

《清史》报告发出。

9月4日

上午看校样。完。

下午文史资料会。

晚上大会堂送陈辉燎宴会。陆在座。说“你这个历史家还不错”，云云。

9月5日

《清史》体裁刍议（内部未定稿）

历史书水平高低，取决于马克思主义水平高低，不决定于体裁。任何体裁都可以表现唯物主义，也可以表现唯心主义。

体裁必须服从写作目的。体裁不是目的。确定了这个前提，然后才可以谈体裁问题。

第一，创立新体。一、马克思主义的历史是要出阶级、阶级斗争的历史，人民群众的斗争推动历史前进的历史。创立新体就是要最适合于表现这个目的，适合于这个要求。二、古今中外主要历史著作体裁的考察。封建的、资产阶级的、马克思主义的。对这些体裁的评论。中国“正史”纪传表志在封建时代是进步的，现在是落后的。三、以阶级斗争为中心，综合基础与上层建筑分期分段叙述，夹叙夹议。这种体裁最适于说明马克思主义观点。这种体裁比较科学。《清史》采取这种体裁是最合理的，也是可行的。反对旧史书的“正统”观念。要打破那种观念。

第二，沿袭旧体，加以损益。一、要求：1. 基本结构保存。2. 要表现出科学的要求、正确的历史观点。3. 反映清朝时代特点，即世界历史的关系变化。4. 史料上必能够代替《清史稿》，最有权威。二、根据此要求：1. 形式上要加一些东西。（一）导论，叙述清史轮廓，加以评价。前期、后期（1840 年以后）。（二）中外历史大事对照表。[分期：（1）入关以前。（2）前期。建立统治、恢复发展—兴盛繁荣—开始衰微。（3）后期（政权变质）。共分三段，第二段中分三小段。] 2. 内容改革。主要是传的对象改变。现有大部分淘汰。新增：（一）农民革命重要领导者、海盗。（二）科学文化创造者。（三）一些新制度、边疆开辟创立者……三、几个问题： 1. 南明政权，台湾问题。2. 一批人的人物气节褒贬问题。[按：（1）坚持阶级分析。不同阶级时代有不同道德、气节标准。没有各阶级、时代共同标准。《人民日报》1965.9.5 宫本显治文引佐藤等话。（2）无产阶级的革命观点。……这个问题有风险，尽量避免讲。] 3. 太平天国问题。4. 辛亥革命。

第三，前一种体裁理想，后一种体裁现实。

《清史》本身就规定了它不是科学的断代史，是王朝史。可以采取后面的体裁编写。最后的议论，采取这种体裁并不排斥同时和以后人们采用更合理的办法写《清史》。并且先编出这一部为以后提供了基础。百花齐放，各体同时并存。旧体作为“正史”的时代永远过去了。封建统治在历史上永远过去了。这两者是不可分的。马克思主义历史学的历史还很短，人们必得找到更适当的合理的形式，去撰写历史。

9 月 6 日

上午文史资料会。

下午再改《清史》报告。

9月7日

上午分党组会。讨论《清史》问题。

下午人民出版社来人谈，校稿取走。提了几个具体问题。

9月8日

上午四清队委会。

下午再改《清史》报告送学部。

美国人如果要同我们打，估计战争主要将在沿海一带进行。北京、南京、上海、徐州，游击将成为战争的正面。朝鲜和越南估计不会成为正面。……越南同志说最好在南越解决问题，对北方只是炸一炸，这是第一步。第二步，美国把地面部队派到北越去，他们（越南）也能解决问题，不要中国的军队去。这样当然也很好。如果这样还不能解决问题，还有第二步，就是越南政府要求我们参战。对这个问题我们同越南同志商量过。越南同志问我们去不去。像朝鲜战争一样，名义上是志愿军，实际上是正规军。我们去不去呢？恐怕还是要去。去了美国人就会打中国。有几种打法。一种是在我国南方一带广东广西云南打。另一种是在北京天津上海打。不去对不起越南同志，对不起越南人民。去了就会把战争引到中国身上，甚至引到你们身上。……（此段在后）

（此段在前）美国积极插手越南，法国没有办法，结果搞了个日内瓦会议。那时苏联主张同法国人讲和。我们也同意了。当时越南同志并不怎么赞成。后来也同意了。……现在也可以考虑，如果当时不开日内瓦会议，一直打下去是不是还会好些。……但是停战也有好处。经过整顿，恢复过来了。南越人民受了损失，停战以后有几十万人被杀害。可是它这一杀，可就杀反了。南越人民起来进行武装斗争。那时越南南方的同志问北方，准不准他们打游击，能不能送点枪给他们？越南同志也同我们商量过。我们说，他们要打，为什么不准呢？没有枪可能［以］送点给他们。越南同志说他们没有。我们说，我们可以给。一打就打大了。……实际上越南损失很小，只炸死了不多几个人。（一九六五年八月接见朝鲜代表团谈话）

9月9日

上午四清工作队等杂事。

下午人民出版社来人谈，改《诸问题》“后记”。

9月10日

上午《清史》报告最后定稿发出。

下午看师渔病。去范老处。

9月11日

上午四清学习总结讲话。

下午休息。与丫头上景山。

9月12日

预备下乡。

9月13日

上午预备行装。

下午看病。打两针胎盘蛋白（丙种），2—3 元一针。不是 16.4〖元〗一针的。

一、考古所王俊铭称英国费茨 ××× 新著一书：《中国人怎样〖看〗他们在世界的地位》，其中心思想为：中国历来认为自己是世界的中心。现在更是如此。中国反修是由于一个天空里不能存在两太阳。即有中国中心，就不能有俄国中心，云云。此人为“汉学家”，访问过中国。此为反华代表思想。在“世界历史中心”问题上要批驳。一驳欧洲中心论。二驳所谓中国自称为中心论。欧洲不革命了，修正主义放弃革命了。中国在亚洲、在世界高举着革命旗子，这是事实。没有什么不好。世界革命人民只会赞成，不会反对。

二、中央负责同志与印尼阿鲁季议长谈话：“我们中国革命打了二十八年，也没有得到外国任何帮助。没有从外国得到什么武器和志愿军。我们只得过两个国家的援助，这就是日本和美国。日本打到中国来了，我们消灭了他们就得到枪支。美国通过蒋介石运送武器给我们。那时候我们没有武器，美国通过蒋介石送给我们。我们的敌人帮助我们。没有日本人侵略中国，我们这些人还不能夺取政权。如果没有日本的侵略，印尼也不会独立得这样快。敌人是常常帮助我们的。所以我们见到日本人要向他们表示感谢。感谢日本的资本家和军人。他们来中国访问时，曾对我们说：‘对不起你们，我们侵略了你们的国家。’我说：‘不，你们侵略得很好。如果不是你们来侵略，我们还不能取得政权。日本一侵略，全中国人民团结起来了。日本投降时我们已有一百二十七万军队，解放区已有近一亿人口。美帝国主义援助蒋介石到打我们，已没有办法了。打了不到四年，我们就把蒋介石打倒了，把他赶到了台湾。这是一条经验。’”（1965 年 8 月，×× 通讯）

《西方给亚洲带来了什么？》用此观点。太平天国、义和团、辛亥革命都是如此——提高认识，增强了力量。

9月14日

下乡准备。

9月15日

上午带丫头看牙。人民出版社来电话，改“后记”文字。刘定来通知。下午改《侵华史》。搁笔又廿三天矣！

9月16日

出发赴江西丰城。

一九六六年

1月16日

还抵北京，正四个月。

1月24日

清史概论（清史导论“清史诸问题”之一）

一、明末农民大起义。清政权兴起。

二、封建经济破坏与恢复。地主阶级争夺统治权的战争。国内民族战争，全国统一。（文学所《中国文学史》三册页1007诗歌讲清初社会状况经济破产。）

三、封建经济高度发展。人民反抗斗争，清政权的统治由兴盛走向衰微。

四、鸦片战争，西方侵入。中国资本主义的出现。农民战争，资产阶级民主革命，清政权灭亡。

大动荡、大分化。表现为：一、第二次世界大战后，帝国主义控制不住，过去五百年结束。二、内部阶级分化剧烈，斗争反复，军事政变。三、帝国主义、革命势力争夺的中心。世界注视的中心。（王炳南报告大意）

1966年3月13日[①]卡斯特罗讲：我们没有宣布我们是世界革命的中心，

① 原文如此。——编者注

做这样宣传的人是他们感到有这种必要。或许越不是世界革命的中心，越不再是世界革命的中心，如越、古——这样宣布的必要。

新的亚洲与新的非洲

亚洲非洲的历史都很古老，为什么又说它新兴呢？古老的西方殖民主义统治的亚非正在死亡，人民革命的亚非如一轮红日升起在天空。

一、〖亚〗非历史新面貌（第二次世界大战以后的变化）。

二、亚非现代史在世界历史中的地位。

1．现代世界历史中心在亚非。

2．对世界历史的全面影响。

三、亚非斗争历史的前途。

1．现代亚非斗争的两个对立面——主要敌人美帝。

2．人民决定历史前进的方向（十大事件）。

四、西方影响亚非，亚非影响世界。独立程度不一样，许多不能估计过高。帝封未反掉。母系社会，原始生活。与帝国主义的斗争还有曲折，但总要〖走出〗“黎明前的黑暗”，民族矛盾没有结束。

2月1日

政协文史资料会

哥伦比亚大学东方研究所（写出了李宗仁回忆录）

马克思主义以前的历史的根本之点

反动派的各种，孤立起来好像是他们在那里决定历史创造历史，其实完全相反。他们的种种活动都是由于要与人民群众作斗争，都是由于人民群众每天都在创造历史，改造历史。

1．他们的活动〖是〗针对人民的。

2．他们的活动是受人民斗争限制的，不是为所欲为。

3．他们最后是为人民推翻的。但是另一方面，反动统治者不是对历史不发生作用的。

他们打仗的对手，斗争的斗争［对象］有时是另一派反动统治者，不是人民群众，但是最终是为了统治人民群众。

写历史搜集史料，必须把人民群众的材料、地位摆在首位。没有这些就不成为科学的历史，只是帝王将相。《文史资料》供稿对象有其特点，也可以收集这方面的史料。（具体内容）统治阶级的史料又怎么能教育人民、有助于写人民群众科学的历史。（下面回答问题）工农痛苦，现在多为劳动人民揭发，收税，放债，剥削工人等统治也可以暴露，更有用。

揭露统治阶级——农民的回忆对比。青年不知道过去的黑暗，启发革命热情。统治者与〖人民的〗对立，黑暗面与光明面的对立，倒退与前进的对立。

统治阶级：群众生活——帝王将相。

帝王将相：阶级斗争——个人起居注。

归根到底：作者的观点，看待历史的观点，思想改造问题。

中国近代史问题

亚洲史问题

清史问题

买办资产阶级研究

土地制度研究

亚洲历史问题对话

〖第〗一，亚洲历史需要重写，应当找出一些重要问题，否则无从做起。

主要问题只有一个：本国外国的统治与人民群众谁是历史的主体，历史是怎样前进的。阶级斗争、人民群众推进历史。

第二，统治者实际上有力量，帝国主义是真老虎，不只是纸老虎。人民群众是分散的，抵不过统治者有组织有权力。

人民的力量不是来自个体（个体无力量），而是作为一个阶级或几个统治与统治者相对立而存在的。作为阶级发生作用的。压迫阶级始终于［与］少数人民相反。前者腐朽，后者相反。前者压迫，后者就要斗争。

第三，历史上人民群众的斗争经常遭受失败。统治者照旧恢复统治。因此不能说人民的力量大过统治者。

失败从人民斗争的直接目标，如推翻什么、建立什么来看是那样，但每次斗争都要推动历史前进。历史每前进一步都是斗争的结果。每次统治者都要反攻倒算，但总都遭受剥削，历史的这个那个方面要有改变。

第四，只有暴力推翻、打破统治者，才表现出人民的力量。平时很难看出。这意味着人民斗争的作用是短暂〖的〗，统治者的作用是经常的。

阶级斗争有流血的，有不流血的。人民的作用一是生产者，二是阶级斗争。在不流血的斗争中也不意味和平。无时无斗争，“和平”只意味一方战胜，矛盾暂时解决。（卡片，《马恩全集》）人民平时也起推动作用。

第五，人民起作用。统治者里的圣群［君］贤相、“明智人物”也起作用，不能说只有人民决定历史。

统治者当然起作用，否则历史就不是现在的样子，不可思议。

统治者的作用渺小，不能超过群众。

帝国主义、一切反动势力时至今天已经腐朽透顶，只有垂死挣扎，阻拦历史前进。“明智人物”是他们的忠实代表。要认清帝国主义的本质。人民要靠自己来埋葬帝国主义。

第六，历史上许多国主、元首、教派、圣杰，互相斗争。他们常常决定历史的结局，不是只有人民的斗争。

（他们阻碍历史前进，《红旗》马岩文。）他们的活动是针对人民的。他们是受人民斗争限制的，不是为所欲为。

他们最后总是为人民推翻的。现在不是许多都消失了吗？

第七，历史许多场合、结局，是违反统治者的主观愿望的，但也并不是按照人民斗争主观愿望进行的。不能只强调人民的一面。

历史的前进有其客观规律。不能设想有一个先哲事先制定一个计划。事情正好相反，人们的计划往往不能实现。（恩格斯《古典哲学的终结》）人民斗争都有其规律——“一分为二”。人民斗争不断分裂、分化的过程就是历史前进的过程。

第八，亚洲当代历史最尖锐的斗争一面是帝国主义头子美帝国主义和它的仆从，一面是反帝斗争的亚洲各国人民。这场斗争现还未见分晓，看起来也逃脱不了历史规律。

美国侵略亚洲的历史。

亚洲人民反美斗争的胜利。

越南人民斗争特殊意义。

美帝联合亚洲、苏等反动派找出路——他们想卷土重来。

亚洲人民将同非洲、拉美以及美国人民最后埋葬美帝。

第九，亚洲历史应当看作亚洲人民的历史。这是科学的，但是并不是所有的人接受这个历史观点。特别是西方学者，他们难于接受，而认为这不过是马克思主义的宣传。必须反对那种说法。任何历史都可以这样看待，不止亚洲史。

两种历史观，资产阶级唯心主义的，马克思或历史唯物主义的。其中有各种问题，最核心的是统治者与人民群众的问题。

存在决定意识。两种观点源于两大集团、阶级的对立。

两种理论——为统治者辩护的，为革命人民辩护的。

两种哲学——投降主义活命哲学（修正主义代表着）【哲学】、革命哲学。

最后两句话：一句话，选择有理，革命万岁。一句话，革命人民必兴，帝国主义和一切反动统治者必灭。

第十，亚洲的历史书应该改变，把人民放在正面地位，再不要让那些王朝、教派、帝国主义、元首大臣之类占据篇幅了。

问题在于要提出历史内部规律，中心的是阶级斗争、人民革命的规律。不只是哪个多讲哪个少讲。更不在于章节形式。

帝国主义的侵略、美国帝国主义的侵略，还需要大讲特讲。现在西方、修正主义竭力不讲美帝的侵略，加以美化，必须揭露。

恢复被西方资产阶级歪曲已久的亚洲历史的面目，决不限某些支枝［枝节］问题，而是历史的根本内容、根本观点的问题。

“亚洲第一”，美现在喊出这个口号，帝国主义长期是把它们的主要力量摆在欧洲的，现在要转向亚洲了。亚洲人民取得了大胜利，美帝遭受了大失败。亚洲历史进入了一个新的转折点。亚洲最后大解放，亚洲人民成为亚洲历史的主人。

2月13日　星期日

去年九月十六日自北京出发赴江西丰城张巷地区四清。今年一月十六日还抵北京。春节后接连开会讨论下乡问题。快一个月的时间没有执笔。今天始拟成《亚洲历史问题对话》提纲十条。政协文史资料开全国工作会，要求讲话。考虑内容，屡次变更，成此提纲。与原来的出发点，根本不相涉了。

上午所内下乡会。

下午听关于焦裕禄报告。

一到兰考的第二天就下乡。看到沙、水、碱的情形以后，说这是好地方，大有可为。

从黑暗中看到光明的东西。

从不能的条件看到有利条件。

从消极面看到积极面。

整个精神面貌截然不同。

2月14、15、16、17日

上、下午均下乡间滚泥巴问题学习会。党委会。

2月18日

五人小组报提纲。

一、形势、性质：马克思主义、资产阶级两条道路意识形态领域里的斗争。两个阶级（资、无）、两条道路（资本主义、社会主义）、两个主义（马克思、资产阶级唯心主义）长期性。

二、方针——“放”，即让各种意见，包括马克思主义充分放出来。然后分析批判、驳倒。首先抓大是大非，划清两个阶级、两条道路、两个主义。以理服人。坚持真理随时修正错误。

三、队伍——依靠坚定的左派团结一切革命知识分子，孤立顽固不化的人。

四、左派要相互帮助。

五、争论的问题现着手准备。

六、成立办公室。

下午宣传部学术办公室会

许立群同志讲：《海瑞罢官》批评以后，一百天成绩很大。

已经酝酿成熟的有孙冶方经济观。

谢瑶环——牵涉田汉在戏剧中的祖师爷。

文学里形象思维问题。孙冶方批判先在《红旗》内部未定稿上进行。

〖一、〗在学术领域清除资产阶级思想是所有社会主义国家以前没有解决的问题。实质是披着马克思主义外衣的资产阶级思想。解决这个问题的责任历史地落在我们的肩上。要长期地，不间断地一直斗下去。文学（业余）、教育（半工半读）、医药（面向农村）都已经找到一条新的道路。学术工作也要有我们自己的道路，把资产阶级思想在学术领域内彻底清除。

二、方针。坚持主席在知识分子会上讲的方针。让各种不同的意见都充分地放出来。主席在那次讲话〖中〗讲了八个问题。第七个问题专讲“放”，是基本方针。“领导我们的国家可以采取多种不同的方针……”学术上带根本性的问题，如农民战争是历史的动力，还是帝王将相是动力；又如清官是否代表人民。真理面前人人平等。就是不管你是所长、部长，或什么长，或《人民日报》《红旗》等发表的文章，都可以讨论。不能给什么人一种权威。不许像学阀。写文章要与读者平等。至于有的人物评价那是比较复杂的。有破有立。可以有人写篇文章评海瑞到底是什么人。写文章要有分寸，团结多数。这不只是政治家的，也是学术工作者的事。一条要坚持原则，不要和稀泥。一条允许改正错误。中央方针，准备对政治上犯严重错误的人讲，学术出现点错误你不改可以，但有一条，不要阻止别人去改。

对政治问题的提法要比较概括，比较宽泛。不要说得活灵活现。实际上他们不一定有联系，但有共同的思想。其二，好像彭黄张周有社会基础。你是站〖在〗中华人民共和国方面，还是站在被罢的人的方面？站在哪个立场上。这样教育意义就广泛了。即是［使］有联系也不在报上谈。该点名的一定点。要多研究一点执行政策。资产阶级学院式的文章，为了“放”，可以登。

三、队伍。要学习，要改造。左派不能忘记主席在知识分子会上讲的一段话。

四、左派互相帮助。“互助组”“合作社”。以钓鱼台为例。反对自以为是。康老讲钓鱼最初改一个字等于割一只耳朵，否定一篇文章等于杀他一个儿子。左派不搞老虎屁股摸不得。主席讲：老虎屁股摸不得，十个就有十个要失败。青年的培养要与工农结合。从长期看，即对党三面红旗等看坚定的左派，也要三七开、二八开。陆讲，我们这些人可能是开明士绅的程度。目前集中对敌，适当时修正风学习一下。不要搞成洪洞县里无好人。对有些政治上拥护党拥护社会主义，但学术观点有错误，对这些人不跟这些批评搞在一起，一团混乱。这些人是否要在适当时间自己清理一下，是一个问题。应在适当时候采取主动。他们的问题是学术问题。不在这次一起搞。

胡绳：

一、学术方面两条道路的斗争。马克思主义好的是少数，坚决反马克思主义的也是少数。大多数是世界观没有根本。这是主席九年前的估计。现在看来有一些变化。但世界观的问题没有改变。情况那样。文史哲经政法方面的问题相当严重。实际上许多地方还存在领导权的问题。多个研究所都如此。历史小丛书总的说，领导权恐怕不在我们手〖里〗。不能说党的思想在那里领导。主席强调文科要改造，也就是存在领导思想的问题。有些是我们的同志有［在］领导，但思想是资产阶级的，即传统的影响。或从欧洲，或从苏联来的一套。我们也影响了一些资产阶级知识分子。恐怕是互相影响。有人成为资产阶级思想俘虏。学术界谁领导谁的问题。两个阶级、两条道路，两个主义相当尖锐地摆在我们面前。斗争情形比较复杂。刘节公开反对阶级分析比较老实、可爱。大多数是用马列主义的语言来宣传反马克思思想。他们也高举毛泽东思想大旗。这和无产阶级未取得政权不同。学术问题是通过许多专业来讨论的。历史学的资产阶级就是觉得自己有知识。有的人有政治错误，那好分别。最多数是通过对古代来表达对当前问题的观点。这是比较复杂的。表面一看，好像没有什么大问题。不过是如何运用马克思主义的问题，只是学术见解的问题。两条道路的斗争因此看不见。有人制造神话，如说陈寅恪如何如何。用上面这种看法，就取消了我们当前斗争的任务。苏联在斯大林时代，存在两种情况。（一）认为没有两条道路的斗争。（二）把一些学术问题连到政〖治〗，简单地结论，压迫，用敌我矛盾办法解决。不是简单的对马列主义宣传，要讲出马列主义对历史问题解决的办法。通过学术观点反映政治观点要揭露，但思想问题不能用压服的办法。两条道路的矛盾在社会主义表现在□方面。四清是如此。大量是人民内部矛盾，必须用讲理的办法解决。我们要充分估计两条道路斗争的严重性。但是我们不用简单的办法，把问题看得困难一些。我们今天有利条件是无产阶级专政。我们写文章时撇开这个条件，就依靠真理跟你辩论。如列宁说的，不用马克思这个名字的权威。反马列主义帽子，政治帽子一戴，就不能再摘了。“放”的方针，让他们出难题。我们苦练。君子报仇，三年不晚。放，然后才能战胜敌对思想。

二、破与立。两者辩证关系。破也不容易，立很难。光戴帽子不等于破。打仗要造成敌人犯错误。与资产阶级思想论战也可能引起人犯错误。如清官贪官没有分析，就容易走入歧路。论从史出，反对也不行。这个话还是对的。马克思主义理论从实践中来。人的正确思想是从哪里来的，史即实践资料。正确思想不能凭空来。反对论从史出，破得不好，就走入歧路。立中要破，要花苦工夫去立。钱伟长，先破了政治，后又破了业务，然后又拿出了东西，就真正战胜了他。用集体力量、走群众路线，可以出人才，可以出产品。

三、队伍。立不止立党委，还要立队伍。建立队伍摆在年青的一代。青年犯了错误，经过改造，就可以提高。学校、机关要像部队抓活思想的办法去培养青年。我们的机关领导本身思想怎样也还是问题。不拘一格降人才，不会光降在自然科学方面。还有我们的主观。主席那么忙，还注意什么人写了什么文章，我们自己就应更注意。就［旧］的知识分子适当利用发挥他们的作用。每次论战能发现一批人才。

四、学术队伍里要检查一下我们的学术风是党的作〖风〗（三大作风）还是资产阶级作风。主席自己谈：《新民主主义论》第一稿全部推翻，不留一字。《文艺座谈会讲话》一文曾找 40 余人谈话。资产阶级学术作风垄断材料，门户之见，文人相轻等。知识分子的工作带有个体性，容易产生个人主义倾向。承认一点个体性，但要提倡集体化。用集体力量搞材料。文章可以个人研究，写出稿子来以后让人议论、推翻、驳倒。文章允许有个性、次要方面有错误缺点。错误难免，接受批评以后提高。学术界应有更多的民主，让大家讨论。实际上民主不多。研究室里是否可以发表与主任的不同意见，可以查一查。在学术讨论上允许有犯错误的权利。而且比政治上犯错误的权利大得多。不能在我们的队伍搞学阀作风，不能批评自我批评。

2月18日—3月2日

上、下午一直开会。两件事：一、下乡问题。所内开党委会。二、学术批判问题。

中间只有二月廿五日一天参加政协文史资料全国会议。

3月2日

上午与印尼历史博士李德清谈东西方历史学异同问题。李在日本、美国留学五年，日本三年。然后来中国。有志于研究中〖国〗近代史。下面是问题。

问：东西方历史学有何异何同？

答：历史没有东西方之别。有两个阶级、两个主义之别。

一、两者都是斗争手段，都是为本阶级服务，这是相同的。

二、两者服务的阶级对象不同，作用不同。前者为保持旧制度、旧势力、旧观点，〖是〗倒退、反动的；后者为推翻旧世界、改造旧世界、创立新世界（两个阶级、两个主义不同）。

三、两种历史学，一种是科学的，一种是反科学〖的〗。无〖产阶〗级历史科学的根本内容：阶级斗争，历史发展，人民主体。

问：准备写一本中国近代史，要求，一科学，〖二〗反映中国的观点，适应本国的形势需要，二者有矛盾如何办？

答：其实一点不矛盾。如果有，只能统一于科学。

要求必须：

一、在科学面前的大无畏精神。博士、教授、院士不难，科学上能为人民贡献不容〖易〗。东方的世界正在大改、大斗争。东方应该在历史、哲学等方面应有大发明创造。有利于本国人民和世界人民。勇气来于人民的立场，世界观的改变。

二、科学的理论指导。

三、批判西方和一切陈旧的东西。

问：方法论问题。

一、分期问题。目的。

二、集体研究。

三、到实际斗争中去与人民群众密切相联。一、二只提到一下，主要讲了这一条。

最后，我讲，中印尼两国人民的友谊一定会继续发展。中国这方面是肯定。印尼人民的斗争不管有多少困难，革命必定胜。有曲折，但前途已定。为中〖印〗尼人民友谊而努力。

又题：历史刚刚开始，世界历史要从头写起。

4月6日

中宣部会，林涧青传达。

高举文化革命大旗（即过去旗子举得不够），彻底揭露资产阶级权威的反党反社会主义的反动立场，彻底批判资产阶级权威的反马克思主义的观点。要发动群众，走群众路线，把左派知识分子发动起来。即使他们有缺点，但政治立场〖是〗对的，不彻底批判资产阶级，无产阶级权威不能起来。这场斗争是谁领导谁的斗争。学术批判有突出政治问题。让别的东西冲击政治，不是政治统帅，不让别的东西冲击政治。好像这个问题差不多了。首先是政治，其他如清官等比起来是次要的。不能用学术冲击政治。不能有那么多清规戒律，怕字当头，当然不能乱来。要干字当头。怕，就是顾虑重重。

文化革命，第一是学术，第二是文艺，第三是出版教育，等等。目前首先是学术。

现在摆在我们面前的是搞学术批判，还是搞不批判；搞文化革命还是搞文化不革命。

简报中下乡滚泥巴，对这两件事都没有解决。最革命的也无非是说滚一身泥巴，不搞业务了。解放军、工交都要搞业务。问题是业务不能冲击政治。

对老专家下去问题要有政策。是否要一律要求。要批判、下乡、重点项目、长远研究关系处理好。迅速响应号召，高举革命旗子。

下去也要高举革命旗子，半工半读，不是光农业劳动的问题。中心问题是领导权的问题。

目前学术批〖判〗不单是写文章，主要摸清情况，把主要的、首要资产阶级权威人、问题找出来。与时代联系看出其中的问题，找出对策、办法。史学界目前的中心是吴晗。吴晗、翦伯赞还有什么人，是左派还是右派，好的变坏了还是就是坏人。先批判谁，后批判谁，多大的规模。把情况弄清楚，整理出尖端的材料，不要什么都抓。不要全所动手，适当的所长要把左派青年组织起来，严守秘密、纪律。

下乡前讨论，尹、戚、关等文章，目的是发动大家写文章和提高认识。

不要冲击四清。

一切为了把学术批判推向更深入，更广。文化革命批判资产阶级就是社会科学部门本身的革命。

现在我们是文化革命，是政治论争，不是学术论争，这个观念要明确。

短期提出学术资料批判。

4月18日

何其芳同志传达。

张孟旭：

十四日，总理召集九口会，谈体制。体制下放，文化革命交叉一起读。

体制十六年是在摸索，既要适〖合〗社会主义，又要适合中国。其他社会主义适合者少，不适合者多。其他是抄西方。我们抄苏联。我们的宪法毛泽东思想掺上斯大林。主席讲，我们的宪法有不很合适的东西，是斯大林催搞的。印度最典型抄西方，繁琐到极点。我们不适合的要批判改正。总的缺点是集权多了。开会太多。常委一月开两次，形式化。彭真同志也讲了这个问题。我们的党章也有这方面的问题。会议太多，做不多。工作会多开，很好。

第一个五年计划抄苏联多，要革他的命。没有革命。《十大关系》没有一个曲折。五九年后欲速则不大［达］。大庆是个标兵，工农、城乡结合得比较好。看来我们的建设中有些消极的东西。

文化战线问题很多。文化战线武训批判以来，四次斗争。七千人大会林总讲话符合主席精神。经济困难时期出现“三自一包”。1963 年主席系统抓文化革命，别人跟不上。《红楼梦》电影，大家都赞成，金日成也赞成。主席问：有阶级斗争吗？答：无。说：“那读它干什么。”两次讲“没有阶级斗争不好”。1964 年京剧改革。1964 年批杨献珍，现在批吴晗。要大家都关心。一秒钟不警惕就要犯错误。

体制开始是太集中了。现在要培养地方的积极性。中国能否出修正主义。主席说不能定。社会科学最容易，自然科学还没有自己的理论。石油学院搬到大庆，主席很赞成。体制要给地方权力。中央管思想、方针、计划。机关不要太多，要精减。这次体制下放要搞好。要各口大鸣大放。五月中旬讨论完毕。揭、议、批、改。领导要抓紧。订几条制度办法。

体制、防修、备战要结合。

《文艺座谈会纪要》　林默涵

这个文件很丰富，不但适合文艺战线，而且适合整个思想战线。林总：回答了文化革命的纲领。有三个部分。主要是中间十条。主要问题是：

一、解放十五年来的阶级斗争形势估计。（主席批的时候算）并追溯了过去。对三十年代也作了估计。三十年代，资产阶级、修正主义三者的结合。文化战线上的阶级斗争很激烈。个别地方对文艺有批判，但总的让资产阶级专了我们的政。这个话是从根本上理解。十五年来我们的文艺是否为基础服务了，这个意义上我们没有做到。没有服务，还破坏。美化帝王将相、宣传封建道德，就是巩固旧的东西。并且还借古讽今。《十五贯》也有些问题。

敌对阶级的活动我们没有□。二是丑化社会主义。三是不写先进英雄人物。中间人物理论实际上取消了文艺的教育作用。彭真同志讲写中间人物就是取消、不写无产阶级。再一种是风花雪月，轻歌曼舞，轻音乐等，使人们对社会主义没有兴趣。上面都是对社会主义基础的破坏。这些都是通过党内当权派掌握了文艺部门来专政的。这就是基本上没有执行党的政策。林讲自己的错误很严重，与邵等有分歧，但基本上没有执行。

周扬同志自己是三十年代，但是反对三十年代的。对三十年代有一个错误的看法，以为基本上是无产阶级的，社会主义的。没有估计三十年代错误的反动的一面。现在怎么估计，主席估计很高，两支军队。但主席也指出没有解决与工农兵结合的问题。夏衍、田汉认为已解决。左翼文学家阶级都是剥削阶级、破落地主等出身。领导者一部分是从大革命从实际斗争中退出来的，如茅盾。还有一种从外国、日本回来的。他们完全脱离中国的实际，从俄文上搬了一些教条。这两部分人要搞马克思主义很困难。他们都是民主主义者。鲁迅后期比较有些马克思主义。他对知识分子的弱点很清楚。左翼很容易变成右翼。（左翼作家第一次成立会。）他对自己不断解剖【自己】，也不断学马克思主义。又感到马克思主义打痛了自己。主席讲鲁迅后期学会了辩证法。文件上对鲁迅的评语一段是主席加的。当时马克思主义很少。鲁迅可能是仅有的。□实际就是联系阶级斗争。研究历史上阶级斗争，服务现实的阶级斗争。

资产阶级浪漫主义，歌德，如郭老，还有其他流派，都是资产阶级思想。再加上那时党是在王明“左”倾机会主义影响之下。“国防文学”口号是资产阶级的。是根据王明“国防政府”的口号提出的。没有阶级观点。鲁迅的“大众文学”是阶级的。话剧史、电影史资料都是吹捧三十年代。都是资产阶级拿来对抗无产阶级革命的武器。

二、这个文件很突出的就是举起对资产阶级的批判旗子。要破除迷信，彻底决裂。不要怕。资产阶级思想不破，新生力量起不来。还有一个原因，自己思想不清楚。对他们思想上要坚决决裂，不能和平共处。要相信群众，走群众路线。群众的批评专业的批判要结合。更重要的〖是〗相信群众。

三、树立自己的文艺，有破有立。有立才能占领阵地。批判还是知识分子看得多。要搞创作，主要要塑造英雄人物。你到底为什么人立传，是英雄人物？中间作品不一定是很坏，就是没有英雄人物。还要敢于改造外国的和本国的作品，外为中用，古为今用。世界各国对遗产问题都没有解决。不是应该接受就是破坏。本国的古代的就是要革命化，现代化。归结起来就是要树立样板。

四、文件提出了队伍问题。要重新教育重新组织。无产阶级世界观是极少数。保持晚节是一个重要问题。这对我们是一个警告。自己能不能跟上队是一个问题。

文艺批判：一、中间人物。二、夏衍、田汉、阳翰笙。三、七部电影。四、批判修正主义分为：1. 路线，2. 主要作家，3. 按问题写。

五、树立样板。戏剧、电影要抓尖子。中宣部要抓各协。这个文件都要好好学。文件不止是文艺问题，是整个文化革命的问题。最尖锐的是阶级斗争形势问题。康生同志讲解放以后把资产阶级知识分子包下来了。与□□区别是对的。但包下来后就成了"威权"，不打倒，无产阶级起不来。要把学这个文件与主席著作联系起来。

一、姚文两万余字，各报刊全文登，不许多一个字少一个字。党委负责。

二、《人民日报》重新登解放军社论。删掉的黑字摘出。

5 月 25 日　下午

关山复同志讲杨述问题，注意：

大字报可以出，但不要把是非轻重、缓急轻重倒置。政治、学术，大是大非、小是小非，主要的、次要的要加以分别，以便集中对敌。各个所的问题要按此考虑，有所掌握。一定要贴也不要禁止。但要引导对反对【反】社会主义的分子开炮。

反革命、男女关系、党内机密、干部优生优育调动等，不要写大字报。